勳老 徐正淇 先生 儒教大全 卷27 論叢

民衆儒教論叢

(上)

훈로 서정기 선생 유교대전 권27 논총

민중유교논총

(上)

한국학술정보(주)

勳老 徐正淇 先生 近影

道學十回時調

만물의 김은 뿌리 더듬어 보니
하늘 땅의 일바닥에 틀어 박힌 가닥
오묘한 한 덩어리가 끝이 없구나

신비로운 느낌을 어이 알로 하며
장엄한 이치를 어찌 글로 쓰리
우러리 큰 목을 하며 때를 잊었다오

우주를 청소하고 해와 달을 다시 씻어
회려한 금수강산 목지낙원 세워놓고
봉황과 주몽을 축 면서 태평세월 살고지고

하늘이 짝을 정해 만물을 내고
내 철을 돌아가며 새 모양 바꾸니
삼백에 삼천구비가 장엄의 극치람로

빼어난 옹모에 일씨도 굽거늘
보는 눈 듣는 귀 이주 총명하늘
그리고 생각 어지니 뽑수록 빈한다오

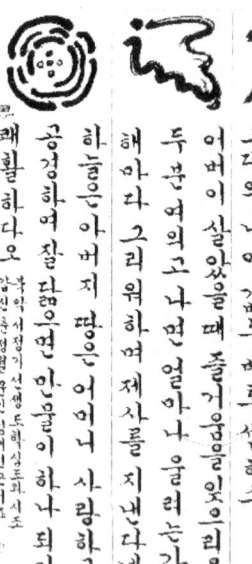

양쪽 주인이 짝을 지어야 온전하나니
어머이와 자녀는 뿌리와 가지처럼
국민과 정부는 물과 고기 같이

아내와 남편은 비익조 비슷하고
어른과 어린이는 연리목 모양인데
벗들은 붙어 있는 연꽃을 닮았다오

여모개 사람들아 이름 값하게
생긴 값 배운 값은 언제 하려나
그대의 나이 값도 바로 셈하소

어머이 실었을 때 즐거움을 잊으리오
두 분 여의고 나면 얼마나 울리는가
해마다 그리워하며 제사를 지낸다네

하늘은 아버지 땅은 어머니
공경하며 잘 닮으면 만물이 하나되어
쾌활 하다오

勳老 徐正淇 先生 作 道學十圖와 時調
門人 淸道 金培善 글씨

儒道在兹

清道 金承善 斯文 頌德賀筆

鶴亭 白樂春 先生 頌壽賀章

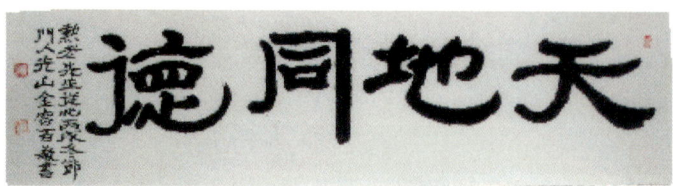

光山 金容百 斯文 頌德賀筆

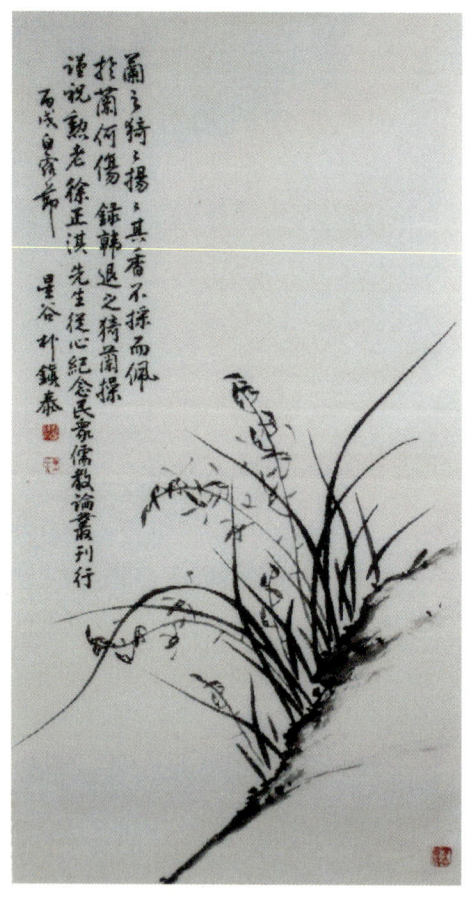

星谷 朴鎭泰 先生 頌德祝畵(난초)

王道樂極

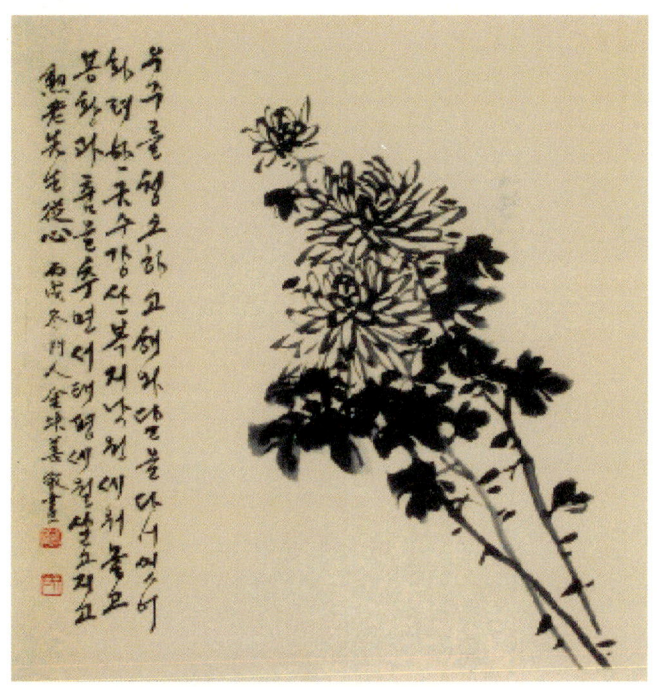

南陽 洪性一 女史 頌德賀筆

清道 金培善 斯文 頌德 祝畫(국화)

繼往開來

勤老先生從心
丙戌冬十月三十日
同人金承善
敬書

淸道 金承善 斯文 頌德賀筆

蓮堂 金基完 斯文 頌德 祝畫(소나무)

〈序文〉송덕사(頌德辭)

지난 정축년(서기1996)에 여러 선비가 화갑기념논총을 계획하였으나 선생의 고사로 중지하였는데 70종심대순(從心大順)을 맞아 승낙할 것을 간청하였다.

훈로선생이 흔쾌하게 허락하시며 말씀하시기를 "나는 지난 40년 동안 다른 사람들이 우리 민족은 활력도 인내력도 협동심도 없이 의뢰심만 강하다고 떠들 때에 분연히 대항하여 우리민족은 독창력과 지구력과 반발력이 대단함을 열거하면서 '세계 속의 한국'을 역설하였고 또한 나는 다른 학자들이 유교사상에 대하여 객관적·외형적·방관자적인 자세로 분석하고 서술할 때에 나는 홀로 용감하게 온 몸을 던져서 그 얼이 숨쉬는 심장의 고동소리를 듣고 맥박을 찾아 '새 시대'를 건설하려고 도모했으나 아직 시대적 사명을 완성하지 못했는데 벌써 나를 세상 밖으로 나아가 놀게 하니 예법이 또한 70에 치사(致事)인즉 이제는 고족제자(高足弟子)에게 전수하고 초연하겠노라"고 하셨다.

그리하여 2006년 중복에 북한산성 아래 효자리 등굴장에서 동양문화연구소 이사회를 개최하여 연구소의 사업계승을 의결하고 선생의 70종심기념 민중유교논총 편집차례를 논의함에 도학10도시조병풍(道學十圖時調屛風)을 북악산아래 펼쳐 놓고 하늘에서 복숭아를 따다가 큰 상을 차려 만수주를 올리지 못함을 안타깝게 생각한 나머지 삼가 문인들이 각자 보고 느낀 대로 송시(頌詩)라도 지어서 책의 머리를 장식하자고 합의하였으니 이에 훈로 서정기 선생 종심대순(從心大順) 송축연시(頌祝聯詩)를 아래에 차례로 기록하여 서문에 대신하노라. 서기2007년 1월 1일 門人 延安 李庸學 謹記

1

북악산 기슭에 동양문화연구소 35년 전통
세계속의 한국학, 민중유교의 산실
새 시대 인류문화사 여기에서 펴셨네

공맹(孔孟)의 도통(道統) 이은 훈로선생이시여
불철주야, 발분망식, 5서5경 역주로
계왕성(繼往聖), 개래학(開來學) 하신 문성(文聖)이시다

양주쌍전주의(兩主雙全主義), 공동분수주의(共同分數主義), 합리주의,
중용사상, 대동정신, 대순주의(大順主義) 크게 밝히시어
천하학(天下學) 우뚝 세우니 융성조민(隆盛兆民) 영원하리

인류의 사표되신 선지 선각자
3강5륜, 한글 제사축문, 예절운동의 선봉이시여!
인류의 가슴속마다 만세심학(萬世心學) 꽃 피우리
:門人 靑道 金承善(동양문화연구소부소장)

2

종심도통(從心道統) 훈로선생 곁에서 40년
누군가 70년 동정을 묻는다
천행(天行)이 건(健)하니 군자는 자강불식(自彊不息)이요

지세(地勢)가 곤(坤)이니 군자는 후덕재물(厚德載物)이로다

깨끗한 마음은 강물에 씻어 가을볕에 바랜 듯
웅장한 기상은 하늘에 솟아 구름위에 노는 듯
멀리 보면 엄숙하고 가까이 가면 따뜻하며
말을 하면 명쾌하고 일을 하면 공경하도다

아~, 벼늘이 3000이라도 유지뱅이가 최고요,
구슬이 서 말이라도 꿰어야 보배니
제국주의, 자본주의, 공산주의에 맞서 민중유교혁명을 누가 하였나!
공민민주주의 사상으로 5서5경 역주를 누가 하였소

4.19학생혁명의 선봉으로 사월혁명연구소 창립주역이요
한국청년유도회창립하여 예절부흥하였고
성균관유교진흥대책위원회 창립하여 10대사업 세우며
동양문화연구소 35년 5륜3강, 세계속의 한국 일으켰나니

이 시대에 자주·민주·통일운동을 최초에 이끈 사람이 누구인가?
세계 속에 한국을 최초에 주창한 사람이 누구인가?
이 나라에 예절부흥운동을 최초에 전개한 사람이 누구인가?
역사의 대전제 앞에 새 시대의 천하학(天下學)을 밝힌 사람이 누구인가?

영웅호걸의 자질로 성인의 도학(道學)을 닦아
철학은 동서를 관통하고 문장은 고금을 통달하며
도덕은 천지를 바로 세우고 윤리는 인귀(人鬼)를 감동시키나니
곧 또한 있지 않으리로다. 곧 또한 있지 않으리로다.
:門人 平昌 李相萬 (東洋文化研究所 理事長)

3

지리산정기를 받아 태어나신 몸
조실부모(早失父母)했어도 소년시절에 한 점 그늘 없었고
삼각산정기를 받으시어 중년좌절 했어도
장년시절에 한 걸음도 머뭇거림 없었다오
4.19의 흉터 불끈 움켜쥐고
외롭고 쓸쓸한 밤 책을 읽었나니
5서5경, 주자대전, 송자대전을 위주로 하시고
선유문집(先儒文集), 성리대전(性理大全)을 참고하며
제자백가와 고금사문류취(古今事文類聚) 두루 살폈도다

책상 앞에 공부가 백옥 같은 광채를 내니
아침 해처럼 장엄하여 눈이 부시고
무궁화같이 싱싱하여 얼굴색이 곱거늘
험난한 풍파 속에 스스로 갈고 닦은 문채로다
70성상 오직 한 마음은 유도부흥 고문부흥(古文復興)
이 시대의 선비에게 던진 말씀으로
하늘이 무슨 말을 하는가? 길을 두고 어디로 가는가?
나를 아는 것은 춘추뿐이요, 나를 죄줄 것도 춘추뿐이다

아~우리가 곁에서 보고 배운 것
사물을 관찰할 때엔 매가 공중을 맴돌 듯이
진리를 탐구할 때는 살쾡이가 잠복하듯이
스스로 몸을 닦음은 꿩처럼 아름다워라
하늘이 무너질 때 한 손으로 떠받치고
세상이 어지러울 때 급류(急流)에서 비약(飛躍)하되

반드시 봉린용귀(鳳麟龍龜)의 4령(四靈)을 길으라는
서자의 유교대전 있어 길이 전하리라
:門人 光山 金容百 (成均館明倫會 會長)

4

성현의 학맥이은 훈로선생 종심 맞아
심축(心祝)과 존망(尊望)함을 어디에다 비하리
동양학 그 깊은 경지 어느 뉘 미칠건가

경서천착(經書穿鑿) 오직 한 길 예까지 이르시니
옛 뜻 바로 펴기 선두가 되시고
고전의 올바른 뜻은 선생께서 알리시다

학덕이 높으심에 후학들이 문리 트고
주해(註解) 해석 저술 또한 사계의 으뜸이라
이 시대 동양학도의 진정한 스승이시다

북악산처럼 늠름하고 지리산처럼 장엄하여
높은 인품 깊은 학문 온고지신(溫故知新) 널리 펴시니
후세에 훈로동양학(勳老東洋學) 길이 빛나리라
:門人 恩津 宋錫炎 (前 校長)

5

우뚝하신 북악 선생님 우리 민족의 어려운 시기에 태어난 선비
일제말의 해방과 6.25동란, 4.19학생혁명

5.16군사정권과 IMF의 전 과정을 몸소 겪으며
자주·민주·통일운동의 정론을 펴시고
행동하는 양심 세력 이끌어 오셨네

국가적으로 또한 개인적으로 겹친 고난의 세월 속에
사라져 가는 유학과 동양철학의 맥을 잇기 위해
어려운 여건 하에서 고군분투(孤軍奮鬪) 발분망식(發憤忘食)
5서5경(五書五經)을 번역 주해하시어
유교대전(儒敎大全) 26권을 출간하시니
동방에 예절부흥의 군건한 초석이로다

아~, 동양학의 사표, 유학계의 큰 별이시어
열강하시는 선생의 모습도 너무 존경스러워
저절로 고개가 숙여지고
공부자께서 환생하신 듯한 착각을 할 때도 있다오
새 시대를 위한 금자탑 이미 쌓으시고
세계속의 한국을 창조한 위대한 도통전당(道統殿堂) 크게 세우셨으니
영원히 빛나리라
:門人 慶州 崔在寅 (東道會 會長)

6

동양문화연구소에 용봉린귀(龍鳳麟龜) 그림 걸어놓고
우렁찬 목소리로 읽은 글은
대학지도는 재명명덕(在明明德)하며 재신민(在親民)하며
재지어지선(在止於至善)이니라
낭랑한 소리로 다 같이 노래한 시는

관관저구(關關雎鳩)는 재하지주(在河之洲)로다
요조숙녀(窈窕淑女)는 군자호구(君子好逑)로다
5서5경을 공부하는 영광이여!
세계 속에 한국을 새 시대에 빛내는 기쁨이여!

가뭄에 비를 만난 듯 활력소가 생겼고
어둠에 등불처럼 밝게 비쳐주셨네
수신, 제가, 치국, 평천하 사업도 큰데
천명, 솔성(率性), 수도(修道), 교육 학문도 깊도다

도덕은 천 지 인 삼재(三才)를 합하시고
윤리는 부자, 군신, 부부, 장유, 붕우의 5륜이요
예절은 관, 혼, 상, 제, 상견(相見), 향음주(鄕飮酒)의 6례며
도통은 요, 순, 우, 탕, 문, 무, 주공, 공자의 8성인이로다

훌륭한 인격은 멋진 체격에 박력이 넘치거늘
부드러운 음성으로 자상하게 열강하시니
너무도 존경스럽고 재미가 무궁무진하여
평택~서울 3시간 길을 멀다 않고 단 숨에 달려오네
:門人 慶州 金洪烈 (東道會 幹事)

7

지천명(知天命)에 붕우권학으로 경서공부 어언 6년
어느덧 백발노사는 70종심이로다
평생 독학으로 외롭게 이룬 깊고 넓은 학문
그 누가 신성한 도학(道學)의 맥을 이어 갈꼬

두서너 문하생은 부끄러울 뿐입니다
천하의 영재를 얻어 가르치는 3락(三樂)이야 천명일지나
훌륭한 스승 앞에 학습의 희열도 보이지 못하니
오를수록 더욱 높고 뚫을수록 더욱 단단합니다

처음 배울 때는 자상한 가르침에 아주 쉬웠지요
그러나 선비에서 군자로, 군자에서 현인으로, 현인에서
성인으로, 성인에서 하늘로 올라가는 길 끝이 없으니
부지런히 배우고 익히지만 생각뿐 뜻과 같지 않습니다

마지막으로 지금하신 『예기』 역주를 마치시면
사명을 완수하신다는 깊은 말씀
후일의 큰 공덕으로 길이 빛나겠지만
합리주의, 중용사상, 대동정신, 대순주의(大順主義)가
널리 전파되어 새 시대가 열리기를 열망 합니다
:門人 仁川 李在京 (東道會 總務)

8

난초, 지초의 향기여, 보는 사람 없도다
국화, 매화의 기개여, 눈, 서리를 모르도다
연꽃의 고결함이여, 진흙탕물 속이로다
옛날의 군자는 그 뜻을 숭상했거늘
오늘의 학자는 어찌 명리만 따르는가
명리만 쫓다간 열흘 붉은 꽃이 없다네

오직 북악동천에 성스러운 서자 계시어

70평생 책상 앞에 고요히 앉아
봄날에 꽃이 피었는지 졌는지를 모르고
여름에 소나기가 왔다 간지를 모르고
가을에 단풍이 들고 떨어진지를 모르고
겨울에 눈보라가 휘날리는지를 모르며
홀로 하늘 귀신 통해서 경전을 새롭게 다듬으시어
향기로운 뜻 크게 펼치셨도다

문장은 스스로 진리를 전하거늘
어찌 역사가의 평가를 기다릴 것이며
생각과 기상은 저절로 감동하거늘
어찌 얼굴을 붉혀 소리를 지르리오
비단 옷을 입고 쓰개 옷을 걸치시니
도덕학문의 성스러움이 여기에 있으므로
우리는 먼 다음 때라도 그렇게 되기를 소원합니다
:門人 平海 黃文範 (동양문화연구소 이사)

9

감빛 노을이 지는 저녁
책가방을 들고 집을 나선다.
은평구 진흥로 서오능 가는 길
역촌오거리 대조동 45-2
동양문화연구소 앞에
발길을 멈추어 하늘을 보니
까만 하늘에 소금을 뿌려 놓은 듯
별들이 반짝 반짝 빛나고

공자 왈 맹자 왈 글 읽는 소리가 고요한
한 밤중에 온 누리에 퍼지고
희미한 불빛을 따라 가보니
태양보다 더 빛나는 북악 선생님의 음성이
귓전을 울리고 있다

그 음성은 시간의 긴 시내를 흐르는 물이 되어
때로는 논밭으로 흘러들어 곡식을 살찌우고
때로는 땅위에 떨어지기 무섭게
하늘로 올라 구름이 되기도 하며
때로는 땅속 깊이 스미어
나무의 달디 단 수액이 되어 튼실한 열매로 맺힌다

어깨를 나란히 하고 이야기에 귀기울여주는 나와
아직 여물지 않은 꿈과 푸른 옥빛 행복을
책가방에 가득 담고

오늘도 발자국을 깊게 새기며
후손들을 위해 본보기가 되리라
마음속으로 다짐한다
:門人 全州 이상순 (성균관 명륜회 총무)

10

새벽의 어둠이 걷히면서
드넓은 동해의 수평선 위에
붉은 빛으로 떠오르는

찬란한 아침 태양의 빛
훈로 선생이 계셔 유림이 있음을
온 세상이 알리라
인류의 희망으로 새 시대 불멸의 빛으로

어려서부터 꿈꾸어 오던
학문의 꿈을 차마 버리지 못하고
반평생을 살아온 어느 날
홀연히 그 꿈을 이루었나니
그 영광의 원동력은 유학계의 이름난 큰 별이신
고고(孤高)하고 덕망 높으신
훈로 선생의 강의를 들은 것

이 시대의 선비 정신을 웅변하시며
어려운 경전을 쉽게 역주하시니
기상과 용모는 천 길 절벽이요
음성과 말씀은 열 층 폭포로다
확고한 주장은 천하에 독보(獨步)
합리적인 생각은 사방에 양보(讓步)
시와 노래, 문장과 예술도 사랑하시고
강변에 돌멩이까지 자연미를 감상하셨네

성균관 명륜당과 은행나무 아래에서도
성대 강의실과 운현궁(雲峴宮)에서도
광주이씨회관과 동양문화연구소에서도
풍화설월(風花雪月)속에 열강 하셨나니
이제 우리 제자들이 할 일은

스승의 학문사상을 계승하여
도덕, 윤리, 예절의 정신을 온
누리에 널리 전파함 이라오
:門人 文化 柳英珠(동양문화연구소 이사)

11

由仁得壽迓稀年
稟性浩然擬海天
吾道復興模聖致
斯文振作養賢全
一如禮學敷瓊席
專爲詩書設講筵
遐邇儒林爭慶賀
無疆洪化永年傳

인덕이시어 수하시어 고희를 맞으셨도다 천성이 호연지기라 바다하늘과
같도다
유도를 부흥시키시니 성인의 경지에 이르시고 사문진작하시니 어진 제
자를 양성하셨도다
한결같이 예학(禮學)을 숭상하여 좋은 자리를 펼치셨고 오로지 시서경
(詩書經)을 가르치시기 위하여 강연을 베푸셨네
멀고 가까움을 묻지 않고 유림이 와서 경하하였으니 무강홍화(無疆洪
化)가 영원히 전하리라
:門人 順天 朴龍淳 (前校長)

12

惟皇上帝降衷長
神聖化民立紀綱
湯武德承堯舜法
程朱學繼孔顔行
尤庵特立遷東道
勳老獨行集憲章
振作斯文功在此
渾天世界有榮光

오직 황천 상제가 중정(中正)한 본성을 내려준 지 오래되니
신성한 사람이 인민을 교화하여 기강을 세웠도다
탕임금과 무왕의 덕은 요임금과 순임금의 법을 받들었고
정자와 주자의 학문은 공자와 안연의 행실을 계승하였네
우암 선생은 우뚝하게 서서 동쪽으로 도를 옮기니
훈로선생이 홀로 다니며 표준으로 문장을 모았도다
유교를 진작한 공이 여기에 있나니 한 덩어리의 세계에 영광이 있도다
:門人 安東 金星東 (동양문화연구소 상임이사)

13

巍巍北岳이여 鳶飛戻天이로다 玄玄躍淵이여 魚躍于淵이로다
誠敬正直하시고 公明齊聖하사 自强不息하신 勳勞偉大로다
堯舜大統은 民莫不敬이요 孔孟道統은 人莫不信하니
先生正統은 衆莫不悅이라 儒道在玆하니 繼天立極이로다
持身九容이요 操心九思라 寂然不動이라가 感而遂通할새

大順九德이요 洪範九疇라 壽考維祺하시고 受天之慶하시리라
所學五經이요 所敎五倫이라 宇宙快活하시고 物我一體하사
言出忠孝하시고 行從禮運하시니 血氣尊親이요 欽慕配天이로다
:門人 全州 李廣杓 (동양문화연구소 이사)

14

從心大順하시도다 勳老先生이여 大中至正하신 斯文宗師로다
儒敎革命하시니 民衆儒敎라 五書闡明하시고 五經譯註하시도다
天德王道로 經世濟民하며 公民民主로 大同共和로다
綱常倫理로 禮節復興하니 純粹正體로 中和統一이로다
學德仁義요 敎化忠孝라 威儀莊嚴이요 淑愼天命이라
天人合一하고 物我一體하시니 壁立萬丈이요 宇宙快活이로다
吁戱夫子여 儒敎大全은 萬世道統이요 天下大觀일새
兩主雙全하고 共同分數하니 太極天地요 理氣妙合이로다
皇天上帝와 五方天帝와 山川鬼神과 祖廟崇拜하고
人類安樂과 萬福保障하니 聖學大業이 永遠不滅이로다
:門人 慶州 崔成鍾 (道學會 會長)

15

自古學者多如牛毛　道文成者貴如麟角
智異靈山鍾出精氣　降生一人天資穎悟
家學新學義方竝修　游學漢陽成均儒學
螢雪之功誠實硏鑽　政勢不穩奮然出庭
義擧革命率先運動　雖在縲絏毅然堪耐
杜門三載不撤晝宵　究明經典篤工實踐

異端邪說惑世橫行　全國儒林默守自閉
儒教漸衰班家民衆　不歸釋氏殆染基督
唯我函丈憂歎世態　民衆儒教復興自任
靑年同志合心黽勉　鄉飲酒禮相見冠禮
近百年來將忘奈何　稽古事文儀禮再現
文化發掘傳播功多　東洋文化研究所長
多年殫誠論叢發刊　儒敎振興對策委會
發起創設被選會長　數千會員積極活動
十大事業推進方案　儒敎現代化大衆化
先明天理物理事理　自然科學合理主義
迺正性理心理情理　人文科學合理主義
迺致倫理道理義理　社會科學合理主義
複合社會中庸思想　天下爲公大同精神
兩主雙全共同分數　新時代儒敎理念也
於是五倫煥然復明　士林躍進儒風一新
亦有天帝論鬼神說　上下幽明豁然貫通
唯一上帝造物主宰　天宗帝神農帝兩相
五方天帝四時分治　東天靑帝木德生物
南天赤帝火德成物　中天黃帝土德均物
西天白帝金德收物　北天黑帝水德藏物
汎神奉天體物化工　精氣爲物游魂爲變
父母魂魄居喪三年　三虞卒哭小祥大祥
入廟鬼神祭享歆饗　世盡遷主乘化歸盡
陰精陽氣自然還元　享祀精神祖上崇拜
天事人事民心天心　彼安此安生死一如
先生晝夜尙友聖賢　土曜講座歷年薰陶
不拘寒暑殫誠育英　東洋文化研究講演

明倫會朝儒會講會　韓儒會道學會講會
東道會講會受講生　數千百十多士輩出
結成儒會順次學習　學儒課程通儒課程
段階履修修身養士　老而益壯道骨風貌
誠敬節義剛健中正　學問深遠論說獨創
德邵道重任重途遠　學術精密洞察古今
多方論理明辯說破　撰述諸書譯註經典
儒教大全二十六卷　講明聖學實行道德
不拘私事欲罷不能　非但大韓碩學名師
天下名師揚名宇內　道德學說世世刊行
後人多讀感化力行　名垂竹帛沒世不忘
:門人 長興 魏昌復(成均館 靑年儒道會 中央會 副會長)

勳老 徐正淇 先生 略歷 및 著書

略 歷

단기 4271년(서기1938년) 1세

1월 1일(丁丑 11월 30일) 午時에 전라북도 남원시 산동면 식련리에서 大丘 徐龍錫公과 靈光 柳半月氏의 長男으로 出生하시니 柳夫人의 꿈에 비행기가 볏단을 물고 집을 빙빙 도는 상서로운 징험이 있었다.

단기 4278년(서기1945년) 8세

8월 15일 일본 군주가 미군에게 무조건 항복하므로 乙酉광복 해방을 맞아 산동초등학교 1학년에 다니던 교과서를 아궁이에 모두 태우고 환호하는 군중속 에서 밤낮으로 대한독립만세를 함께하시다.

단기 4281년(서기1948년) 11세

8월 15일 대한민국 수립을 선언하고 초대 대통령 이승만 취임하다.

10월 21일 여수·순천 반란군을 진압하던 부 서용석(경위)공이 전사하시여 3년 상복을 입으시다.

단기 4282년(서기1949년) 12세

4월 20일 母 柳夫人이 어린 아들 정기, 홍기 그리고 딸 금자를 두고 自盡從夫하시니 장사지낸 날 저녁에 선생이 정신을 잃고 몽유병자처럼 밤새도록 방안의 벽을 더듬으면서 어머니를 찾으므로 집안사람이 모두 놀라서 큰 소동이 일어났는데 새벽에 진외조부 南平公이 끌어안고 "정기야, 정기야 정신 차려라"고 수없이 외친 다음에야 깨어나셨다. 3년 상복을 겹쳐 입으시고 조부모와 증조부의 특별한 보호를 받으시고 숙부 서호석 공과 숙모 전순임 부인이 집으로 다시 들어와서 함께 사시며 가정을 경영하시다.

단기 4283년(서기1950년) 13세

6월 25일에 발발한 6.25 동란에 큰 당숙(서인석 경위)과 가운데 당숙(서문석 하사)이 전사하므로 사람들이 독난리를 만났다고 하였다.

7월 28일 한국전 지원 위해 유엔군(16개국)을 편성하고, 10월 25일 중공군이 한국전에 개입함으로써 자유 진영과 공산권이 첨예하게 대립하다.

단기 4282년(서기1954년) 17세

그동안 증조부 農隱公의 명령으로 서당에서 『명심보감』을 읽었는데 4월에 조부 蓮川公의 명령으로 남원용성중학교에 입학하시다.

단기 4285년(서기1957년) 20세

4월 서울 한성고등학교에 입학하시다.

단기 4293년(서기1960년) 23세

4월 19일 성균관대학교 문과대학 동양철학과에 입학하여 4.19 학생혁명의 선두에서 시위하다가 광화문을 거쳐 이기붕의 집으로 돌진하면서 왼손에 부상을 당하였으나 연일 시위에 참가하여 4월 26일 이승만 정권이 무너지다.

단기 4294년(서기1961년) 24세

5월 5일 민족통일전국학생연맹 성균관대학교 민족통일연맹(위원장 김승균) 조직위원장으로 남북학생회담과 통일을 기원하는 축제를 판문점에서 5월내에 열기로 하는 결의에 동참 하시다.

5월 23일 정치군인들이 일으킨 5.16 군사쿠데타세력에 의하여 구속당하고 학교에서는 퇴학을 당하며 養賢齋에서도 강제 퇴출당하시다.

9월 15일에 석방이 되어 재입학은 되었으나 4년 장학금은 무효가 되므로 군대에 자원입대하시다.

단기 4295년(서기1962년) 25세

군사정권이 표준시간을 30분 앞당기고 공용연호를 단기에서 서기로 바꾸다.

서기 1963년 26세

5월 육군공병기지창에서 일병으로 학보제대하고 성대 동양철학과에 복학하시다.

서기 1964년 27세

2월 유교청년회 발기준비위원장으로 청년학생을 결집하였으나 5월 21일 서울에 비상 계엄령을 선포하여 무산되다.

서기 1965년 28세

9월 秀松 梁大淵 敎授를 지도교수로 모시고 유학연구회를 결성 하여 월간교양지『유교사상』편집인이 되어 창간호로부터 1966년 1월호까지 발간 보급하시다.

서기 1966년 29세

8월 8일 중화인민공화국(주석 모택동) 문화혁명(批林批孔)이 격화하다.

서기 1967년 30세

4월 성균관대학교를 졸업하고 水原 白重基公의 長女 白範子여사와 혼인하여 서울 은평구 대조동 45-2에 임시가옥을 지어 자립하여 살면서 1969년부터 1971년까지 3년간 두문불출하여 4 서5경 연구에 일심정력으로 심혈을 기울여 크게 통한바 있으시다.

서기 1969년 32세

3월 3일 박정희 정권이 가정의례준칙을 발표하여 우리민족이 왜정하에서도 지켜왔던 3년 상제를 금지하고 100일 탈상을 권장하다.

서기 1972년 35세

7월 東喬 閔泰植 教授가 동양문화연구소를 창립함에 연구실장이 되어 강의를 전담하면서 유교사상을 선양하시다.

서기 1973년 36세

8월 초·중등 교사 일반연수 교육을 3회 실시함에 공로가 있어 동양문화연구소 민태식 소장으로부터 공로표창을 받으시다.

서기 1975년 38세

2월 12일 박정희 정권 통일주체 국민회의 대의원집회에서 대통령을 선출하는 유신헌법 찬반국민투표를 실시하다.(찬성 73.11%)

10월 26일 惠晶부인 백범자 여사가 장녀 지연과 차녀 승희를 낳아 기르다가 卒하니 1년의 상복을 입으시다.

서기 1976년 39세

12월 18일 通川 金仁煥公의 5녀 仁和堂 金貞子여사와 재혼하여 동수, 경, 동률, 동평을 두시다. 재단법인 성균관 이사장 李炳主 의원을 설득하여 성균관에 한국청년유도회와 여성유림회의 창립을 주선하며 11월 13일 한국청년유도회 (회장 최창규) 연구위원장직을 맡아 신진사림규합에 힘쓰시다.

서기 1977년 40세

2월 성균관 (관장 박성수) 典學이 되어 성균관 토요강좌에 출강하여 유교의 우주론과 인생론을 열강하시다.

서기 1978년 41세

11월 한국청년유도회 회장이 되시어 회원이 돌아가면서 연구논문을 발표하는 토요일 오후에 시우회(時雨會)를 주최하시다.

서기 1979년 42세

6월 24일 사상견례(士相見禮)를 성균관 명륜당에서 시범보이니 도하 신문에서 크게 보도하여 예법정신을 일으키고 상견례의 유행어를 낳게 하시다.

7월 30일 동네 사람이 모인 곳에서 박정희 독재를 비난했다는 죄목(22사범)으로 구속당하여 3일을 조사받은 다음 구류20일을 살고 석방되시다.

10월 26일 중앙정보부장 김재규가 박정희 독재에게 총격을 가하여 운명하여 유신독재가 무너지다.

11월 10일 향음주례(鄕飮酒禮)를 시범보이니 도하 신문방송이 연일 대대적으로 보도하여 예법정신을 크게 선양하고 KBS TV의 요청으로 40분간 또 MBC TV의 요청으로 1시간을 다시 재연하여 방송하니 시국격변기에 음주문화개선에 새 바람을 일으키시다.

서기 1980년 43세

5월 6일 성인의 날에 전통 관례(冠禮)를 시범보이니 또 다시 도하신문방송이 크게 보도하여 성균관의 위상을 높이 세우시다.

5월 17일 광주민주항쟁에 일단의 정치군인인 전두환·노태우가 민간인을 학살하는 만행을 보고 즉시 총회를 소집하여 청년유도회장의직을 사퇴하시다.

8월 21일 전두환 국보위 상임위원장을 전군 주요지휘관 회의에서 국가 원수로 추대하기로 결의하다.

서기 1981년 44세

8월 동양문화연구소 민태식 소장이 卒하시므로 玄潭 柳正東 敎授가 소장직을 승계하고 선생이 부소장이 되시다.

8월 14일 성균관의 동성동본금혼법수호 범국민협의회시위를 최선두에서 이끌고 경찰과 맞서 협상하여 신문방송에 그 미풍양속의 보존을 역설하시다.

서기 1982년 45세

1월 경희대학교 방학 특강으로 동양철학 및 한문강좌를 실시하여 경희대학교 한의대 학생회의 감사패를 받으시다.

9월 극도로 불안한 정세에 유정동 소장이 사퇴하므로 부득이 선생이 소장직을 맡으시고 '세계속의 한국학운동'을 전개하시다.

서기 1983년 46세

5월 7일 세종문화회관에서 "세계속의 한국문화 대 강연회"를 주최하시다. 동양문화연구소를 종로1가에서 서울 은평구 대조동45-2로 옮기고 새 시대를 위한 周易 譯註에 전념하시다.

12월 25일 조모 仁壽堂 全州崔氏夫人이 卒하시니 承重 1년 상복을 입으시며 수염과 머리를 깎지 않으시다.

서기 1985년 48세

3월 15일 조부 蓮川公이 卒하시니 承重 3년 상복을 입으시다.

8월 6일 계조모 至誠堂 延安李氏夫人이 작고하시니 承重 3년 상복을 겹쳐 입으시다.

서기 1987년 50세

6월 29일 노태우 민정당 대표 대통령중심 직선제 개헌 등 시국 수습을 위한 8개항 선언하다.

9월 건국대학교 박사학위 심사위원이 되어 국내 최초로 주역박사학위논문을 심사하시다.

서기 1988년 51세

3월 한겨레 민주당 전북 제5지구당(남원시, 남원군, 임실군, 순창군)을 창당하여 위원장이 되시다.

4월 19일 사월혁명연구소 창립발기모임을 주도하여 자주·민주·통일의 혁명과업완수를 역설하여 김승균, 황건, 심재택 공과 사월혁명연구소를 창립하시다.

8월 8일 민중유교연합을 창립하여 의장에 선출되어 새 시대 유교의 민중화를 선언하고 12월 20일부터 한글 제사축문 보급운동을 전개하시다.

9월 17일 제24회 서울 하계 올림픽대회를 개최하니 세계 속의 한국문화가 크게 선양되다.

서기 1989년 52세

1월 30일 MBC FM 방송에서 한글제사축문보급운동을 인터뷰로 소개하다.

2월 1일 KBS 1TV 와이드 정복700 저녁7시 뉴스에 출연하여 한글제사축문 보급내용을 5분간 설명하시다.

3월 한글학회 한글 새 소식 199호에 쉬운 말 제사글틀을 게재하다.

7월 민중의 넋으로 삼아 민족정기를 세우고자하는 정열과 사랑에 감사하여 참된 의료 실현을 위한 청년한의사회 준비위원회 일동으로부터 감사패를 받으시다.

서기 1990년 53세

6월 24일 성균관대학교 민주열사상건립추진위원장으로 성대 문과대학 석조건물 앞에 성균관대학교 민주열사상을 건립하시다.

12월 유도발전의 기틀을 세우고 예법정신 계발과 화민성속에 끼친 공로로 한국청년유도회 (회장 신영조)의 공로패를 수상하시다.

서기 1991년 54세

3월 청년한의사회가 민족의학에 대한 긍지를 가지고 국민보건에 이바지할 수 있도록 지도한 공로로 참된 의료 실현을 위한 청년한의사회(회장 진상해) 감사패를 받으시다.

4월 사월혁명연구소 대외협력위원장이 되어 민중유교회원들과 함께 시국선언을 발표하고 민자당 해체 노태우 정권 퇴진 범시민궐기대회에 참가하여 최루탄 속에 거리시위를 연일 계속하시며, 재야의 민중민주운동에 앞장서시다.

5월 26일 고 김귀정 열사 살인만행규탄 및 책임자 처벌을 위한 범성균인 대책위원회 집행위원장이 되시어 고 김귀정 양 폭력살인 범국민 대책위원회(위원장 문익환, 집행위원장 장기표)를 구성하여 그 부집행위원장을 맡아 거국적으로 노태우 정권을 규탄하며 백병원 영안실에서 1개월간 투쟁하시다.

7월 26일 소련 공산당 중앙위에서 마르크스·레닌주의 포기를 골자로 한 새 강령을 승인함으로써 러시아, 리투아니아 공화국의 독립을 공식 승인하니 동구 공산권이 해체되기 시작하다.

9월 29일 성균관 유교진흥대책위원회 창립위원장으로 10대 사업을 개발하여 유교중흥의 길을 토의하고 새 사람 운동을 전개하시다.

12월 1일 유교진흥 행단 토요강좌를 개설하여 강의를 전담하시다.

서기 1992년 55세

1월 5일 문화부 후원으로 유교진흥대책위원회에서 '92년 1월의 문화인물 퇴계 이황선생기념 대강연회를 유림회관 대강당에서 개최하고 도산서원을 순례하시다.'

9일 공명선거실천시민운동협의회 공동대표를 맡아 공명선거 실천에 앞장서시다.

6월 5일 유교진흥대책위원회 유림서화전을 성균관 명륜당에서 개최하고 동 7일에는 유교대동음악회를 유림회관강당에서 개최하시다.

8월 9일 유림환경보호실천 결의대회를 주최하시다.

20일 북한이 개성경공업단과대학을 고려성균관으로 개칭하다.

10월 8일 대전 EXPO기념 宋子學국제학술대회에서 宋子學과 道統東來를 발표하여 최근 300여년의 유교 중심국은 한국임을 선언하시다.

10월 12일 성균관 유교문화연구위원회 위원장이 되어 『태학지』를 번역하여 공로상을 받으시다.

10월 24일 유교진흥대책위원회를 해체하고 성균관장(김경수)에게 사업을 이관하시다.

10월 30일 『새 시대를 위한 周易』을 출간하여 학계의 큰 반향을 일으킨 결과 유교에 대한 부정적 시각을 일소하시다.

서기 1993년 56세

2월 25일 김영삼 대통령 취임으로 민주평화통일자문위원회 종교분과 상임위원이 되어 남북동질성회복을 역설하시다.

3월 성균관 대학교 민주동문회 (회장 천승세) 부회장으로 동문회 발전에 기여한 공로로 성균관 대학교 민주동문회 회원 일동으로부터 감사패를 받으시다.

서기 1994년 57세

4월 성균관장 선거에 낙선하고 새 시대를 위한 春秋 譯註에 3년간 전념하시다.

5월 남북통일기원 인간 띠잇기 준비위원회 공동대표가 되어 율곡 선생의 理氣妙合논리로 통일할 것을 역설하시다.

서기 1997년 60세

3월 미국의 각 대학교에 인성심리학과(성리학, 유학과)를 설치하기 시작하다.

6월 성균관 (관장직무대행 노병덕) 유교신문편집인 겸 주간이 되어 社是를 춘추정론의 선봉, 유도부흥의 기수, 강상윤리의 구현으로 정하고 신문편집체제를 일신하였는데 다음해 3월에 발행인이 재단법인 성균관 이사회(이사장 김상구)로 바뀌면서 편집권을 침해당하므로 사퇴하시다.

7월 21일 『새 시대를 위한 春秋』를 출간하여 언론계의 큰 반향을 일으키고 문화관광부 선정 97년도 학술분야 우량도서로 뽑히시다.

서기 1998년 61세

2월 25일 김대중 대통령 취임하여 8월 규제개혁위원회에서 가정의례준칙을 폐지하기로 하다.

6월 성균관 유도회 중앙회장 선거에 낙선하고 새 시대를 위한 詩經 譯註에 전념하시다.

12월 27일 정통가정의례 사이트 인터넷 홈페이지를 구축하여 예절보급에 새 장을 여시다.

서기 1999년 62세

2월 1일 유교사이트 인터넷 홈페이지를 구축하여 언론의 주목을 받으니 유교사상보급에 큰 공로를 세우시다.

9월 중화인민공화국 사회과학연구원(원장 李鐵映)이 공자사상을 중국의 민족정신으로 계승하기로 결의하다.

서기 2000년 63세

7월 사단법인 현정회(이사장 이항녕) 이사가 되어 조상숭배사상을 고취하시다.

12월 13일 세종문화회관에서 동양문화연구소 "예절부흥으로 새 시대열자 대강연회"를 주최하시다.

서기 2001년 64세

4월 최창규 성균관장 선거대책 위원장을 맡아 재선시키고 새 시대를 위한 書經 역주에 전념하시다.

7월 2일 유교의 진리 한글본, 한자본, 영문본, 서반어본을 만들어 주한 외국 대사관과 영사관에 보급하시다.

21일 시경, 춘추, 주역을 역주한 업적으로 성균관 (관장 최창 규)의 3경 역주 성균훈로상을 받으시다.

서기 2002년 65세

3월 27일 세종문화회관에서 동양문화연구소 "세계속의 유교문화 대강연회"를 주최하시다.

6월 '2002 FIFA 한·일 월드컵 축구대회'의 개막식을 서울에서 개최하니 세계 속의 한국 문화가 더욱 크게 선양되고 한류의 열풍이 일어나다.

서기 2003년 66세

4월 30일 항일독립전쟁의 영웅 石井 金東植 장군 기념사업회 발기준비위원장으로 뜻있는 유림을 결집하여 김동식 장군 기념사업회 (회장 김경재) 창립대회를 개최하여 상임고문이 되어 20세기 초에 유림의 독립전쟁사를 처음으로 밝히시다.

8월 성균관장 보궐선거에 낙선하고 재기를 도모하시다.

서기 2004년 67세

3월 사단법인 한국예절교육협회 (이사장 이재학) 예절대학원 상임고문이 되어 예절교육에 헌신 노력하시다.

4월 성균관장선거에 낙선하고 새 시대를 위한 禮記 역주에 전념하시다.

서기 2005년 68세

3월 한국학술정보주식회사(사장 채종준)에서 선생의 저서 26권을 유교대전으로 묶어 전자책 www.kstudy.com으로 만들고 모두 종이책으로 출간하기로 계약하여 8월 25일 한국학술정보㈜에서 선생의 저술이 간행되기 시작하다.

3월 15일 호적법폐지와 동성동본금혼폐지 민법개정안반대 국민 연합을 창립하여 위원장을 맡아 노무현 대통령에게 진정하고 국민에게 호소하시다.

서기 2006년 69세

4월 KBS 제1라디오 사회교육방송 '종교와 인생' 유교담당 강설 책임을 맡으시다.

11월 예기의 예운(禮運)편을 역주하여 대학·중용에 붙여서 3서(三書)를 합본으로 발간하여 예절운동의 지침을 제시하시다.

서기 2007년 70세

1월 18일 70종심기념 민중유교논총을 받으시다.

著 書

서기1974. 4.   周易義理思想(필사본) 동양문화연구소 刊

1974. 6.   致誠錄(필사본교재용) 동양문화연구소 현정회 刊

1975. 3.   漢文解釋法(필사본·교재용) 동양문화연구소 刊

1979.10.   根源(활자복사본 교양강습용) 韓國靑年儒道會 刊

1980.11.   周易象數體系(필사본·교재용) 동양문화연구소 刊

1981.12.   道學統論, 도서출판 修德文化社 刊

1982. 9.   程子의 春秋傳(복사본·교재용) 동양문화연구소 刊

1984. 1.   세계속의 한국문화(共) 松山出版社 刊

1984. 9.   成婚錄 松山出版社 刊

1986.10.   朝光竹實(詩集) 松山出版社 刊

1988. 4.   세계속의 한국정신 松山出版社 刊

1989. 9.   정통가정의례 조선문화 刊

1990. 2.   민중유교사상 조선문화 刊

1992.10. 새 시대를 위한 周易(上下) 도서출판 글 刊

1993. 5. 전기소설 孔子 도서출판 글 刊

1993. 9. 儒敎振興資料集 성균관유교진흥대책위원회 刊

1994. 4. 국역 太學志 成均館 刊

1995.12. 새 시대를 위한 大學·中庸 도서출판 集文堂 刊

1997. 7. 새 시대를 위한 春秋(上中下) 도서출판 살림터 刊

1997.12. 민중유교사상(재판) 도서출판 살림터 刊

1999. 5. 전기소설 孔子(재판) 도서출판 살림터 刊

1999. 8. 새 시대를 위한 周易(上下)(재판) 도서출판 다락방 刊

2001. 3. 새 시대를 위한 詩經(上下) 도서출판 살림터 刊

2001. 4. 항일독립전쟁의 영웅 石井 金東植將軍 도서출판 살림터 刊

2002. 9. 선생의 모든 저서를 전자책 www.kstudy.com으로 출판함 한국
학술정보㈜

2003. 5. 새 시대를 위한 書經(上下) 도서출판 살림터

2003. 5. 세계속의 한국 儒敎 도서출판 살림터

2004. 3. 세계속의 한국 禮節 도서출판 살림터

2005. 8. 아침햇살에 영롱한 대나무 열매(시집 재판) 한국학술정보㈜ 刊
하늘로 날아라 못으로 뛰어라(시집) 한국학술정보㈜ 刊

2005. 6. 道學統論(재판) 한국학술정보㈜ 刊
정통가정의례(재판) 한국학술정보㈜ 刊

2006. 1. 세계속의 韓國流風 한국학술정보㈜ 刊
成婚錄(재판) 한국학술정보㈜ 刊
새 시대를 여는 길 한국학술정보㈜ 刊

2006. 6. 세계속의 한국문화(재판) 한국학술정보㈜ 刊
세계속의 한국 정신(재판) 한국학술정보㈜ 刊

2006.11. 새 시대를 위한 大學·中庸·禮運 한국학술정보㈜ 刊

동양문화연구소 부소장 金承善 삼가엮음

민중유교논총

목   차

훈로 서정기 선생   近影
훈로 서정기 선생 도학십도
우산 송하경 교수   題字
청도 김승선 사문 송덕하필
학정 백락춘 선생 송수하장
광산 김용백 사문 송덕하필
성곡 박진태 선생 송덕축화
남양 홍성일 여사 송덕하필
청도 김배선 사문 송덕축화
연당 김기완 사문 송덕축화

민중유교논총(상)

민중유교논총 (상)

우리나라의 전통
관혼상제(冠昏喪祭)연구

서 정 기

(동양문화연구소장)

대체로 진리는 가까운데 있는데도 사람들은 먼데서 찾으려고 하고 일은 쉬운데 있는데도 어려운데서 찾으려고 하는바 우리 민중유교는 가장 가까운 데서 쉽게 할 수 있는 진리로 민중을 이끌고자 한다.

민중에게 있어서 가장 큰 관심은 가정과 가족의 문제이다. 가정이 평화롭고 가족이 건강하면 안락하고 그렇지 않으면 근심 속에 살기 마련인데 가정의 평화와 가족의 건강을 위해서 기본적으로 갖추어야 할 사항은 첫째가 의식주(衣食住)를 자체적으로 해결하는 것이요 두 번째가 관혼상제(冠昏喪祭)를 제 때에 거행하는 것이다. 이것이 가족 관계와 인간관계의 차이점인데 이 논문에서는 가정문화의 바른 가풍을 조성하여 세계 속의 한국을 건설하는 방안으로 관혼상제를 쉽게 거행할 수 있는 길을 제시하고자 한다.

선비는 전체적인 보편성을 주장하여 협동 화합하는 길을 찾고 소인은 구체적인 개별성을 주장하여 대립 경쟁하는 길을 찾는다. 이에 민중유교는 민중이 스스로 전체적인 보편성을 확인하여 협동 화합하는 길로 인도하고자 한다.

　민중이 인생을 성공적으로 살기 위해서는 5륜(五倫)의 아버지와 아들은 친함이 있고 국민과 정부는 정의가 있고 남편과 아내는 분별이 있고 어른과 어린이는 질서가 있고 벗과 동무는 믿음이 있는 삶을 경영해야 된다. 그리고 이러한 다섯 가지 윤리는 관혼상제(冠婚喪祭)를 실천해야 실현되는 까닭에 반드시 관례(冠禮)를 하여 성인(成人)으로 자처하고 혼례(昏禮)를 하여 가정을 이루며 상례(喪禮)를 하여 일생을 마무리하고 제례(祭禮)를 하여 길이 추모하는 길을 열어야 한다.

　사람은 출생하면서부터 고귀한 사람이 없기 때문에 모두 평등한 서민대중으로 존재할 수　밖에 없는 것이다. 그래서 성왕(聖王)은 천하를 경영함에 나이로 맺어진 예절을 제정하였으니 20세에 관례(冠禮)를 거행하기 전에는 천자의 아들로부터 서민대중의 아들에 이르기까지 모두 똑같은 미성년자의 신분으로 규정하여 비단옷을 입을 수 없고 술을 먹을 수 없으며 혼인이나 벼슬을 하지 못하게 예법으로 통제하였던 것이다.

　그러므로 주례(周禮)에는 관례(冠禮)와 혼례(昏禮)는 천하 만민이 모두 공통으로 사용하는 사관례(士冠禮)와 사혼례(士昏禮)뿐이니 왕세자관례(王世子冠禮)나 대부혼례(大夫昏禮) 따위는 후세에 전제군주가 왕권신성화를 도모한 결과 예절을 변질시킨 소치였다.

　이제 민중유교(民衆儒敎)의 시대를 맞으면서 가장 시급한 문제는 고대에 민중이 태평가를 불렀던 요순(堯舜) 3대(三代)의 예법을 되살리고 인민이 신음했던 진(秦) 한(漢) 당(唐)의 예법을 과감히 타파해서 인권을 존중하고 인정을 두텁게 하며 인생을 보람차게 하는 예법을 밝히는 일이다.

　민중은 평생 민중으로 낙오자가 되어서는 안 되고 반드시 분발노력해서 지식을 높이고 사업을 넓혀서 날로 새롭게 발전하여 선비가 되고 군자가 되고 성현이 되는 데 이르러 몸과 이름을 빛내고 가정을 윤택하게 하며 나라와 세계의 발전에 크게 이바지해야 되는 것이다.

　그러므로 성왕(聖王)의 관례(冠禮)와 혼례(昏禮)는 20세에서 30세에 이르는 젊은이로 하여금 누구나 제한 없이 스스로 거행하도록 그 문호를 활짝 열었으며 또한 상례(喪禮)와 제례(祭禮)도 누구든지 자격과 능력만 있으면 모두 거행하도록 개방하고 권장하면서 다만 정치사회적으로 봉사하고 희생한 정도에 알맞도록 하기 위하여 천자·제후·대부·사(士)로 나누어 4등급의 상례와 제례를 제정하였던 것이다.

이것은 민중이 인생을 성공적으로 살았을 때에 전체사회가 공인하는 합당한 대우를 받은 보답이고 비록 그렇게 성공적인 삶을 경영하지 못했을지라도 후손으로 하여금 사상례(士喪禮)와 사제례(士祭禮)를 거행하게 하여 지극히 엄숙한 장례식과 지극히 정성스러운 제사를 받아먹는 귀신의 지위를 보장하였던 것이다.

나는 민중유교를 펴면서 민중이 인생의 낙오자가 되는 것을 단호히 거부하고 민중이 단결하여 학문과 지혜를 갈고 닦아 어버이에게 효도하고 나라에 충성하여 조상을 숭배하고 나라역사를 빛내서 공명선거를 통해 사회에 이바지함으로서 만인의 애도 속에 장사지내고 길이 추모하여 잊지 못하는 성공적인 인생의 길을 열어주려고 노력했다.

그러한 작업의 일환으로 전제군주시대의 굴절된 예절의 말폐를 솔직히 인정하고 청산하기 위하여 고대의 주례(周禮)와 근세의 주자가례(朱子家禮)를 비교하였으며 이어 우리나라의 전통예절과 현대예식을 참고하면서 진정한 새 시대의 의미를 밝혀서 세계 속의 한국예절을 정립하고자 하는 바이다.

자고로 예절은 성인(聖人)의 덕성을 가지고 천자의 자리에 오른 사람만이 의논하고 제정할 수 있다고 하였다. 왜냐하면 성인의 덕성이 없으면 만물과 사람과 귀신과 하늘의 뜻을 모두 만족할 수 있는 예절을 계발할 수 없고 천자가 아니면 온 세상이 보편적으로 거행할 수 있는 보급능력이 없기 때문이다.

만일 예절이 하늘과 귀신과 사람과 만물의 정신을 통일하지 못하거나 나라와 지방과 집안과 사람에 따라 가지각색이라면 어떻게 정치와 교육을 반듯하게 하며 어떻게 인심과 풍속을 아름답게 하겠는가!

이에 나는 망령되게 나의 주장을 앞세우지 않고 전거에 의하여 역사적으로 확인된 내용만을 사실대로 밝히면서 예절의 본의에 어긋난 것만을 가급적 가볍게 논평하는 것으로 그치노니 이해하기 바란다.

I. 우리나라의 전통 관례(冠禮)와
계례(笄禮)연구

1. 성인식(成人式)의 본의

자고로 남자가 20세가 되면 관례(冠禮)를 거행하여 성인으로 대우하며 혼인의 자격을 인정하고 벼슬을 할 수 있으며 가사를 경영하고 술을 먹을 수 있는 독립인격을 존중해서 이름을 부르지 않고 자(字)를 지어주며 또한 사람들과 교제함에 절을 하고 대하여 존대하였으니 그 뜻이 대단히 크기 때문에 혼(昏), 상(喪), 제(祭)와 더불어 4례(禮)의 하나로 지켜오고 있다.

우리나라는 삼국시대에 유교를 수입하여 선비계층에서 주공(周公)이 제정한 『주례(周禮)』의 사관례(士冠禮)를 거행하였고 고려 말 성리학을 수입한 이후로는 『주자가례(朱子家禮)』의 관례(冠禮)를 거행하였으니 조선왕조에 이르러서는 보편적인 풍속으로 정착해서 귀천이 없이 누구나 거행하는 동방예의지국이 되었다.

2. 『주례(周禮)』의 사관례(士冠禮) 절차

『주례』는 주(周)나라의 예악(禮樂)을 제정한 주공(周公)이 요(堯), 순(舜)시대로부터 시작한 의례제도와 하(夏), 은(殷)시대에 보충한 예절을 종합하여

다듬어서 가장 아름답게 만들었기 때문에 공자가 찬양하여 마지않았으므로
후세의 표준이 되었는데 그 조건은 남자 20세, 여자 15세로 당사자와 그 아
버지에게 1년복 이상의 상복이 없을 때에 거행하며 아들은 아버지와 남자손
님 그리고 남자집사요 딸의 계례(筓禮)는 어머니와 여선생 그리고 여자집사
가 거행한다.

1. 서우묘문(筮于廟門): 사당 문 밖에서 관례 할 날짜를 잡음
   아들·딸의 아버지가 사당문 밖에서 주역점을 쳐서 길한 날을 잡는다.

2. 주인계빈(主人戒賓): 주인이 손님을 초청함
   주인(아들의 아버지 또는 딸의 어머니)이 여러 손님에게 행사예정일을
   알리고 초청한다.

3. 전기3일서빈(前期三日筮賓): 3일 전에 손님을 정함
   행사 3일전에 주인이 사당 문밖에서 주역점을 쳐서 직접 관(冠)을 씌어
   줄 손님을 정한다.

4. 전기3일숙빈(前期三日宿賓): 3일전에 손님으로 정했음을 다시 알림
   행사 3일전에 주인이 관을 씌울 손님으로 정했음을 다시 알리고 반드
   시 참석할 것을 당부하고 또한 손님을 수행하여 의식을 돕는 찬자(贊
   者)에게도 다시 알린다.

5. 기일전석(期日前夕)행사준비: 행사 하루 전날 저녁에 준비함
   관례일 하루 전날 저녁에 행사장을 청소하고 준비물을 점검하며 내일
   의 행사시각을 확인한다.

6. 기일숙흥진관복(期日夙興陳冠服): 당일 일찍 일어나서 관(冠)과 의복을

진열함

(1) 방의 서쪽 창문 아래에 옷깃(옷의 목 부분)이 동쪽으로 향하도록 진열함

① 작변복(爵弁服), 훈상(纁裳), 순의(純衣), 치대(緇帶), 매갑(韎韐: 붉은 가죽 무릎 가리개)

② 피변복(皮弁服), 소적(素積: 흰 비단 치마), 치대(緇帶), 소필(素韠)

③ 현단(玄端), 현상(玄裳), 황상(黃裳), 잡상(雜裳)

(2) 당(堂)의 아래 서남쪽 모퉁이에 탁자를 놓고 그 위에 관(冠)을 진열함

① 작변(爵弁: 작위를 받은 임금이 쓰는 관)

② 피변(皮弁: 작위를 받은 임금이 쓰는 관)

③ 치포관(緇布冠: 선비가 평상시에 쓰는 관)

(3) 주인과 손님은 모두 현단복(玄端服)을 입고 도우미와 집사들도 현단복을 입는다.

7. 주인영빈(主人迎賓): 주인이 손님을 맞이함

정한 시간이 되어 손님이 대문의 서쪽에 이르러 차례로 서서 동쪽을 향하면 주인 측의 손님 도우미가 마당으로 들어가서 섬돌아래 서쪽을 향하여 서있는 주인에게 보고함에 주인이 대문 밖으로 나와 대문의 동쪽에서 서쪽을 향하여 제배하면 손님도 답배한다.

주인이 손님에게 먼저 들어가기를 세 번 청하면 손님이 세 번 사양하고 함께 들어가서 주인은 섬돌 아래 동쪽에 서서 서향하고 손님은 서쪽계단 아래 서쪽에서 서서 동향한다.

8. 주인과 손님이 당(堂)에 오름

주인이 손님에게 당에 오르기를 세 번 청하고 손님이 세 번 사양한 다음에 함께 올라가서 주인은 섬돌계단위의 동쪽에 서서 서향하고 손님은 서쪽계단위의 서쪽에 서서 동향하면 주인 쪽의 도우미가 뜰방의 동

쪽에 약간 북쪽으로 자리를 펴고 서쪽을 향하면 장차 관을 쓸 사람이
방에서 색동옷을 입고 상투를 틀고 나와 남쪽을 향하여 자리에 선다.

9. 초가례(初加禮): 처음 관을 씌우는 절차

손님 쪽의 도우미가 머리끈과 비녀와 빗을 자리의 남쪽 끝에 놓으면
손님이 장차 관을 쓸 사람에게 읍(揖)한다. 이에 장차 관을 쓸 사람이
자리로 가서 남쪽을 향하여 앉으면 손님도우미가 앉아서 머리를 빗기
고 끈으로 돌려준다. 손님이 계단을 내려오면 주인이 사양하다가 내려
오고 손님이 손을 씻은 다음 서로 읍하며 다시 올라가서 주인은 제자
리에 서고 손님은 자리에 앉아서 머리끈을 바르게 묶어주고 일어나 서
쪽계단을 한 계단만 내려가서 동향하면 집사가 치포관을 들고 올라가
서 동향하여 손님에게 드린다.

　　손님이 오른손으로 관의 뒤쪽을 잡고 왼손으로 관의 앞쪽을 잡고 조
용히 나아가 이에 축복하기를 "좋은 달, 좋은 날에 처음으로 선비의 관
과 옷을 씌우고 입히노니 너의 어린 뜻을 버리고 그대가 성인의 덕을
신중히 닦으면 오래오래 장수하고 오직 길하여 그대가 큰 행복을 누리
도록 도움을 받으리라."하고 앉아서 치포관을 씌우고 일어나서 제자리
로 돌아가면 도우미가 관끈을 묶어주는 일을 마치고 관을 쓴 사람이
일어나 손님에게 읍한다. 이에 손님이 답하여 읍하면 방으로 가서 현단
복을 입고 방을 나와서 남쪽을 향하여 선다.

10. 재가례(再加禮): 두 번째의 관을 씌우는 절차

손님이 읍하면 관을 쓸 사람이 자리에 나아가 앉고 도우미가 치포관을
벗기고 빗으로 빗겨주고 비녀를 꽂으면 손님이 계단을 내려가서 손을
씻고 올라와 두 계단 내려가서 피변(皮弁)을 받아들고 자리로 나아가
서나니 모든 절도는 시가례(始加禮)와 같다.

　　이에 축복하기를 "길한 달, 길한 날에 이제 그대의 옷을 거듭 입히노

니 그대의 위엄 있는 거동을 공경하고 그대의 덕을 아름답게 닦으면 눈썹이 희도록 만년의 수명을 누리며 큰 복을 받으리라."하고 앉아서 피변(皮弁)을 씌우고 일어나 제자리로 돌아오면 주인 쪽 도우미가 관의 끈을 매어준다. 관을 쓴 사람이 손님에게 읍하고 방으로 들어가 소적(素積)과 소필(素韠)을 입고 모양을 내서 방을 나와 남쪽을 향하여 선다.

11. 3가례(三加禮): 세 번째의 관을 씌우는 절차

손님이 읍하면 관을 쓸 사람이 자리에 나아가 앉고 도우미가 작변(爵弁)을 올리면 손님이 세 계단을 내려가 받아서 재가례(再加禮)와 같은 절차로 하되 축복하기를 "해도 좋고 달도 좋은데 그대의 옷을 보두 입혔으니 형제가 함께 살면서 그 덕을 이루면 머리가 노랗고 살결이 얼었던 배 껍질처럼 되도록 오래 살면서 하늘의 경사스러운 복을 받으리라"고 한다. 주인 쪽 도우미가 피변과 치포관 및 빗과 자리를 거두면 관을 쓴 사람이 방으로 들어간다.

12. 빈례관자(賓醴冠者): 손님이 관을 쓴 사람에게 단술로 제사지내게 함

도우미가 방문 밖의 서쪽에 남향으로 자리를 설치하고 방안으로 들어가서 손을 씻은 다음에 옆에 있는 단술을 사발 술잔에 담고 숟가락을 엎어들고 나온다.

손님이 읍하면 관을 쓴 사람이 자리로 나아가 자리의 서쪽에서 남향하며 손님이 방문의 동쪽에서 단술잔을 받아 숟가락 자루를 앞으로 해서 자리의 남쪽에서 북향하여 단술을 먹으라는 축사를 하기를 "단술이 매우 달고 제물이 깨끗하며 향기로우니 절하고 받아 제사지내고 그대의 상서로운 길을 정하여 하늘의 아름다움을 받들면 하느님이 영원히 그대를 잊지 않으리라"라고 한다.

관을 쓴 사람이 4배(拜)하고 단술잔을 받는다. 손님은 동쪽을 향하여 답하여 절하며 도우미는 포와 절임 등의 안주를 올린다. 관을 쓴 사람

이 자리에 나아가 남쪽을 향하여 앉아서 왼손으로 단술잔을 잡고 오른
손으로 포와 절인고기를 제사지낸 다음 숟가락으로 단술을 제사지내고
일어나 자리의 끝에 앉아 조금 맛을 보고 숟가락을 단술잔 속에 세우
고 일어나 자리에서 내려와 앉아서 단술잔을 놓고 절하고 단술잔을 가
지고 일어나면 손님이 답하여 절한다.

관을 쓴 사람이 단술잔을 음식의 동쪽에 놓고 자리에서 내려와 북쪽
을 향하여 앉아서 포를 들고 서쪽 계단으로 내려와 동쪽 담벽으로 가
서 북쪽을 향하여 어머니께 보이면 어머니가 절하고 포를 받는다. 아들
이 드리고 절하면 어머니가 절하고 돌려보낸다.

13. 빈자관자(賓字冠者): 손님이 관을 쓴 사람에게 자(字)를 지어줌
손님이 내려와 서쪽 마당에 동향하면 주인도 내려와 마당에 처음의 위
치로 돌아간다.

관을 쓴 사람이 서쪽 계단 아래의 조금 동쪽에서 남향하여 서면 손
님이 자(字)를 지어주고 축사하기를 "예절의 의식을 이미 갖추었으니
좋은 달 길한 날에 그대의 자를 밝게 알리노라. 이 자는 매우 아릿다워
걸출한 선비에게 알맞으니 마땅히 위대하게 빛내서 길이 받아서 간직
하면 사람들이 '아무개 분'이라고 일컬으리라."라고 한다.

이에 관을 쓴 사람이 대답하여 말하기를 "제가 비록 영민하지 못하오
나 감히 밤낮으로 경건히 받들지 아니하리까."라고 한 다음에 절하면 손
님이 주인에게 읍하고 주인도 답하여 읍하며 손님이 밖으로 물러간다.

14. 주인청예빈(主人請醴賓): 주인이 손님에게 단술을 먹자고 청함
주인이 사당의 대문 밖에서 손님을 보내면서 단술을 먹고 가라고 청하면
손님이 사양하다가 허락하며 머물 곳으로 가서 이에 주인이 손님에게 한
잔의 술을 드리는 예식을 거행하고 손님이 돌아가면 주인이 대문 밖에서
보내고 재배한 다음 손님에게 술상을 차린 고기를 손님 집에 보낸다.

15. 관자현어형제(冠者見於兄弟): 관을 쓴 사람이 형제에게 보임

    형제가 재배하면 관을 쓴 사람이 답하여 절하고 또 도우미에게 보이면 도우미가 서쪽을 향하여 절하고 관을 쓴 사람이 답하여 절한다. 이어 방으로 들어가 고모와 누이에게 보이는데 어버니를 뵈일 때와 같이 한다.

16. 관자전지현어군(冠者奠摯見於君): 관을 쓴 사람이 폐백을 들고 지방장관에게 뵈임

    성인이 된 것을 지방의 관장에게 신고하는 행사이다.

2. 『주자가례(朱子家禮)』의 관례(冠禮)절차

  남자는 15~20에 모두 관례를 할 수 있고 여자는 시집가려고 할 때에 계례(笄禮)를 하며 당사자와 그 아버지에게 1년복 이상의 상복이 없어야 된다는 점은 『주례(周禮)』와 같으나 그 절차를 간소하게 생략하였고 또 그 관(冠)과 의복도 시대변화에 알맞게 고쳤으니 그 절차를 기술한다.

 1. 전기3일(前期三日)에 주인고우사당(主人告于祠堂): 3일전에 주인이 사당에 아룀

    관례(冠禮)를 거행하기 3일 전에 주인이 사당에 아뢰는 것인바 이것은 주례의 서우묘문(筮于廟門)을 대체하여 행사 날을 조상에게 묻지 않고 아버지가 결정해서 보고하는 형식으로 바꾸었다.

 2. 계빈(戒賓): 손님을 초청함

    주인이 손님을 초청하는 것으로 주례와 같다.

3. 전기1일숙빈(前期一日宿賓): 1일 전에 손님에게 다시 알림

이것은 주례의 전기3일서빈(前期三日筮賓)과 전기3일숙빈(前期三日宿賓)을 모두 생략하고 1일전에 재차 손님에게 알리는 것으로 고친 것이다.

4. 진설(陳設): 준비물을 갖추어 진열함

관례를 거행할 장소를 설치하고 기구를 진열하는 것이니 주례의 기일 전석(期日前夕)의 행사준비와 같다.

5. 궐명숙흥진관복(厥明夙興陳冠服): 그 날 동이 트면 일찍 일어나서 관(冠)과 의복을 진열함

행사 날 일찍 일어나 관(冠)과 의복을 진열하는 위치에는 변함이 없으나 관(冠)과 의복의 종류는 완전히 바꾸었으니 시대가 변화하여 당시에 입는 옷이 아니었기 때문이다.

(1) 방안의 탁자위에 옷깃이 동쪽으로 향하도록 진열함

① 벼슬이 있는 사람은 공복(公服), 대(帶), 화(靴), 홀(笏)

벼슬이 없는 사람은 란삼(襴衫), 대(帶), 화(靴)를 통용함

② 조삼(皁衫: 검은 비단 장삼 또는 도포)

③ 심의(深衣), 대대(大帶), 구(屨)

(2) 당(堂)의 아래 서남쪽 모퉁이에 탁자를 놓고 그 위에 관(冠)을 진열함

① 복두(幞頭: 하급관료가 쓰는 사모紗帽)

② 모자(帽子: 햇볕과 비를 가리는 삿갓 또는 갓)

③ 관(冠: 선비의 관으로 유관儒冠)

(3) 주인과 손님은 모두 성복(盛服)을 입고 도우미와 집사들도 성복한다.

6. 주인이하서립(主人以下序立): 주인이하 모두 차례로 섬

7. 빈지(賓至): 손님이 대문에 이름 (주례와 같다)

8. 주인영입승당(主人迎入升堂): 주인이 손님을 맞이하여 들어와서 당에
   오름 주례와 같다

9. 초가례(初加禮): 처음 관을 씌우는 절차
   모든 절차가 주례(周禮)와 같지만 관을 쓸 사람이 남향이 아니라 서향
   하여 앉으며 손님이 치포관(緇布冠)이 아니라 유건(儒巾)을 관(冠)으로
   대용하여 씌운다.

10. 재가례(再加禮): 두 번째 관을 씌우는 절차
    모든 절차가 주례와 같지만 관을 쓰는 사람이 방으로 들어가 심의(深
    衣)를 입고 나오면 손님이 모자 즉 갓을 씌운다.

11. 삼가례(三加禮): 세 번째 관을 씌우는 절차
    모든 절차가 주례와 같으나 관을 쓸 사람이 방에서 조삼(皂衫)을 입고
    나오면 손님이 복두(幞頭)를 씌운다.

12. 초(醮): 손님이 관을 쓴 사람에게 술로 제사지내게 함
    모든 의식이 주례의 빈례관자(賓醴冠者)와 같으나 단술이 아니라 술로
    바꾸었으며 관을 쓴 사람이 손님에게 4배하고 단술잔을 받았는데 이를
    바꾸어 재배하고 술잔을 받게 하였다. 그리고 포를 들고 어머니를 뵈인
    절차를 생략하였다.

13. 빈자관자(賓字冠者): 손님이 관을 쓴 사람에 자를 지어줌
    주례와 모두 같다.

14. 주인이관자현우사당(主人以冠者見于祠堂): 주인이 관을 쓴 사람을 사당에 뵈임

주례에는 없는 절차를 주자가 삽입하였다.

15. 관자현우존장(冠者見于尊長): 관을 쓴 사람이 어른에게 뵈임

주례와 같다.

16. 주인례빈(主人禮賓): 주인이 손님에게 술과 안주를 대접하여 보냄

주례와 같다

17. 관자수출현우향선생급부지집우(冠者遂出見于鄕先生及父之執友): 관을 쓴 사람이 마침내 나아가서 고을 선생과 아버지의 벗에게 뵈임

주례에서는 지방장관에게 신고하였으나 주자가례에서는 고을의 선생과 아버지의 벗에게 신고하는 것으로 바꾸었다.

3. 결 론

주공(周公)이 제정한 주례(周禮)의 사관례(士冠禮) 절차와 주자(朱子)가 엮은 주자가례(朱子家禮)의 관례(冠禮) 절차를 비교하면 다음과 같은 차이가 있다.

1. 날을 잡는 방법이 다름

주례에서는 남자 20세, 여자 15세면 그 아버지가 조상의 사당문 밖에서 주역점을 쳐서 행사일과 손님을 정했는데 주자가례에서는 남자 15~20세, 여자15세면 그 아버지가 행사일과 손님을 결정하고 3일전에

사당에 보고하고 손님을 초청하게 하였으니 이것은 조상에게 물어서 하던 일을 자손이 스스로 결정하여 보고하는 형식으로 바꾼 것이다.

2. 관(冠)과 옷이 다름

주례에서는 천자나 제후가 평상시에 쓰고 입는 작변(爵弁), 피변(皮弁), 치포관(緇布冠)과 작변복, 피변복, 현단복(玄端服)등의 최고급관복을 입혀서 최고의 정치적 이상의 극치를 추구하게 하였으나 주자가례에서는 복두(幞頭), 모자, 유관(儒冠)과 초급관료의 관복 또는 난삼(襴衫), 조삼(皁衫), 심의(深衣)등의 고급선비 옷을 입혀서 최고의 학문적 이상을 추구하게 하였으니 권력지향적인 사회풍조를 도덕지향적인 사회풍조로 바꾼 것이나 사람은 낳으면서부터 고귀한 사람이 없다는 인권평등사상에서는 상당히 멀어졌다.

3. 관을 쓰는 사람의 위치와 방향이 다름

주례에서는 관을 쓰는 사람이 서고 앉을 자리를 모두 남향(南向)으로 설치하고 관을 쓰는 사람의 서고 앉은 방향도 모두 남향이었으니 임금은 남쪽의 밝은 빛을 향하여 다스리는 원칙에 따른 것인데 주자가례에서는 관을 쓰는 사람이 모두 서쪽을 향하여 앉고 서게 해서 그 위상을 낮추었으니 제사에서도 주벽은 남향하는 것이요 종향은 서향이나 동향하는 것이다.

4. 관을 쓰는 사람이 제사지내는 술의 종류가 다름

주례에서는 예(醴: 단술)로 제사지내게 하였으나 주자가례에서는 주(酒: 술)로 제사지내게 하였으니 단술은 술보다 더욱 고귀한 것인즉 그 신성성을 한 등급 낮추었다고 할 것이다. 자고로 큰 제사에는 예제(醴齊)를 가장 먼저 올리는 것이다.

5. 관을 쓰는 사람이 나아가서 인사하는 대상이 다름

주례에서는 관례의식이 끝나면 관을 쓴 사람이 지방관청의 장관에게 가장 먼저 성인이 되었음을 신고하였는데 주자가례에서는 지방의 선생이나 아버지의 친구에게 인사하게 하였으니 이것은 정치참여의 자격을 인정하는 행사를 사회참여의 자격을 인정하는 행사로 바꾼 것이다.

주자가례의 이러한 변화는 주자의 자의적인 의도는 아니고 당시 사회의 왕권신성화작업의 여파와 계급사회의 풍조 속에서 민간사회에 유행한 것을 수용했을 뿐이니 주자도 심정적으로는 고례(古禮)를 회복해야 된다는 말을 여러 번 설파했던 것이다.

그러므로 이제 주권(主權)이 국민에게 있는 민주·평등사회에서의 관례(冠禮)는 당연히 주공(周公)이 제정한 주례(周禮)의 숭고한 이념을 재건하고 관을 쓰는 사람이 최고의 정치적 이상을 추구할 수 있도록 격려해야 될 것이니 현대예절연구가의 분발을 촉구한다.

II. 우리나라의 전통 혼례(昏禮) 연구

1. 서 론

무릇 혼인은 남자와 여자가 천생연분의 배필을 만나서 일심동체(一心同體)가 되어 서로 공경하고 친밀한 가운데 안락한 가정을 이룩하여 어버이를 공양(供養)하고 자녀를 양육하며 나라에 충성하고 인류의 발전에 이바지해서 하늘의 사명(使命)을 완수하고 인생의 만복(萬福)을 누리는 길이므로 예로부터 혼인은 이성지합(異姓之合)이요 만복지원(萬福之源)이라고 하였고 또 군자의 길은 부부(夫婦)에서 실마리를 만든다고 하였던 것이다.

이와 같이 혼인이 중요하므로 자고로 혼인례가 있었으니 곧 혼례(昏禮)라고 하는바 해가 서산에 기우는 황혼녘에 예식을 거행하기 때문이고 또한 황혼은 해가 지고 달이 뜨는 교대의 시간이므로 남자를 상징하는 태양이 몸을 낮추고 찾아가서 여자를 상징하는 태음의 달을 비추어 밝게 높이 솟아오르게 하는 일이 혼인의 본의라는 의미를 취한 것이다.

그러므로 『시경(詩經)』의 규목(樛木)편에서 노래하기를 "남산에 가지가 늘어진 나무 있어 칡넝쿨이 매달렸네, 즐거워라 군자여 복록을 받아 편안하소서."라고 노래하였고 『주역(周易)』의 가인(家人)괘에서는 "여자가 집안에서 자리를 바르게 하고, 남자가 밖에서 자리를 바르게 함이 하늘땅의 큰 뜻이라"고 하였다.

따라서 혼례는 신랑이 신부를 공경하고 친근하게 맞아들이도록 의례절차를 만들려고 노력하여 그 시일을 가급적 길게 해서 몇 달 또는 몇 해가 걸리든지 기한을 정하지 않고 신중하게 접근하는 단계적 절차를 밟도록 해서 함부로 건너뛰지 못하게 하였다.

이에 본 강의는 혼인의 정신과 그 절차의 변천사를 살피고 오늘날의 혼례절차와 예법을 바로잡는 길을 살피고자 하는 바이다.

2. 혼인의 정신

혼인은 하늘과 땅이 배합하여 네 철을 운행하면서 음양(陰陽)이 화합하여 만물을 생성해서 영원한 발전을 이룩하는 자연의 이치에 따르는 인류번창의 길이다.

현상세계의 만물은 모두 상대적으로 존재하면서 무궁한 발전을 이룩하는 상대성발전법칙이 있다. 그것은 본말(本末), 상하, 내외, 전후, 좌우로 짝을 지어 발전하는데 혼인은 내외의 짝을 결합하는 것으로 인격완성의 토대이며 가정소유의 기본이며 인종생산의 시원이다.

그러므로 혼인은 단지 한 쌍의 청춘남녀가 부부의 인연을 맺을 뿐만 아니라 또한 신랑과 신부의 두 집안이 결합하게 되는 것이므로 혼인이라고 일컬어 왔으니 혼(婚)은 신부의 부모가 신랑의 부모를 호칭하는 말이요 인(姻)은 신랑의 부모가 신부의 부모를 호칭하는 말이다.

이리하여 혼인의 정신을 숭고하고 신성하게 하는 방법으로 일찍이 이성혼(異姓婚)제도를 개발하였으니 두 성씨가 결합하여 생활의 영역을 넓히고 세력을 확장하며 개방사회를 건설함과 동시에 우수한 혈통을 배양하여 길이 번창하게 하였는바 인류역사이래로 가장 아름답고 문명한 제도라고 할 것이다.

더욱이 혼인은 부부가 그 정신과 육체를 배합해서 일심동체가 되어 평생을 함께 살면서 국가사회를 경영하여 이상세계를 경영하고 조상을 빛낼 뿐만 아니라 죽어 귀신이 되어도 부부로써 함께 자손만대에 길이 숭배를 받기 위한 것이기 때문에 사람의 일생일대에 있어서 이것보다도 중대한 일이 없는 까닭에 혼인을 인륜(人倫)의 대사(大事)라고 하는 것이다.

따라서 혼례는 모든 예절의 기본으로 인정하였으니 "대저 예절은 성년식인 관례(冠禮)에서 시작하여 혼례에서 기본을 갖추고 상례(喪禮)와 제례에서 중후(重厚)하게 하고 조례(朝禮)와 빙례(聘禮)에서 존귀하게 하며 향음주례(鄕飮酒禮)와 대사례(大射禮)에서 화합하는 것이 예절의 큰 체제라"고 『예기』의 혼의(昏義)에서 밝히고 있다.

결론적으로 혼인의 정신은 하늘땅의 이치에 순응하는 것이고 어버이의 뜻을 받드는 것이며 국민의 의무를 완수하는 일이요 인간의 윤리를 지키는 일인즉 청춘남녀에게 있어서 가장 중대한 가치라고 인류가 탄생한 이래로 공인하여 왔다.

3. 혼인절차의 변천

자고로 혼인절차는 남자와 여자가 처음 만나서 부부가 됨에 서로 공경하고 친절하게 밀착하는 방법을 강구하였는데 공경을 강조하면 사이가 멀어지는 것이고 친절을 강조하면 사이가 가까워지기 때문에 기술적으로 조절하지 않으면 한편으로 치우치는 병통이 생겼던 것이다.

그리하여 시대의 풍조와 나라의 현실에 따라 여러 가지의 혼인 절차가 생겼는데 그 가운데서 우리나라의 전통혼례에 가장 많은 영향을 끼친 주례(周禮)와 주자가례(朱子家禮) 그리고 우리의 전통혼례를 차례로 서술하여 비교 검토해서 그 유래와 변천의 구체적 차이점을 살피고자 한다.

1) 주례(周禮)의 혼인절차

주례는 주(周)나라 초기에 주공(周公)이 제정한 혼인절차로 그 내용이 『의례(儀禮)』의 사혼례(士昏禮)편에 전해오는데 동양 고대의 혼례를 연구하는 가장 중요한 자료이며 또한 인정사회를 건설하는 규범으로 예가(禮家)들이 가장 존중하였으니 내가 번역하여 다음과 같이 서술한다.

가. 하달(下達): 하늘이 내린 배필임을 전달함

하달은 남자 집에서 중매인을 여자 집에 보내 하늘이 내린 배필이라는 뜻을 전달하며 혼인의 의사를 타진하는 것이다.

나. 납채(納采): 채택의 의사를 받아들임

납채는 중매인을 통해 혼인의 의사를 합의한 다음에 남자의 집에서 심부름꾼을 통해 여자의 집에 산 기러기 한 마리를 폐백으로 보내면서 배필로 채택하려는 뜻을 전하면 여자의 집에서 허락하고 받는 의식인데 기러기는 정절과 질서를 지키므로 군자를 상징하는 폐백이다.

다. 문명(問名): 여자의 이름을 물음

문명은 남자의 집에서 여자의 성명과 생년월일 및 부모의 성명을 묻는 말과 산 기러기 한 마리를 심부름꾼을 통해 여자의 집에 전하면 여자의 집에서 즉시 여자의 성명과 생년월일 및 부모의 성씨와 이름을 자세하게 심부름꾼에게 밝혀주는 의식이니 여자의 신분을 남자의 조상에게 보고하고 미래의 길흉을 점치기 위함이다.

라. 납길(納吉): 점괘가 길함을 전해드림

남자집의 사당에 여자의 성명과 생년월일을 아뢰고 거북점을 쳐서 여자의 미래가 길(吉)하다고 나오면 그 길조의 내용과 산 기러기 한 마리를 심부름꾼을 통해 여자의 집에 전하는 것이니 남자의 조상신이 여자의 행복을 보장했다는 의례절차이다.

마. 납징(納徵): 약혼의 증거물로 옷감을 보내드림

납징은 양가에서 혼인하기로 결정하는 의식이니 여자 집에서 납길의 폐백을 받고 허락하면 다시 남자 집에서 검은 비단 여섯 필과 붉은 비단 네 필 및 사슴가죽 한 쌍을 묶어서 심부름꾼을 통해 여자 집에 보내는 것으로 여자의 혼례비용을 지원함과 동시에 혼인하기로 확실히 결정하였음을 담보하는 것인즉 일종의 약혼식이다.

바. 청기(請期): 장가드는 날을 정함

남자 집에서 산 기러기 한 마리와 혼인날을 청하는 말을 심부름꾼을 통해 여자 집에 전하면 여자 집에서 혼인날을 정하여 심부름꾼에게 밝혀주는 것인데 이것은 남자 집에서 미리 좋은 날을 선택하여 가지고 가서 양가가 합의해도 된다.

사. 기(期): 장가드는 날

신랑이 장가드는 날의 황혼 무렵에 신랑 집에 술과 음식을 준비한 다음 임금이 작위를 받을 때 쓰는 고깔모자와 분홍치마에 검은 선을 두른 관복을 입고 직접 수레를 타고 또 신부를 맞이하여 태우고 올 수레를 대동하여 여자집의 대문밖에 이르면 여자의 아버지가 나와서 맞이하여 사당 뜰방으로 인도한다.

이에 신랑이 신부의 아버지에게 기러기를 드리고 재배계수(再拜稽首)하고 내려와 대문 밖에서 신부의 마차를 잡고 기다리면 신부가 비녀를 꽂아 분홍 댕기를 매고 분홍색 바탕에 녹색 선을 두른 치마저고리와 흰색비단으로 만든 순의(純衣)를 입고 여선생과 함께 대문 밖으로 나온다. 신랑이 안내하여 수레고삐를 신부에게 주면 여선생이 사양하고 받지 않고 신부에게 발판을 딛고 수레에 오르게 한 다음 신부에게 쓰개옷을 걸쳐준다.

신랑이 자기의 수레를 타고 앞서고 신부의 수레가 뒤따라 신랑 집의 대문에 이르면 신랑이 신부에게 들어가자고 읍하여 함께 들어간다. 함께 살 침실 문에 이르면 신랑이 들어가자고 읍하고 신랑은 동쪽계단, 신부는 서쪽계단으로 올라가서 함께 방으로 들어가 신랑은 동쪽자리에 신부는 서쪽자리로 가서 모두 남쪽을 향하여 앉으면 신랑측 도우미는 신부를 위한 큰상을 차려서 신부 앞에 놓고 신부측 도우미는 신랑을 위한 큰상을 차려서 신랑 앞에 놓으면 신랑과 신부가 각각 천지신명에게 음식을 조금씩 떼어서 제사지내고 밥을 먹는다.

신랑신부가 식사를 마치면 도우미가 제기술잔을 씻어서 술을 담아 신랑에게 주면 신랑이 절하고 받아 제사지내고 마시면 도우미가 답하여 절하고 빈잔을 받아 씻어서 신부에게 술을 주면 신부도 절하고 받아 제사지내고 마시면 도우미가 답하여 절하고 빈잔을 받은 다음에 안주를 주면 신랑과 신부가 안주를 제사지내고 먹은 다음에 절하면 도우미가 답하여 절한다.

도우미가 또다시 제기술잔으로 신랑과 신부에게 첫 번째와 같은 방법으로 두 번째 술잔을 마시게 하되 안주는 다시 올리지 아니한다. 세 번째의 술잔은 표주박으로 하는데 역시 똑같은 방식이며 신랑과 신부가 세잔의 술을 모두 마셨으면 신랑이 밖으로 나오고 서쪽의 자리로 돌아간다.

도우미가 신랑신부의 큰상을 거두어 뜰방으로 옮기고 신랑과 신부의 잠자리를 펴되 머리를 남쪽으로 향하게 하면 신랑과 신부가 예복을 벗고 침실로 들어가 신랑이 신부의 분홍댕기를 손수 풀어준다.

도우미가 촛불을 밖으로 가지고 나와서 신부측 도우미는 신랑이 남긴 큰상의 음식을 먹고 신랑측 도우미는 신부가 남긴 큰상의 음식을 먹되 신부측 도우미는 문 밖에서 대기하여 방에서 부르면 들리는 위치에 있어야 한다.

만약 친영(親迎)을 못했으면 신부가 시집 간지 3개월이 지난 다음에 신랑이 신부 집에 찾아가서 장인과 장모에게 뵈이기를 청하고 그동안 생략했던 납징(納徵)의 예물을 드리며 친영(親迎)의 예절을 갖추어야 된다.

의식은 사위가 폐백을 가지고 처갓집 대문에 이른다. 장인이 맞이하여 마당에 이르러 사위가 폐백을 드리며 재배하고 대문 밖으로 나오면 장인집의 집사가 폐백을 들고 대분 밖으로 나와서 받을 수 없다고 전한다. 사위가 폐백을 받아가지고 다시 들어가서 드리고 장인이 재배하고 받으면 사위가 재배하고 나온다.

사위가 장모를 뵙기를 청하며 장모가 안대문을 열고 그 안에 서면 사위가 안대문 밖에서 동쪽을 향하여 선다. 장모가 1배하면 사위가 재배하고 장모가 또 1배한다. 사위가 바깥대문으로 나오되 장인이 단술을 먹자고 청하면 읍하고 사양하다가 들어가서 술 한 잔을 대접하는 예절을 행함에 장모가 안주를 내오면 먹고 사위가 돌아간다.

아. 부현구고(婦見舅姑): 신부가 시부모에게 뵈임

신부가 시집간 다음날 새벽에 목욕하고 대추와 밤을 담은 광주리를 들고 사당의 서쪽 계단위에 올라가 뜰방 동쪽에서 남쪽을 향하여 서 있는 시아버지와 시어머니에게 나아가 절하고 상에 대추와 밤을 올려놓으면 시아버지가 앉아서 대추와 밤을 어루만지고 일어나서 답하여 절하고 며느리가 또 절한다.

　며느리가 내려와서 대바구니에 담은 육포를 들고 서쪽계단을 올라가 북쪽을 향하여 절하고 상에 올려놓으면 시어머니가 앉아서 받들었다가 놓고 일어나 절하고 사람에게 나누어 준다.

　도우미가 뜰방의 방문 앞쪽으로 자리를 만들고 단술단지를 사당의 방안에 놓고 신부에게 시아버지가 베푸는 단술잔을 받으라고 하면 신부가 자리의 서쪽에 나아가 방을 향하여 단정하고 안정한 자세로 선다. 도우미가 방안에서 단술잔과 숟가락을 들고 자리로 나와 북쪽을 향하여 서면 신부가 동쪽을 향하여 절하고 받고 도우미는 주고 절하며 신부가 또 절한 다음에 자리에 올라 왼손으로 단술잔을 들고 오른손으로 상에 차린 안주를 제사지내고 맛보며 숟가락으로 단술을 세 번 떠서 제사지내고 자리에서 내려와 동쪽을 향하여 앉아서 단술을 맛보고 숟가락을 단술잔에 꽂아놓고 일어나서 절하면 도우미가 답하여 절함에 며느리가 다시 절한 뒤에 술잔과 숟가락을 들고 일어나 자리로 가서 상의 동쪽에 놓고 북쪽을 향하여 앉아서 육포를 가지고 내려와서 밖으로 나아가 대문 밖의 사람에게 나누어 준다.

　시아버지와 시어머니가 방으로 들어가면 며느리가 손을 씻고 성대한 음식상을 시아버지와 시어머니께 각각 한 상씩 나란히 올리고 며느리가 도와서 음식을 제사지내며 시아버지와 시어머니가 식사를 마치면 며느리가 반주 1잔씩을 드리고 시아버지와 시어머니의 자리를 북쪽 창문 아래로 옮긴다.

　며느리가 시아버지와 시어머니의 밥상을 거두어 조금 옮겨서 시아버지의 남긴 밥을 먹으면 시아버지가 사양하여 간장을 바꾼다. 또 며느리가 시어머니의 남긴 반찬을 먹으면 도우미가 새로운 반찬을 가져다주며 며느리는 새로운 음식으로 제사지내고 식사한다. 며느리가 식사를 마치면 시어머니가 반주 1잔을 주고 며느리가 절하고 받으며 시어머니는 주고 절한다. 며느리가 앉아서 반주를 제사지내고 모두 마신다음 잔을 시어머니에게 주면 시어머니가 술단지 옆에 둔다.

　며느리가 방안의 음식상을 거두면 여자쪽 도우미는 시아버지의 밥상에 남은 음식을 먹고 남자쪽 도우미는 시어머니의 밥상에 남은 음식을 먹는다.

모두 식사를 마치면 자리를 다시 정리한다.

이에 시아버지와 시어머니가 함께 며느리에게 한 잔의 술을 주는 향연을 베풀고 이에 헌(獻)과 작(酢)과 수(酬)를 마치면 시아버지와 시어머니는 서쪽계단으로 내려오고 며느리는 동쪽계단으로 내려오니 곧 며느리가 안주인의 직분을 인수하고 시아버지와 시어머니가 집주인의 직무를 인계한다는 뜻이다.

이어 시아버지는 며느리를 수행한 남자들에게 술 한 잔을 드리는 잔치를 하고 선물을 주어서 보내며 시어머니는 며느리를 수행한 여자들에게 술 한 잔을 드리는 잔치를 하고 선물을 주어서 보낸다.

만약 시아버지와 시어머니가 이미 죽었으면 시집 온지 3개월에 음식을 차려서 사당에 제사를 지내면서 며느리가 들어왔음을 보고해야 조상으로부터 며느리로 인정을 받는다.

이 순간부터 신부는 한 집안의 전업주부가 되어 부엌을 주관하면서 집안 살림을 책임관리하기 때문에 시집 간지 3년이 지나야 친정나들이를 할 수 있는 여유가 있었던 것이다.

2) 주자가례(朱子家禮)의 혼인절차

주자가례는 남송시대에 주자가 가정에서 사용하기 위하여 주례와 당시 송나라의 민간 풍속을 절충해서 간단하게 요약한 것으로 고려 말 성리학의 수입과 함께 보급되어 우리나라의 동방예의지국 건설에 크게 기여하였기에 내가 번역하여 서술하니 그 절차는 다음과 같은바 우리나라 성리학 집안은 주자가례와 주자가훈을 가정문화의 두 기둥으로 삼았으니 대단히 귀중한 자료이다.

가. 의혼(議昏): 혼사를 의논함

남자의 나이가 16~30이고 여자의 나이가 14~20이며 자신과 그 아버지에게 1년복 이상의 상복이 없으면 이에 혼인할 수 있으므로 반드시 먼저 중매인을 통해서 의사를 교환하여 여자쪽의 허락을 받아야 한다.

나. 납채(納采): 채택의 의사를 받아들임

남자의 아버지가 채택의 의사를 편지로 써서 사당에 아뢰고 자제로 하여금 심부름꾼이 되게 하여 여자 집에 보내면 여자의 아버지가 사당에 아뢰고 나와서 채택의 의사를 받아들이는 답장을 써서 심부름꾼에게 준다. 심부름꾼이 복명하면 남자의 아버지가 사당에 아뢴다.

다. 납폐(納幣): 폐백을 받아들임

남자 집에서 폐백으로 비단 2~10필과 또한 그 품목과 수량을 적은 편지를 심부름꾼을 통해 여자 집에 보내면 여자 집에서 받아들이고 답장을 써서 심부름꾼에게 주어 보낸다.

라. 친영(親迎): 신랑이 친히 신부를 맞이함

장가드는 날 황혼에 신랑이 성대한 복장(대부의 관복)을 갖추면 그 아버지가 데리고 사당에 가서 보고한 다음 그 아들에게 별님에게 축원하는 술 한 잔을 주면서 가서 아내를 맞이하여 오라고 명령한다.

신랑이 나와서 말을 타고 신부의 수레를 대동하여 여자집의 대문에 이르러 기다리면 신부의 아버지가 사당에 아뢰고 그 딸에게 별님에게 축원하는 술 한 잔을 주며 시집가라고 명령한다.

여자의 아버지가 대문밖에 나와서 신랑을 맞이하면 신랑이 따라 들어가 사당 뜰방에서 신부의 아버지는 동쪽에서 서향하고 신랑은 서쪽에서 북향하여 무릎 꿇고 기러기를 땅에 놓으면 여자쪽 도우미가 받아간 다음 신랑이 재배하고 대문 밖으로 나와 신부의 수레를 점검한다.

여선생이 성대한 의상(대부부인의 예복)을 입은 신부를 받들고 대문을 나오면 신랑이 안내하여 수레에 태운 다음에 말을 타고 앞장서서 신부의 수레를 호위하여 집에 이르면 내려서 신부를 인도하여 집안으로 들어간다.

신랑은 동쪽에서 서쪽을 향하고 신부는 서쪽에서 동쪽을 향하여 맞절을 한 다음 신랑은 동쪽자리로 가고, 신부는 서쪽자리로 가서 남쪽을 향하여 앉으면 도우미가 큰상을 차려서 신랑과 신부 앞에 각각 놓고 도우미가 신랑과 신부에게 술 한 잔씩을 준다. 이에 신랑과 신부는 술을 제사지내고 마신 다음 안주를 먹는다. 도우미가 다시 술 한 잔씩을 주면 신랑이 신부에게 마시자고 읍을 하여 같이 마신다. 도우미가 또 표주박으로 술을 주면 함께 마시고 음식을 먹은 다음에 신랑이 밖으로 나오면 도우미들이 음식상을 거두어 밖으로 내가고 침실을 차린다. 신랑이 다시 침실로 들어가서 옷을 벗으면 도우미가 촛불을 밖으로 내가고 신랑의 아버지가 손님에게 술과 음식을 대접하여 보낸다.

마. 부현구고(婦見舅姑): 신부가 시부모에게 뵈임

시집간 다음날 아침에 일찍 일어나 신부가 성대한 의복을 입고 사당의 마당에서 기다린다. 시아버지는 동쪽계단 위에 서쪽을 향하여 앉고 시어머니는 서쪽계단위에 동쪽을 향하여 앉으면 며느리가 먼저 동쪽계단 아래에서 시아버지에게 절하고 대추와 밤을 담은 광주리를 가지고 서쪽계단으로 올라가서 시아버지 앞에 놓으면 시아버지가 대추와 밤을 어루만지고 도우미에게 가지고 방으로 들어가라고 한다. 이에 며느리가 동쪽계단 아래로 내려와서 또 절한 다음에 서쪽계단 아래로 가서 시어머니에게 절하고 육포를 담은 대바구니를 들고 올라가서 시어머니 앞에 놓으면 시어머니가 받들어서 도우미에게 준 다음에 며느리가 내려와서 또 절한다.

시아버지와 시어머니가 도우미로 하여금 며느리에게 별님에게 축원하는 술 한 잔을 주게 하면 신부가 제사지내고 마신다음 서쪽계단으로 내려온다.

며느리가 여러 어른에게 뵈이고 만약 큰며느리이면 시아버지와 시어머니에게 성대한 밥상을 차려 드리고 술을 올리면 시아버지와 시어머니가 먹는다. 며느리가 남은 음식을 먹고 식사를 마치면 시아버지와 시어머니가 서쪽계단으로 내려가고 며느리는 동쪽계단으로 내려온다.

바. 묘현(廟見): 며느리가 사당에 뵈임

시집 간지 3일에 시아버지가 며느리를 사당으로 데리고 가서 조상에게 며느리가 들어왔음을 보고한다.

사. 서현부지부모(壻見婦之父母): 사위가 장인과 장모에게 뵈임

장가든지 4일째 되는 날 신랑은 처갓집에 가서 장인과 장모에게 절하고 폐백을 드린 다음 처갓집의 여러 친척에게 뵈인다. 처갓집에서는 사위에게 음식과 술을 대접하여 보낸다.

3) 우리나라 전통혼례절차

우리나라는 상고시대로부터 남자가 여자의 집으로 가서 장가들고 첫 아기를 낳은 다음에 시집으로 가는 절차가 있었고 심지어 데릴사위제도까지 인정하였기 때문에 조선왕조에서 주례(周禮)를 숭상하고 성리학자들이 주자가례를 존숭하였음에도 대례(혼인식)만은 신부 집에서 거행하였으니 또한 여권을 존중한 표본인과 동시에 사위를 반자식으로 대우하는 아름다운 미풍양속이다. 그러나 구체적인 의식 절차에 있어서는 지방이나 가문에 따라 조금씩 차이가 없지 않았거니와 여기에서는 서울·경기지방에서 전하는 내용을 중심으로 서술한다.

가. 의혼(議婚): 혼인을 의논함

남자 집에서 중매인을 통해 여자 집에 혼인의 의사를 은근히 물어서 허락을 받는다.

나. 납채(納采): 남자의 사성(四星)을 보냄

남자 집에서 남자의 생년월일시를 일곱 번 접은 종이에 써서 사성봉투에 넣고 또 인사편지와 함께 겉봉투에 넣고 안쪽은 초록색 바깥쪽은 분홍색의 사성보에 싸서 심부름꾼을 통해 여자 집에 보내면 여자 집에서 신부의 아버지가 소반으로 받아서 꿇어 앉아 개봉하여 읽는다.

사성은 사주(四柱)단자라고도 하므로 사성봉투에는 사주라고만 쓰고 봉하지는 않으며 인사편지 봉투에는 전면에 근배상장(謹拜上狀)이라고 올려 쓰고 그 좌측에 여자집의 본관성씨와 직함(보통은 생원) 존친집사(尊親執事)라고 쓰는데 사성보도 싸서 둘러 꽂기만 하고 묶지 않는다.

다. 연길(涓吉): 여자 집에서 혼인날을 정해 보냄

연길은 좋은 날을 택한 것이다. 신부 집에서 길한 날을 점쳐서 사성종이처럼 똑같이 일곱 번을 접어 그 중앙에다가 전안(奠鴈)은 모년 모월 모일 모시가 좋겠다고 쓰고 또 인사편지와 함께 봉투에 넣고 이미 받은 사성보의 초록색을 바깥으로 나오게 싸서 심부름꾼을 통해 남자의 집에 전하면 남자의 아버지가 소반으로 받아서 무릎 꿇고 읽는다. 연길보도 사성보처럼 봉하지도 않고 묶지도 않으며 연길봉투에는 연길(涓吉)이라고 쓰고 인사편지봉투에는 근배사장(謹拜謝狀)이라 올려 쓰며 그 왼쪽에 남자 집의 본관성씨와 직함 아래 존친집사라고 쓴다.

라. 납폐(納幣): 함(函)을 보내고 받음

남자 집에서 장가드는 전날 저녁에 신부용의 푸른색 저고리와 분홍색 치마 그리고 혼서지(婚書紙)를 갖추어서 혼수함(婚需函)에 깨끗한 흰 종이를 깔고 맨 밑에 혼서지(婚書紙)와 물건목록을 적은 편지에 분홍치마를 먼저 넣고 그 위에 푸른색 저고리를 넣은 다음 다른 혼수를 차례로 넣어 흰 종이로 덮고 싸리나무가지 등으로 고정하여 함을 닫으며 이를 다시 분홍보자기로 싸되 네 귀를 맞추어 싸매고 종이를 감아 그 곳에 근봉(謹封)이라 쓰고 짊어질 수 있도록 질빵을 만들어 심부름꾼을 통해 신부 집의 아래집사에게 조용히 전하고 온다.

마. 대례(大禮): 혼인식을 거행함

혼인날 아침에 신랑은 사모관대를 하며 신랑의 아버지가 사당 뜰방으로 데려가서 아들에게 별님에게 축원하는 술 한 잔을 주고 "가서 신부를 맞이하여 오되 너의 어머니의 일을 계승할 사람이니 절대로 신부 앞에서 교만하지 말라"고 당부한다. 그리고 아버지가 나무로 조각한 기러기를 안부(雁夫)에게 주면 신랑이 나아가서 말을 타고 청사초롱 2개를 앞세우고 가마를 대동하여 좌우집사와 함께 신부 집 대문 밖에 이른다.

신부는 연두색 길에 자주깃과 색동소매를 달고 옆을 터지게 만든 원삼(圓衫)을 입고 족두리를 쓰며 비녀에 도투락댕기를 매면 신부의 아버지와 어머니가 데리고 사당 뜰방으로 가서 아버지가 별님에게 축원하는 술 한 잔을 주고 "가서 조심하고 경계하여 시부모의 뜻을 어기지 말라"고 당부하며 어머니는 "가서 조심하고 경계하여 남편의 일을 그르치지 말라"고 당부한다.

신부와 어머니는 방으로 돌아가고 신부의 아버지는 대문 밖으로 가서 신랑을 맞아 읍하고 들어가기를 청하면 신랑이 읍하고 기러기를 안되 머리를 왼쪽으로 향하게 한다.

신부의 아버지가 먼저 들어가 동쪽계단으로 올라가서 전안상(奠雁床)의 동쪽에서 서쪽을 향해 서면 신랑이 따라 들어와서 전안상의 남쪽에서 북쪽을 향하여 무릎을 꿇고 기러기의 머리가 서쪽을 향하게 올려놓고 일어나서 두 번 절한다. 신부의 아버지는 절하지 않고 신부의 어머니가 전안상을 받들고 방으로 들어간다.

여선생이 신부를 부축해 방에서 나와 남향하여 서면 신랑이 읍하고 신부가 읍하여 서면 신랑이 서쪽계단으로 내려가고 신부도 따라서 내려간다.

초례상(醮禮床) 앞으로 함께 가서 신랑은 동쪽에서 서향하고 신부는 서쪽에서 동향하여 교배례(交拜禮)를 함에 신부가 재배하면 신랑이 답하여 1배하고 또 신부가 재배하면 신랑이 답하여 1배한다.

교배례를 마치면 이어 초례상을 중심으로 동서로 마주 앉으면 신랑과 신부가 하늘땅에 맹세하는 의식을 거행하는데 각 좌집사는 잔반을 들어 신랑·신부에게 주고 각 우집사는 잔에 술을 따르면 신랑과 신부는 술잔을 받들어 눈높이로 올려 하늘에 제사지내며 맹세하고 술잔을 낮추어 땅에 세 번 부어 땅에 제사지낸 다음에 그 술을 마시고 안주를 먹는다.

이어 배우자에게 맹세하는 예식을 거행하는바 신랑의 우집사는 초례상의 소나무에 걸친 홍실을 왼손목에 걸치고 신부의 우집사는 대나무에 걸친 청실을 오른손목에 걸친 다음 잔반을 신랑·신부에게 주고 술을 따르면 신랑과 신부는 술잔을 가슴높이로 받들어 배우자에게 서약하고 술을 반쯤 마시고 남은 술잔을 각각 우집사에게 전한다. 우집사는 술잔을 들고 각각 오른쪽으로 돌아가서 상대편의 좌집사에게 전하면 각 좌집사가 받아서 신랑·신부에게 주고 신랑과 신부는 술잔을 받아 가슴높이로 받들어 마신 다음 잔을 좌집사에게 준다. 좌집사는 상대편의 우집사에게 잔을 주면 우집사가 제자리로 돌아와 원자리에 놓는다.

이어 근배례(졸杯禮)를 거행한다. 초례상에 놓인 표주박을 각 좌집사가 나누어 가지고 와서 신랑·신부에게 주고 우집사는 술을 따르면 신랑과 신부는 표주박 잔을 들어 술을 마시고 땅에 놓는다. 각 좌집사는 표주박을 가져다가 초례상 위에 합쳐서 놓는다. 신랑과 신부는 일어나서 서로 읍하고 각각 다른 방으로 간다.

다음은 합궁례(合宮禮)이다. 합궁례는 신랑·신부가 첫날밤을 함께 자는 의식인데 신랑의 집사는 신부의 자리를 펴고 신부의 집사는 신랑의 자리를 펴서 신방을 차리면 신부가 먼저 들어가 서쪽에서 동쪽을 향하여 서고 신랑이 들어가 동쪽에서 서쪽을 향하여 선다.

신랑의 집사는 신부의 겉옷을 벗기고 신부의 집사는 신랑의 겉옷을 벗긴 다음 밖으로 나오면 신랑과 신부는 불을 끄고 잔다.

다음날 아침에 사위가 일찍 일어나 장인에게 약간의 폐백을 드리고 재배하면 장인은 일어나서 절을 받는다. 이어 장모에게 약간의 폐백을 드리고 재배하면 장모는 답하여 1배한다. 이어 차례로 처가의 친척에게 인사하고 끝으로 장인은 사위를 데리고 사당에 가서 조상에게 사위를 뵈이고 절하게 한다.

바. 우귀례(于歸禮): 시집가는 예절

신부 집에서 시아버지와 시어머니에게 드릴 폐백으로 대추와 밤 그리고 닭(원래는 꿩)과 술을 갖추고 신랑은 말을 타고 신부는 가마를 타며 신랑이 앞장서서 신랑 집에 이르면 내려서 신랑이 신부를 안내하여 집으로 들어간다.

신부는 신부 방으로 들어가서 원삼과 족두리를 벗고 붉은 비단으로 원삼 비슷하게 만들어 가슴과 등 및 소매 끝에 화려하게 모란꽃을 수놓은 활옷으로 바꾸어 입고 칠보로 꾸민 화관(花冠)을 쓰고 도트락댕기를 맨다.

시아버지는 동쪽에서 서쪽을 향하여 앉고 시어머니는 서쪽에서 동쪽을 향하여 앉아 있으면 신랑이 신부를 안내하여 그 아래에서 신랑은 동쪽, 신부는 서쪽에 나란히 북향하여 서서 신랑은 재배하고 신부는 4배한다.

신부가 동쪽계단 아래로 가서 북쪽을 향하여 4배하고 서쪽계단으로 올라가 시아버지 앞에 동향하여 서면 집사가 폐백을 신부에게 주고 신부가 받아서 무릎 꿇고 시아버지의 상에 올리고 일어나 서쪽계단으로 내려와서 동쪽계단 아래에서 4배하면 시아버지가 대추와 밤을 어루만진다.

이어 신부가 서쪽계단 아래로 가서 북향하여 4배하고 일어나 서쪽계단으로 올라가 시어머니 앞에 서향하여 서면 집사가 폐백을 신부에게 준다. 신부가 받아서 무릎 꿇고 시어머니 상 위에 폐백을 올리고 일어나 서쪽계단으로 내려와서 북향하여 4배하고 다시 신랑의 서쪽에 나란히 서서 신랑은 재배하고 신부는 4배한다.

이어 시아버지와 시어머니가 며느리에게 술과 안주를 내리는 예식을 거행하는 자리를 시아버지와 시어머니의 중앙에서 안쪽에 신부를 위한 술상을 놓는다. 신랑이 신부를 안내하여 서쪽계단으로 함께 올라가서 신랑은 아버지의 왼쪽 뒤에 서향하여 서고 신부는 큰상의 서쪽 아래에 남향하여 선다. 집사가 잔에 술을 부어 신부의 왼쪽에 북향하여 서면 신부는 남향하여 4배하고 자리에 올라 술잔을 받은 다음 꿇어 앉아 땅에 세 번 부어 제사지내고 일어나서 마신다. 신부는 일어나서 잔을 집사에게 주고 집사는 잔을 원래의 자리에 놓는다.

신부가 술상의 서쪽 아래로 다시 내려와서 남향하여 4배하고 무릎을 꿇으면 시아버지가 먼저 며느리에게 당부하고 또 시어머니가 당부한 다음 시아버지와 시어머니가 함께 동쪽계단으로 내려가며 신랑도 신부를 안내하여 서쪽계단으로 내려간다.

이어 시댁의 어른과 친척에게 신부를 뵈이는 의식인데 만일 시조부모가 계시면 시부모가 신부를 어른의 방으로 인도하여 뵙게 하고 방계의 어른은 차례대로 내외분씩 나란히 남향하여 앉게 하여 신부가 재배하며 같은 세대의 형뻘은 동쪽에서 서향하고 신부는 서쪽에서 동향하여 모두 같이 서서 평절로 맞절을 하되 신부가 먼저 절하고 늦게 일어난다. 같은 세대의 아우뻘은 서쪽에서 동향하고 신부는 동쪽에서 서향하여 모두 서서 평절하되 신부가 늦게 절하고 먼저 일어나며 신부의 아랫대 사람은 서쪽에서 동향하고 신부는 동쪽에서 서향하여 서서 아랫대 사람이 절을 하면 신부는 선채로 허리만 굽혀 답한다.

다음에는 시아버지와 시어머니에게 며느리가 밥상을 올리는데 만일 신부집에서 준비한 음식이 있으면 신부의 도우미들이 함께 차린다. 신부가 먼저 시아버지의 밥상 앞으로 가서 무릎 꿇고 술을 따라 잔을 올리면 시아버지가 받아 마시고 음식 그릇의 뚜껑을 열고 뒤로 물러나 4배하고 다시 자리에 앉는다. 며느리가 시어머니의 밥상 앞으로 가서 무릎 꿇고 술을 따라 올리면 시어머니가 받아 마시고 음식 그릇의 뚜껑을 열고 뒤로 물러나 4배하고 다시 자리에 앉으면 신부는 시어머니의 오른쪽 뒤에 서서 공손히 다 잡수시기를 기다린다. 시부모가 식사를 마치면 상을 물리고 그 자리에서 시부모가 며느리에게 큰상을 차려주는데 큰상을 시아버지와 시어머니의 중앙에서 북쪽으로 놓고 집사들이 음식을 성대하게 차린다.

신부가 큰상의 서쪽 아래에 남향하여 서면 집사가 술을 따라 술잔을 들고 신부의 왼쪽 앞에 북향하여 서면 신부가 남향하여 4배하고 자리에 올라 술잔을 받아 무릎 꿇고 술을 땅에 세 번 부어 제사지낸 다음 일어나서 자리의 서쪽 끝에 가서 앉아 술을 마시고 일어나 잔을 집사에게 주고 집사는 잔을 받아 원자리에 놓는다. 신부가 큰상 자리의 서쪽 아래로 내려가서 남향하여 4배하면 신부의 도우미가 큰상의 음식을 모두 담아서 친정으로 가지고 간다.

예식을 마치면 손님을 보내고 큰며느리면 안방에 거처하며 남편과 함께 자고 시집간 다음 날부터 아침과 저녁으로 시부모님께 아들과 며느리가 함께 문안을 드리면서 절을 드리고 공양(供養)하는데 아들은 재배하고 며느리는 4배하는 의식을 21일 또는 7일간 하지만 시부모가 절이나 날수를 감손하라고 명령하면 재배로 3일간만 할 수도 있다.

사. 현우사당(見于祠堂): 사당에 뵈임

시집 간지 3일째 되는 날 아침에 신부가 시집의 사당에 뵈이는 예절이다.

시아버지가 며느리를 데리고 사당으로 가서 분향하고 강신한 다음 모두 참신하며 시아버지가 "큰아들 누구의 아내인 큰며느리 아무개 성씨가 감히 뵙나이다."라고 축문을 읽으면 신부가 미나리나물 접시를 집사에게 주고 4배한 다음 다시 미나리나물 접시를 받아 제상에 올리고 또 4배하면 모두 재배한다.

4. 혼례절차의 시대적 특징

이상에서 서술한 주례, 주자가례, 우리 전통혼례 그리고 우리가 대부분 거행하고 있는 현대 혼례를 도표로 일목요연하게 비교하여 그 특징을 살펴보면 다음과 같다.

1) 혼인절차의 차이점

시대\순서	주 례	주자가례	우리전통혼례	우리현대혼례추세
1	하달(下達)	의혼(議婚)	의혼(議婚)	혼담(婚談)
2	납채(納采)	납채(納采)	사성(四星)	맞선
3	문명(問名)			
4	납길(納吉)			청혼(請婚)
5	납징(納徵)	납폐(納幣)		약혼(約婚)
6	청기(請期)		연길(涓吉)	
7	기(期)	친영(親迎)	함(函), 대례(大禮)	함 · 혼례식
8	부현구고 (婦見舅姑)	부현구고 (婦見舅姑)	우귀례(于歸禮)	시부모님께 폐백드리고 뵈임
9		묘현(廟見)	현우사당(見于祠堂)	신혼여행
10		서현부지부모 (壻見婦之父母)		처갓집에 인사드림

위의 비교표에서 보듯이 항목 수는 대동소이 함에도 옛날에는 혼례식에 이르는 전단계의 항목이 많고 후세에는 혼례식을 거행한 후속단계가 많으니 고대에는 방법적 형식을 숭상하고 중세와 근세 그리고 현대에는 결과적 실질을 중시한 사회적 풍조에 기인했다고 할 것이다.

2) 혼례복의 차이점

시 대\혼례복	신랑 의관	신부 옷
주 례	작위(爵位)를 받을 때에 입는 관복: 고깔모자 분홍치마에 검은 선을 두른 제후복	작위가 있는 제후부인의 예복: 분홍댕기, 분홍색 바탕에 녹색 선을 두른 치마저고리에 흰색 비단의 순의(純衣)
주자가례	성대한 복장: 당시에 대부의 관복을 입은 데 대하여 옛 것이 좋다는 뜻을 표함	성대한 복장: 당시에 대부의 부인 옷을 입은데 대하여 옛 것이 좋다는 뜻을 표함
우리전통 혼 례	대부의 관복: 사모관대	대례 때는 공주의 예복: 원삼에 족두리를 쓰고, 시부모를 뵈일 때는 활옷에 화관을 꽂음
우리현대 혼례경향	검정색 신사 예복	흰 혼례복에 흰 화관을 씀 시부모를 뵈일 때에는 원삼에 족두리

위의 비교표에서 보듯이 고대에는 천자가 조정에서 집무할 때 쓰는 가죽 고깔모자와 제후가 작위를 받을 때에 입는 관복 그리고 왕비의 평상시 예복을 혼례복으로 하였으니 부부가 힘써 노력하여 국가와 세계에 이바지해서 천자가 되고 왕비가 되도록 권장하였던 것이나 후세에는 왕권신성화의 영향으로 대부(大夫)의 관복과 대부부인의 예복으로 강등되었고 또 현대에는 신사복과 숙녀복으로 바뀌는 세태에 있다.

3) 혼례식장의 차이점

시 대	주 례	주자가례	우리전통혼례	우리현대혼례경향
장 소	신랑집 사당 뜰	신랑집 사당 뜰	신부집 안 마당	시내의 혼례식장

4) 신랑·신부의 맞절 및 술잔 개수 차이점

시 대	주 례	주자가례	우리전통혼례	우리현대혼례경향
신랑신부의 절	절이 없음	신랑 신부가 번갈아 교배(交拜)	신랑은 재배하고 신부는 4배함	서서 허리만 굽혀 맞절함
신랑신부의 술잔	1개로 돌림	각각 1개 씩	각각 1개 씩	없 음

5) 교통수단의 차이점

시 대 \ 신랑신부	신 랑	신 부
주 례	마 차	마 차
주자가례	말	마 차
우리전통혼례	말	가 마
우리현대혼례	승용차	신랑의 승용차에 동승함

대체로 교통수단의 등급은 가마가 가장 안전한 것으로 천자와 왕비 그리고 제후와 그 부인만이 타는 것이요 마차가 그 다음이며 말이 또 그 다음인

데 우리나라 전통혼례에서는 신부가 가마를 탔으니 고금에서 가장 높이 대
우한 것이라고 하겠다.

5. 결 론

청춘남녀가 혼인하는 정신은 지극히 고귀하고 혼인예절은 지극히 중대하
다. 하늘이 정한 배필을 맞아 두 성씨의 집안이 우호협력하는 가운데 부부
의 인연을 맺으니 이것은 곧 하늘의 뜻과 조상의 뜻과 부모의 뜻을 받드는
지극히 고귀하고 지극히 순수한 정신이며 또한 혼례의 모든 절차는 두 성씨
의 집안이 서로 공경하고 사양하는 가운데 진실하고 성실하게 절차를 갖추
고 각 단계마다 조상님께 보고하여 허락을 받고 천지신명에게 제사를 지내
며 별님에게 앞날을 기원할 뿐만 아니라 여러 친척과 친지의 축복을 받으면
서 거행하니 이것은 아주 중대한 예절이 아닐 수 없는 것이다.

따라서 혼인 예절을 지도함에는 혼인은 때가 있으므로 미성년자나 노인은
혼례를 거행할 수 없으며 동성동본혼은 가급적 피하고 신체적 불구와 난치
병을 숨기면 안되며 청춘남녀가 30세가 넘으면 부모의 동의가 없어도 혼인
해야 하고 돈이 없으면 찬 물 한 그릇이라도 떠놓고 혼례를 해야 된다. 물
질보다는 정신이 숭고함을 강조하고 겉으로 나타내는 화려함보다는 속으로
간직한 성실성이 더욱 중요함을 반드시 깨우쳐야한다. 왜냐하면 혼인의 예
절은 신랑과 신부에게 임금과 왕비의 옷을 입히고 희생(犧牲)을 잡아서 큰
상을 차려주며, 큰며느리에겐 집에서 중심이 되는 안방을 거처하게 하는바
이것은 신랑과 신부가 장차 열심히 살아서 국가사회에 위대한 공덕을 세워
당대에 또는 후대에 천자와 왕후의 신분에까지 오르고 자손만대에 제사를
받아먹는 귀신이 되고 또 이 집안의 중시조나 시조가 되라는 축원의 뜻을
담은 것이지 절대로 신랑·신부의 현재 신분을 상징하는 것이 아님을 밝게

깨우쳐 조금이라도 착각하거나 망상하지 못하게 해야 된다.

그러나 또한 지나치게 혼인의 정신과 내면의 성실성만을 주장하여 물질을 경시하고 겉으로 나타난 화려한 형식을 생략하여 너무 간소하게 치르거나 더욱 나아가 미풍양속을 거스르는 이색적인 방법으로 혼인예식을 바꾸는 것도 또한 문화정체성을 어지럽히기 때문에 엄금해야 될 것이다.

혼례는 부부란 내외로써 완전히 평등하게 배합하는 것을 가르치는 예절이다. 단지 살아서 뿐만 아니라 죽어서 귀신이 되어도 역시 평등한 부부관계임을 강조한다.

『주례(周禮)』의 혼례는 하달(下達)에서부터 하느님이 점지한 짝임을 밝혀 천정배필(天定配匹) 감임을 설득하고 이어 조상의 사당에서부터 점을 쳐서 하늘이 점지한 짝임을 확인하면 이미 전생에서부터 짝이므로 혼례에서 신랑·신부가 서로 절하는 절차가 없이 자동적으로 합하게 하였으며 또한 한 마리의 희생을 반으로 나누어 그 왼쪽은 신랑의 상에 차리고, 그 오른쪽은 신부의 상에 차려서 나란히 앉아 제사지내고 먹는 것은 완전히 평등한 관계가 이승에서는 물론이고 후천세계에서도 계속됨을 교시하고 있는 것이다.

따라서 혼례는 남편과 아내가 한 가족이 되어 한 집에서 한솥밥을 먹으며 한 가정을 경영하는 것이니 이러한 부부관계는 어버이와 자식 그리고 형과 아우의 관계와 똑같은 천륜(天倫)의 관계로써 군신(君臣)과 붕우(朋友)의 인륜(人倫)관계처럼 일방적으로 의리(義理)를 끊을 수 없는 절대적인 도리(道理)가 있는 것이다.

그러나 또한 부부는 어느 한쪽에 결정적인 죄악이 있어서 도저히 함께 살 수 없으면 이혼(離婚)할 수 있는 자유독립의 권리도 인정해야 되므로 몇 가지 이혼 조건을 두었으니 남자가 무능하거나 폐인이거나 축첩을 하거나 학대하면 보따리를 싸고 떠나가며, 남편이 일찍 죽으면 개가할 수 있는 것이요, 여자가 시부모를 거역하고, 자식이 없고, 음탕하며 질투하며 악질(惡疾)이 있으며 구설이 많고 도둑질을 하면 보내며 또 아내가 죽으면 선비와 서민은 재혼할 수 있는 것이다.

비록 그렇더라고 역시 이혼하지 못하는 조건도 있으니 조강지처나 시부모의 3년 상복을 입었거나 장인과 장모가 죽었으면 어떠한 경우에도 이혼하지 못하게 하였다.

대체로 주례는 두터운 도덕심으로 대동화합하는 시대사회의 혼례이므로 가급적 이혼을 방지하기 위하여 천륜(天倫)사상을 강조하였고, 주자가례의 혼례는 각박한 인심으로 이기주의가 만연한 근대사회의 혼례이므로 가급적 이혼을 자유롭게 할 수 있는 인륜(人倫)사상을 가미한 경향이 있으며, 우리나라의 전통혼례는 인정(人情)사회를 추구하는 전통을 바탕으로 주례와 주자가례를 수입하여 예절도구는 신부를 아주 높였지만 절은 신랑을 더 높여서 오묘한 균형을 유지하였으며 우리나라 현대 혼인 절차는 남녀평등의 시대사조에 따라 거의 대부분이 시중의 공공 예식장에서 혼인하고 신혼여행을 떠나는바 비록 형식 절차는 많이 바뀌었지만 그래도 결단코 전통의 혼례정신을 잃지 않아야 바야흐로 세계에서 이혼율이 가장 심한 불명예를 벗어날 희망이 있을 것이다.

오늘날은 부부를 천륜관계로 묶어 오빠와 누이처럼 우애하는 이도 있고 부부를 인륜관계로 묶어 선배와 후배처럼 다정하게 사는 이도 있으며 또는 부부를 한 집에서 동거인으로 묶어 주인과 손님처럼 공경하는 이도 있고 부부를 각방거처하게 해서 남남처럼 자유롭게 사는 이도 있지만 끝으로 가장 희망적인 혼인은 양주쌍전주의(兩主雙全主義)를 보급해서 남편은 바깥주인이 되고 아내는 안주인이 되어 서로 간섭함이 없이 자주독립하여 자기의 책무를 수행하면서 안팎의 양쪽 주인이 한 쌍의 비익조(比翼鳥)처럼 일심동체로 원만하게 협력경영하도록 가르치는 것이 시급한 과제라 하겠다.

Ⅲ. 우리나라의 전통 사상례(士喪禮) 연구

1. 상례(喪禮)의 본의

상례(喪禮)는 사람이 죽어서 초상치고 장사지내며 상복을 벗을 때까지 거상(居喪)하는 연속적인 모든 과정의 의례절차이다.

인간은 만물의 영장으로 가장 고귀한 존재이기 때문에 죽으면 얼과 넋이 남아 신령한 귀신이 되는 까닭에 상례는 비록 흉례(凶禮)이지만 그 절도가 또한 엄숙하지 않을 수 없다.

그러므로 사람은 누구나 어버이가 죽음에 슬픔을 가누지 못하면서도 초상 치고 장사지내는 일을 게을리 할 수 없는 것이니 엄숙한 상례를 거행하는데 서 인간의 존엄성이 나타나고 가족사랑이 두터워지는 것이다.

무릇 가족을 사랑하는 마음은 천부적인 인간의 본성이므로 만인이 똑같은 까닭에 상복(喪服)과 상기(喪期)는 천하의 공통예절로 하였으니 고금에 차이 가 없는 것이다. 그러나 인간의 존엄성은 나이와 직분과 인류사회에 공헌한 정도에 따라 서로 차이가 없을 수 없으므로 크게 천자(天子)와 제후(諸侯), 대부(大夫), 사(士)의 4등급으로 나누고 상구(喪具)와 제물(祭物) 그리고 장 기(葬期)와 봉분(封墳)등을 다르게 하였으니 대체로 산 사람의 정신적인 슬 픔은 모두 같으면서도 죽은 사람을 위한 물리적 의전격식은 신분에 따라 차 이가 있는 것이다.

오늘날은 주권이 국민에게 있는 만인평등의 민주사회가 되었으므로 옛날 의 신분제도에 따른 천자, 제후, 대부 등의 상례보다는 서민대중이 일반적으 로 거행하는 사상례(士喪禮)를 기준으로 서술하는 것이 시대정신에 부응할 것이다.

2. 주례(周禮)의 상복(喪服) 종류와 기간

　　의례(儀禮)는 사람이 속에 가지고 있는 마음의 내용을 겉으로 표현해주는 형식과 절차이다. 사람이 말 못할 정도로 지극히 애통(哀痛)하는 마음을 가지고 있는데도 남이 모르고 범연히 대하면 더욱 쓰리고 아프게 될 터이니 어떻게 파리한 육체와 혼미한 정신을 수습하여 어려운 고비를 극복할 수 있겠는가?

　　그러므로 성왕(聖王)은 가족을 잃은 사람에게 슬픈 마음을 겉으로 표현하는 상복을 입게 하여 주변 사람들로 하여금 특별히 배려하게 하였는데 주례(周禮)에서는 그 옷의 재질과 모양을 여러 등급으로 나누었으니 성인(成人)의 죽음을 상(喪)이라 하고 미성년의 죽음을 상(殤)이라고 하는바 차례로 서술하면 다음과 같다.

1) 참최3년(斬衰三年)

　　참최(斬衰)는 5복가운데 가장 거친 삼베로 만드는데 남자는 상의하상(上衣下裳)을 분리하고 여자는 상의와 하상을 연결하며 옷의 가장자리를 자르기만 하고 꿰매지 않은 너덜너덜한 옷이다. 여기에 또 거친 암삼베로 만든 수질(首絰)과 요대(腰帶)를 하며 남자는 대나무 지팡이의 뿌리 쪽을 땅에 짚으며, 또한 굵은 삼으로 새끼를 꼰 허리띠와 머리띠를 하며 풀로 만든 짚신을 신는다.

　　이것은 가장 추잡한 옷으로 심신상태를 상징하게 해서 위로하고 동정하고 보호할 대상임을 알림과 동시에 지극한 죄책감과 괴로운 마음을 참지 말고 모두 표출하여 통곡해도 된다는 뜻이니 이 옷을 입는 기간은 3년인데 참최3년복을 입는 사람은 다음과 같다.

　　(1) 아버지가 죽었을 때 아들과 시집가지 않은 딸과 시집갔다가 이혼하고

돌아온 딸이 입는다.

(2) 천자(天子)가 승하하였을 때 제후(諸侯)가 입는다.

(3) 임금이 승하했을 때 신하가 입는다.

(4) 장자(長子)가 죽었을 때 아버지가 입는다.

(5) 승중(承重)한 손자가 할아버지의 초상에 입으며, 양부(養父)가 죽었을 때 양자(養子)가 입는다.

(6) 지아비가 죽었을 때 아내가 입는다.

(7) 남자가 죽었을 때 첩이 입는다.

2) 자최3년(齊衰三年)

자최(齊衰)는 5복가운데 참최의 다음가는 상복으로 재질은 참최와 같으나 그 저고리의 가장자리는 밖으로 접어서 가지런하게 꿰매고 치마의 가장자리는 안으로 접어서 가지런하게 꿰매는 것만 다르며 거친 수삼베로 수질(首絰)과 요대(腰帶)를 하며 남자는 오동나무를 깍은 지팡이의 뿌리 쪽을 땅에 짚으며 짚신을 신는다.

이것은 마음이 한 없이 슬프지만 죄책감으로 고민할 정도는 아님을 표현하여 참최복을 입은 사람보다 더욱 통곡하거나 이성을 잃어서는 안되므로 자제력을 어느 한도까지 지켜야 됨을 상징한다. 주례(周禮)의 자최복에는 상기(喪期)의 차이도 있으니 지팡이를 짚는 3년복과 1년복이 있고 또 지팡이 없이 1년과 3월의 4등급인데 주자가례(朱子家禮)는 5월을 추가하여 5등급으로 하였다.

(1) 아버지가 돌아가신 뒤에 어머니, 계모(繼母), 적모(嫡母), 양모(養母), 자모(慈母)가 죽으면 그 아들과 미혼의 딸과 이혼하고 돌아온 딸이 입는다.

(2) 장자(長子)가 죽었을 때 어머니가 입는다.

3) 자최장기(齊衰杖期)

자최장기(齊衰杖期)는 상복과 지팡이는 자최3년과 동일한데 다만 그 상복을 입는 기간이 1년간이니 자최장기를 입는 사람은 다음과 같다.

(1) 아버지가 생존 할 때에 어머니, 계모(繼母), 적모(嫡母), 양모(養母), 자모(慈母)가 죽으면 그 아들과 미혼의 딸과 이혼하고 돌아온 딸이 입는다.
(2) 아내가 죽었을 때 지아비가 입는다.
(3) 아버지와 이혼한 어머니가 죽었을 때에 장자(長子)가 아닌 아들·딸이 입는다.
(4) 아버지가 죽은 다음에 계모(繼母)가 개가(改嫁)해서 죽으면 아들·딸이 입는다.

4) 자최부장기(齊衰不杖期)

자최부장기(齊衰不杖期)는 지팡이만 없고 자최복으로 삼신을 신고 1년 동안 입는 것이니 그 대상은 다음과 같다.

(1) 할아버지와 할머니가 죽음에 손자와 손녀가 입는다.
(2) 큰아버지·큰어머니와 작은아버지·작은어머니·고모(姑母)가 죽었을 때 조카들이 입는다. 여러 아들이 죽었을 때 부모가 입는다.
(3) 형제와 자매가 죽었을 때에 형제와 자매가 입는다.
(4) 조카가 죽었을 때에 큰아버지·큰어머니와 작은아버지·작은어머니 그리고 고모(姑母)가 입는다.
(5) 장손(長孫)이 죽었을 때에 할아버지와 할머니가 입는다.
(6) 시아버지·시어머니가 죽었을 때에 며느리가 입는다.
(7) 시집조카가 죽었을 때에 큰어머니와 작은 어머니가 입는다.
(8) 친정부모가 죽었을 때에 시집간 딸이 입는다.

(9) 친정형제로 친정아버지의 대를 이은 사람이 죽었을 때에 시집간 누이
가 입는다.

(10) 생부모(生父母)가 죽었을 때에 양자(養子)로 간 아들이 입는다.

5) 자최3월(齊衰三月)

자최3월(齊衰三月)은 지팡이가 없고 3개월간 복을 입으니 좌최복 가운데
가장 가벼운 상복으로 그 대상은 다음과 같다.

(1) 종자(宗子)또는 종자(宗子)의 어머니나 아내가 죽었을 때에 문중의 남
자와 부인들이 입는다.

(2) 임금이 승하할 때에 서민이 입는다.

(3) 증조부가 죽었을 때에 증손이 입는다.

6) 대공9월(大功九月)의 상복(殤服)

대공(大功)은 8승이나 혹은 9승이니 10승의 소공(小功)보다는 약간 굵은
삼베를 삶아 익혀서 가공한 것으로 상복을 만들어 입고 9개월간 애도한 것
이니 자최복보다는 가벼운 상복이므로 역시 지팡이가 없으며 상(殤)은 미성
년자인 19세 이하의 죽음에 상복을 입는 것인바, 죽은 사람의 나이가 19세
에서 16세이면 장상(長殤)이요, 15세에서 12세면 중상(中殤)이며 11세에서 8
세면 하상(下殤)이고 8세미만은 모두 상복을 입지 않는 상(殤)인데 복을 입
지 않는 상(殤)은 날을 달로 계산하며 자식이 태어나서 3개월이 되기 전에
죽으면 곡(哭)도 하지 않는 것이다.

이제 대공9월의 상(殤)의 대상을 열거하면 다음과 같다.

(1) 19세로부터 12세까지의 아들·딸이 죽었을 때에 아버지와 어머니가 입
는다.

(2) 19세로부터 12세까지의 삼촌, 고모가 죽었을 때 조카들이 입는다.

(3) 19세로부터 12세까지의 형제자매가 죽었을 때에 형제자매가 입는다.

(4) 19세로부터 12세까지의 시집조카가 죽었을 때에 큰어머니와 작은어머니가 입는다.

(5) 19세로부터 12세까지의 장손이 죽었을 때에 할아버지와 할머니가 입는다.

7) 대공9월(大功九月)의 상복(喪服)

대공9월(大功九月)의 상복(喪服)은 앞에 대공9월의 상복(殤服)과 같으나 수질(首絰)을 매는 끈과 삼베띠가 있는데 성인(成人)의 죽음에 입는다.

(1) 시집을 간 고모·자매(姉妹)·딸이 죽었을 때에 친정 조카·자매·친정 아버지가 입는다.

(2) 4촌 형제가 죽었을 때에 입는다.

(3) 양자(養子)로 간 사람이 그 친형제가 죽었을 때에 입는다.

(4) 여러 손자가 죽었을 때에 할아버지와 할머니가 입는다.

(5) 큰며느리가 죽었을 때에 시아버지와 시어머니가 입는다.

(6) 시집간 여자가 친정형제의 죽음에 입는다.

(7) 시집간 고모가 친정조카의 죽음에 입는다.

(8) 시집의 조부모가 죽었을 때에 손부(孫婦)가 입는다.

(9) 시집의 큰아버지·큰어머니와 작은아버지·작은어머니가 죽었을 때에 조카며느리가 입는다.

8) 소공5월(小功五月)의 상복(殤服)

소공(小功)은 10승(升)이나 혹은 11승의 삼베로 그 날줄이 800~880가닥이니 대공보다 더욱 가는 삼베를 삶아서 깨끗하게 가공하여 만든 상복과 수질과 요대로 5개월간 애도하는 것이니 11세로부터 8세까지의 죽음에 입는 상복인데 그 대상은 다음과 같다

(1) 11세부터 8세까지의 아들·딸이 죽었을 때에 부모가 입는다.

(2) 11세부터 8세까지의 3촌이나 고모가 죽었을 때에 조카가 입는다.

(3) 11세부터 8세까지의 큰손자가 죽었을 때에 할아버지와 할머니가 입는다.

(4) 11세부터 8세까지의 형제자매가 죽었을 때에 형제자매가 입는다.

(5) 11세부터 8세까지의 시집조카가 죽었을 때에 큰어머니와 작은어머니가 입는다.

(6) 양자로 간 사람이 19세부터 12세까지의 친형제가 죽었을 때에 입는다.

(7) 19세부터 12세까지의 4촌형제가 죽었을 때에 사촌형제가 입는다.

9) 소공5월(小功五月)의 상복(喪服)

소공5월(小功五月)의 상복(喪服)은 앞에와 같으나 다만 장사지낸 다음에 삼베로 된 수질과 요질을 칡베로 교체하니 성인(成人)의 죽음에 입는다.

(1) 큰할아버지와 큰할머니, 작은할아버지와 작은할머니가 죽었을 때에 입는다.

(2) 당숙(堂叔)과 당숙모(堂叔母)가 죽었을 때에 종질(從姪)이 입는다.

(3) 6촌형제가 죽었을 때에 6촌형제가 입는다.

(4) 미혼의 큰고모(조부의 누이)가 죽었을 때에 입는다.

(5) 외할아버지와 외할머니가 죽었을 때에 외손이 입는다.

(6) 이모가 죽었을 때에 이질(姨姪)이 입는다.

(7) 여러 며느리가 죽었을 때에 시아버지와 시어머니가 입는다.

(8) 시집고모가 죽었을 때에 조카며느리가 입는다.

(9) 시집간 여자가 친정자매의 죽음에 입는다.

(10) 시집간 여자가 시집의 동서의 죽음에 입는다.

(11) 군자(君子)가 자애로운 서모(庶母)의 죽음에 입는다.

10) 시마3월(總麻三月)

시마(總麻)는 15승의 삼베를 완전히 삶아 익혀서 가공하지는 않고 절반정
도만 가공하여 상복을 만들어 입고 3개월을 애도하는 가장 가벼운 상복으로
그 대상은 다음과 같다.

(1) 큰증조부모, 작은증조부모, 증고모(曾姑母)의 죽음에 입는다.

(2) 재종(6촌)할아버지, 재종(6촌)할머니와 시집간 큰고모의 죽음에 입는다.

(3) 7촌 재당숙부모의 죽음에 입는다.

(4) 8촌형제의 죽음에 입는다.

(5) 여러 손부(孫婦)가 죽었을 때에 시할아버지와 시할머니가 입는다.

(6) 여러 손자가 15세로부터 12세까지의 죽음에 할아버지와 할머니가 입
는다.

(7) 시집간 자매(姉妹)가 죽으면 시집간 자매가 입는다.

(8) 당숙(堂叔)의 19세로부터 16세까지의 죽음에 당질(堂姪)이 입는다.

(9) 외손(外孫)이 죽었을 때에 외할아버지와 외할머니가 입는다.

(10) 생질(甥姪: 누이의 아들)이 죽었을 때에 외3촌이 입는다.

(11) 사위가 죽었을 때에 장인·장모가 입는다.

(12) 장인·장모가 죽었을 때에 사위가 입는다.

(13) 고모의 아들이 죽었을 때에 입는다.

(14) 이모의 아들이 죽었을 때에 입는다.

(15) 시집간 큰고모가 죽었을 때에 입는다.

(16) 증손이 죽었을 때에 증조할아버지와 증조할머니가 입는다.

(17) 외3촌이 죽었을 때에 생질이 입는다.

(18) 외4촌형제가 죽었을 때에 입는다.

(19) 남편의 종조부모와 외조부모가 죽었을 때에 입는다.

(20) 선비가 서모(庶母)의 죽음에 입는다.

주례(周禮)의 상복제도는 의례(儀禮)에서 고찰할 때에 대개 이상과 같으니 남자로 양자를 간 사람과 여자로 시집을 간 사람은 그 생부모(生父母)에 대하여 한 등급을 낮추어 입고 또한 미성년자의 죽음에도 상(殤)에 따라 낮추어 입으며 시집간 여자는 친정집안의 상에 한 등급을 낮춘다. 그리고 유복친(有服親) 즉 상복을 입는 친척은 3종형제까지의 8촌이니 9촌 이상은 무복친(無服親)인데 9촌이 넘으면 할아버지의 항렬이면 대부(大父)라 하고 아저씨의 항렬이면 족숙(族叔)이라고 하며 형제의 항렬이면 족형(族兄), 족제(族弟)라 하며 항렬을 따질 수 없을 때에는 종씨(宗氏)라고 하여 혈통적인 친밀감을 표시한다.

3. 사상례(士喪禮)의 절차

사상례(士喪禮)의 절차는 처음 죽어서 시신을 수습하고 장사준비를 하는 초상(初喪)의 범절과 널을 운반하여 산에 무덤을 쓰는 장례(葬禮)와 장사지내고 소상(小祥), 대상(大祥)까지 애도하면서 거상(居喪)하는 절도로 나누어지는데 여기에서는 주례의 사상례(士喪禮)와 주자가례의 상례(喪禮)를 종합 요약하여 알기 쉽게 기술한다.

1) 초상(初喪) 범절(凡節)

(1) 사망당일에 거행하는 절차

① 정침임종(正寢臨終): 질병이 위독하면 안방으로 옮기고 북창(北窓)아래 머리를 동쪽으로 향하게 눕히며 가족이 지켜보다가 이미 운명하면 통곡한 다음에 시신을 홑이불로 덮는다.

② 복(復)과 설치철족(楔齒綴足): 집사가 사망당일에 죽은 사람의 옷을 왼

쪽 어깨에 메고 동정을 허리띠에 꽂은 다음 지붕의 정면처마위로 올라가서 북쪽을 향하여 "어이, 아무개씨는 돌아오시오"라고 세 번 초혼(招魂)하고 내려와서 시신을 안방의 남창(南窓)아래 머리를 남쪽으로 향하게 하여 그 옷으로 시신의 가슴을 덮고는 시신의 눈을 감기고 솜으로 귀를 막으며 입을 벌려 나무조각으로 이를 괴고 발을 펴서 고정하여 묶고 전(奠)을 올리니 강신이 없다.

③ 상주(喪主)를 세움: 죽은 사람과 가장 가깝고 초상을 치를 수 있는 장남, 또는 장손으로 상주를 세우고 사망자의 아내 또는 상주의 아내로 주부(主婦)를 삼으며 이어 호상(護喪), 사서(司書), 사화(司貨)등의 책임자를 정한다.

④ 역복불식(易服不食): 상제는 모자와 겉옷을 벗고 머리를 풀면서 수시로 통곡하여 3일을 먹지 않는데 상제가 60세면 밥을 먹고 70이상이면 술과 고기도 먹는다. 양자로 간 아들이나 시집간 딸은 머리를 풀지 않으며 1년복이나 9월복은 세 끼니만 먹지 않고 5월복이나 3월복은 두 끼니만 먹지 않는다.

⑤ 부고(訃告): 호상(護喪)은 친척과 친지에게 호상의 이름으로 부고를 하고 관(棺)을 제작하도록 시킨다.

⑥ 목욕, 습(襲), 반함(飯含): 사망 당일에 장막을 치고 시신을 끓인 물로 머리와 얼굴부터 씻고 차례로 아래를 씻되 남자는 남자가 씻겨주고 여자는 여자가 씻어 목욕시키고 병환 중에 입었던 옷을 모두 벗기며 머리를 빗어 상투 틀고 비녀를 꽂으며 얼굴 화장하고 손톱 발톱 깎아 주머니에 넣는다. 평상시에 입었던 깨끗한 옷으로 겹쳐서 입힌 다음 집사가 전(奠)을 시신의 동쪽 어깨쯤에 상을 차리고 전(奠)을 드리는데 강신이 없다. 남자 상제는 시신의 동쪽에서 서향하고 여자상제는 시신의 서쪽에서 동향하니 모두 남쪽이 상석(上席)이며 가벼운 상복을 입은 사람은 시신의 북쪽에서 남향하는데 동쪽이 상석이다. 이렇게 차례로 앉아 슬프게 곡(哭)한 다음에 상주가 시신의 동쪽으로 가면 집사가

불린 쌀과 숟가락을 들고 홑이불을 열고 시신의 입안 오른쪽에 숟가락
으로 불린 쌀을 떠넣어 채우고 또한 동전을 왼쪽에 넣어 채우면 집사
가 홑이불로 시신의 얼굴을 덮는다.

⑦ 영좌(靈座), 혼백(魂帛), 명정(銘旌): 사망당일에 시신의 남쪽에 병풍
같은 것을 설치하고 그 앞에 흰 비단실을 묶어 혼백(魂帛)을 만들어
상위에 모시고 향로와 촛대를 놓으며 아침 저녁으로 전(奠)을 드리며
또 술, 과일, 포를 차려서 조문(弔問)을 받는다. 그리고 길이 7척의 붉
은 비단폭에 죽은 사람의 신분을 써서 영좌의 오른쪽에 세우니 대개
"모관(某官) 모공(某公)의 구(柩)"라고 쓴다.

(2) 사망 다음날에 거행하는 절차

① 소렴(小斂)준비: 아침에 집사가 소렴(小斂)할 옷과 홑이불을 방의 동쪽
벽 아래 진열하되 옷의 목 부분이 남쪽으로 가게하고 시신을 거두어
묶을 소렴포(小斂布)는 가로가 세 개요 세로가 한 개니 온폭으로 쓰되
그 끝을 세 가닥으로 쪼개서 묶을 부분을 만든다.

② 전(奠)올릴 준비: 아침에 탁자를 동쪽 뜰방에 설치하고 전(奠)올릴 음
식과 술과 잔을 준비하여 둔다.

③ 수질(首絰)과 요질(要絰)준비: 5복(五服)을 입을 사람들이 머리를 묶을
삼띠와 허리를 묶을 허리띠를 삼으로 새끼를 외로 꼬아서 삼의 뿌리가
동쪽으로 가게 만들어둔다.

④ 소렴상(小斂牀) 설치: 선비가 손을 씻고 두 사람이 동쪽을 향하여 서
쪽계단 아래에 서면 집사가 방문 안에 자리를 깔고 소렴상을 설치하고
가로로 세 폭의 소렴포(小斂布)를 펴고 그 위에 세로로 한 폭의 염포
를 펴며 그 위에 홑이불을 펴고 또 그 위에 수의(壽衣)를 차례로 펼쳐
놓으니 좋은 옷일수록 아래에 놓아서 시신이 입었을 때에 가장 좋은
옷이 겉으로 나오게 한다.

⑤ 소렴(小斂)함: 두 명의 선비가 방으로 들어가서 시신을 들어 조금 옆으

로 옮기면 집사가 소렴상을 방의 중앙으로 옮긴다. 선비가 시신을 그
위에 올려놓고 나아가면 집사가 차례로 옷을 입히되 겉으로 나온 옷깃
이 왼쪽으로 가게하며 옷고름이나 띠를 묶지 않으며 옷을 모두 입혔으
면 베개를 베게하고 홑이불로 싸되 얼굴을 덮지 않으니 대개 살아나기
를 바라고 효자가 그 얼굴을 보도록 함이다. 그리고 세로로 묶는 염포
를 걸친 다음 마지막으로 가로로 묶는 염포를 걸쳐 놓으면 가래개를
철거하여 소렴을 마친다.

⑥ 유가족이 곡(哭)함: 남자는 시신의 동쪽 곁에서 서향하고 여자는 시신
의 서쪽 곁에서 동향하여 통곡하고 가슴을 치며 발로 뛰면서 한 없이
시신에 기대어 울부짖는다.

⑦ 왼쪽 소매를 벗고 수질(首絰)과 요질(腰絰)을 함: 남자가 참최(斬衰)복
을 입을 사람은 왼쪽 소매를 벗고 머리를 묶어 상투를 하되 삼베로 묶
으며 자최(齊衰)이하로 5대조까지 같은 집안의 남자는 모두 왼쪽 소매
를 벗고 수질과 요질을 하며 여자는 방안에서 쪽지를 다시 틀되 대나
무로 만든 비녀를 꽂고 수질과 요질을 한다.

⑧ 전(奠)을 올림: 집사가 뜰방에 영좌(靈座)를 설치하고 혼백을 모시면
상제들이 나와서 남자는 동쪽 여자는 서쪽에 서서 북향하여 곡한다.
이에 집사가 술과 과일과 건포 등의 음식상을 영좌(靈座) 앞에 차리고
분향하며 술을 올린 다음 절하면 상주만 빼고 모두 따라서 재배한다.

⑨ 조문(弔問)을 받음: 무릇 조문하는 사람은 소복(素服)을 입고 영좌 앞
으로 가서 조문하는데 타인의 아버지가 죽은 외간상(外艱喪)에는 상주
와 친하고 죽은 사람과도 얼굴을 알거나 또는 상주와 친하고 죽은 사
람과는 얼굴을 모르더라도 모두 궤연(几筵:영좌)에 호곡재배(號哭再拜)
한 다음에 상주와 서로 향하여 얼굴을 보면서 손님이 절하면 상주가
곡하며 계수재배(稽首再拜)하며 타인의 어머니나 아내가 죽은 내간상
(內艱喪)에는 죽은 사람과 얼굴을 아는 사이면 궤연에 호곡재배하고
얼굴을 아는 사이가 아니면 상주와만 서로 마주향하여 얼굴을 보면서

곡하고 절하면 상주가 곡하며 돈수재배(頓首再拜)한다. 만일 죽은 사람과는 친하지만 상주와는 얼굴을 모를 때에는 궤연에만 곡하며 절하고 밖에 마당으로 나오면 상주가 찾아가서 인사한다. 그리고 사부인(查夫人)의 초상에는 마당에서 상주와만 서로 보며 곡(哭)하고 친구의 처상(妻喪)에는 상주와만 서로 향하여 곡(哭)하고 절하며, 그리고 미성년자나 손아래 사람의 초상에는 앉아서 곡(哭)하고 절은 하지 않는다. 부의(賻儀)할 때에는 조문하고 나와서 호상소(護喪所)에 납입(納入)하며 호상소에서는 밤에 불을 피우고 손님을 접대하여 보낸다.

(3) 사망 3일째 날에 거행하는 절차

① 대렴(大斂)준비: 소렴한 다음날 아침에 대렴할 관(棺)을 뜰방의 조금 서쪽에 놓고 또 동쪽 뜰방에 탁자를 설치하여 대렴포(大斂布: 가로 3폭, 세로 1폭)와 솜을 넣은 요와 이불 그리고 옷을 진열한다. 그리고 전(奠) 올릴 음식을 소렴 때처럼 준비하며 상주이하 모두 손을 씻는다.

② 대렴상(大斂牀) 설치: 집사가 대청의 서쪽에 대렴상을 설치하고 가로로 3폭의 염포를 펴고 세로로 1폭의 염포를 편 다음에 그 위에 홑이불을 깔고 더 입힐 옷이 있으면 상의와 하의를 차례로 편 다음 관을 그 서쪽에 놓고 나무토막으로 괸다.

③ 소렴한 염포(斂布)를 묶음: 집사 6명이 시신 곁으로 가서 좌우로 마주 보며 소렴한 염포(斂布)를 묶되 매듭을 짓지 않고 한쪽 끝을 움켜잡고 다른 쪽 끝을 그 줄에 감기만 하여 그 매듭에 꽂아 두나니 만일 시신이 살아났을 때에 힘만 주면 저절로 풀리게 하기 위함이며 세로를 먼저 매고 끝으로 가로를 맨다.

④ 대렴(大斂)함: 집사가 소렴한 시신을 대렴상으로 옮기고 홑이불을 덮되 먼저 발을 가리고, 다음에 머리, 그다음에 왼쪽, 마지막으로 오른쪽의 순서로 한다. 그리고 대렴포도 소렴포처럼 매듭이 없이 감아서 꽂기만 한다.

⑤ 입관(入棺): 관속에 짚이나 수숫대를 태운 재를 펴서 고르게 하고 다음

에 칠성판을 깔고 솜을 넣은 요를 편다. 그리고 대렴한 시신을 집사 6
인이 양쪽에서 들어 조심스럽게 관속에 모시고 생존시에 빠졌던 이빨
이나 머리카락을 넣은 주머니를 모서리에 넣어 주나니 저승에 가서 어
버이에게 신체를 온전히 보존하였음을 보여주기 위함이다.

그리고 시신이 흔들리지 않도록 고인의 헌옷을 말아 빈 곳을 채워 꽉
차게 한 다음에 솜이불로 덮으면 상복을 입은 사람이 모두 관에 기대어
슬프게 울다가 부인들이 물러나면 목공이 올라와 관의 뚜껑을 덮되 못을
쓰지 않고 나무조각으로 맞추기만 하여 만일 시신이 살아나면 안에서 관
뚜껑을 쉽게 열 수 있게 한다. 끝으로 대렴상을 철거하고 관보로 관을
덮어 발인할 때 까지 구(柩)를 안치하는 빈소(殯所)를 설치한다.

⑥ 전(奠) 올림: 집사가 빈소의 동쪽에 영좌(靈座)와 전(奠)드릴 상을 설치
하고 술과 과일과 포를 차리면 소렴 때에 전을 올리는 차례로 정렬하
여 술을 올린다. 이로부터 아침과 저녁으로 빈소에 전을 드릴 때에만
곡(哭)한다.

⑦ 상차(喪次)를 중문(中門) 밖에 만듬: 남자 상제가 머물 장소를 바깥채
의 허름한 방을 만들어 참최(斬衰)에는 볏짚을 깔고 흙 베개를 베며
수질과 요대를 벗지 않으며 사람들과 모여 앉지 않으니 자최(齊衰)도
같은데 1년복을 입은 사람은 자리를 깐다.

대공(大功)9월 이하의 복인으로 거처를 달리했던 이들은 이미 빈소
가 설치되면 돌아가 거처를 밖에 정하고 부인들은 중문안의 별실에서
머물되 화려한 물건은 치운다.

이로부터 빈소는 몇 사람이 지키게 하고 상제는 거상(居喪)할 곳으로 간다.

(4) 사망 4일째 날에 거행하는 절차

① 성복(成服): 죽은 사람은 가는 날로 계산하고 산 사람은 오는 날로 계
산하는 것이므로 성복은 3일째 되는 날 입는 것으로 본다. 대렴(大斂)

을 한 다음 날 새벽에 상복을 입을 사람들이 모두 모여서 각기 해당하
는 상복을 입고 빈소(殯所)에서 남자는 동쪽에서 서향하고 여자는 서
쪽에서 동향하여 차례로 서서 슬프게 우는데 남자자손들은 먼저 할아
버지와 아버지 앞에 나아가 무릎 꿇고 울면서 위로하고 또 할머니와
어머니 앞에 나아가 똑같이 위로하며 여자자손들은 먼저 할머니와 어
머니 앞에 나아가 무릎 꿇고 울면서 위로하고 또 할아버지와 아버지
앞에 나아가 똑같이 위로한다.

　모두 슬픔을 다했으면 곡(哭)을 그치고 아침 전(奠)을 올린다.
② 상복을 입는 않는 사람: 천자와 제후는 3년복만 입고 1년복 이하는 입
지 않으며 대부(大夫)는 자최(齊衰)까지만 입고, 대공(大功)이하의 상
복은 입지 않으며, 선비는 시마(緦麻)까지 모두 입으니, 그 직책의 중
요성을 배려한 것이다.

〈특기사항〉
　상복을 입는 제도에 주례(周禮)와 주자가례(朱子家禮)가 서로 다른 점이
있으니 며느리의 상복이다.
　앞에서 이미 밝힌바 의례(儀禮)에서는 부인은 참최(斬衰)3년을 두 번 입지
않는 원칙에 따라서 시아버지와 시어머니의 상복이 자최부장기(齊衰不杖期)
이고 시아버지와 시어머니는 큰며느리가 죽었을 때에는 대공(大功)9월이요
여러 며느리가 죽었을 때에는 소공(小功)5월의 상복을 입는다고 하였다.
　그러나 주자가례의 소주(小註)에서는 며느리는 그 남편의 상복을 따라 입는
다고 하여 시아버지가 죽었을 때는 참최(斬衰)3년이요 시어머니가 죽었을 때
는 자최(齊衰)3년이라고 하며 시아버지와 시어머니는 큰며느리가 죽었을 때에
는 자최장기(齊衰杖期)이고 여러 며느리가 죽었을 때에는 대공(大功)9월의 상
복을 입는다고 하였으니 부인에게 참최3년의 상복을 두 번이나 입게 하는 것
으로 인정적으로나 체력적으로 감당하기 어려운 제도라고 할 것이니 합리적으
로 생각하여 주례(周禮)가 타당하다고 생각하므로 이에 특별히 기록한다.

상복을 입고 경계할 사항은 관공서에 출입을 안 하며, 노동을 안 하며, 사람과 더불어 모여 앉지 않으며 술과 고기를 먹거나 노래하지 않으며, 배우자와 동침하지 않으며, 성년식, 혼인식을 안 하고 제사를 지내지 않는다.

2) 장례(葬禮) 범절(凡節)

(1) 장례준비 사항

예법에 장례는 천자(天子)는 7개월, 제후는 5개월, 대부는 3개월 선비는 달을 넘겨서 장사지낸다고 하였으나 오늘날은 3일장이나 5일장으로 하는 것이 대부분이니 교통과 통신이 발달하고 물자가 풍부한 까닭이라고 할 것이다.

비록 그렇더라도 신중하고 철저하게 빠짐없이 생각하여 장일(葬日)과 장지(葬地) 그리고 상여(喪輿)와 제물(祭物)을 준비하여야 되나니 공자가 말씀하시기를 "예절은 그 사치한 것 보다는 차라리 검소한 것이 낫고, 초상치고 장사지냄에는 그 쉽게 쉽게 법식대로 하는 것보다는 차라리 슬퍼하는 것이 낫다"고 하였으므로 사치스럽게 격식만 갖추는 것은 엄금할 일이다.

〈특기사항〉

오늘날의 3일장은 사망한 지 3일만에 장사지내는데 이것은 대단히 미안한 일이다. 왜냐하면 사망일을 계산함에 죽은 사람과 산 사람이 다르니 죽은 사람은 가는 날부터 계산하고 산 사람은 오는 날부터 계산하는 원칙이 있다.

대저 죽음은 자연의 현상이기 때문에 죽은 사람은 자연의 현상을 인정하지 않을 수 없으므로 죽은 날부터 시신을 거두어 시신을 목욕시키고 겹옷을 입히며 소렴과 대렴을 늦출 수 없는 것이다. 그러나 유가족은 인정적으로 어버이의 죽음을 차마 즉각 인정할 수 없기 때문에 사망당일은 아직 살아있는 날로 생각하고 사망한 다음 날로부터 계산하여 의례(儀禮)에서는 3일에 성복(成服)한다고 하였다. 따라서 장례식은 유가족의 뜻에 의하여 거행하는 것이므로 마땅히 사망한 다음날로부터 계산해서 3일장은 죽은 지 4일 만에 출상(出喪)하고 5일장은 죽은 지 6일 만에 출상하는 것이 옳다고 생각하므로 여기에 특별히 밝혀둔다.

① 천구고사(遷柩告辭): 발인(發靷) 전날 아침 전(奠)을 올릴 때 영구(靈柩)를 옮긴다고 아뢰되 "이제 좋은 날에 영구를 옮기려 하오니 감히 (아내나 아우 이하면 이에) 아뢰나이다."라고 축관이 읽는다.

② 봉구조우조(奉柩朝于祖): 발인 전날 낮에 영구(靈柩)를 받들고 조상의 사당에 가서 조회(朝會)하며 뵈인다.

축관은 혼백상자를 모시고 앞에 서고 다음은 전(奠) 드릴 제물, 다음은 명정, 그 다음은 영구(靈柩), 그 다음은 상주와 유가족이 차례로 서되 남자는 오른쪽에 여자는 왼쪽에 따르며 사당 뜰방에 이르러 널의 머리를 북쪽으로 향하게 놓고 영좌(靈座)를 영구(靈柩)의 동쪽에 남향으로 설치하고 그 앞에 전(奠)을 차려 곡(哭)하고 집사가 술을 올린다. 이것은 길을 떠나는 사람이 하루 전에 어른에게 뵈이고 인사를 하면 어른이 환송하는 연회를 베풀어주는 예절에 따른 의식이다.

③ 천우청사(遷于廳舍): 영구(靈柩)가 조상님께 뵈이는 의식을 마치면 앞에 순서대로 사당을 나와서 대청으로 가서 널의 머리를 남쪽으로 향하게 안치하고 축관은 영좌를 영구(靈柩) 앞에 남향으로 설치하고 전(奠)을 차리면 상주이하가 자리로 가서 앉아서 곡(哭)한다.

④ 일포시조전(日晡時祖奠): 해가 기울 때에 집사가 전(奠)을 드리는 음식을 차리면 축관이 멀리 떠나는 길에 안전을 기원하는 보고의 말씀으로 "길이 떠나는 예절에 좋은 시간이 멈추지 않으므로 이제 영구차로 모시려 하오니 의식은 길을 떠나는 절차를 따르나이다."라고 읽는다.

⑤ 견전(遣奠): 발인하는 날 조전(朝奠)을 드린 다음에 상여꾼이 영구(靈柩)를 마당의 상여(喪輿)에 옮겨 시신의 머리가 남쪽을 향하게 하여 안전하게 묶는다. 그리고 영좌(靈座)를 상여 앞에 남향으로 설치하고 혼백을 영좌 앞에 안치한 다음 영구차에 실어 보낼 음식을 상에 차려

놓고 축관이 북향하여 무릎 꿇고 견전고사(遣奠告辭)를 읽으니 말하기를 "영구차에 이미 멍에를 씌었으니 가시면 곧 저승집입니다, 음식을 싸서 보내는 예절에 따라 보낼 음식을 진열하고 싸서 영구차에 싣겠사오니 영원히 이 세상을 떠나사이다."라고 하다.

이어 집사가 견전(遣奠)의 음식을 4개의 꾸러미에 넣어서 상여에 실으니 장차 묘지에 가서 하관(下棺)한 다음에 묘의 네모서리에 묻어주기 위함으로 대개 견전의 음식은 희생(犧牲)의 4족(足)과 내장과 과일과 곡식 등을 쓰며 그 꾸러미와 그릇도 허름하게 만든 것을 사용한다. 그리고 천자와 제후는 특별히 견거(遣車)를 조그마하게 만들어 두 사람이 들고 가게 한다.

〈특기사항〉
오늘날은 발인 전에 친구와 제자들이 모여 영결식(永訣式)을 거행하고 고인(故人)의 약력보고, 조사(弔辭), 조시(弔詩), 조가(弔歌) 등의 순서로 진행하는바 옛날에는 만사(挽辭)와 제문(祭文)이 있었으니 또한 아름다운 풍속이라고 생각하여 특별히 기록한다.

⑥ 발인(發靷): 상여꾼 8명이 상여의 양쪽으로 4명씩 나란히 서서 상여를 메면 맨 앞에 길을 호위하는 방상씨(方相氏) 2명이 나란히 서고 다음은 곡비(哭婢: 저승길 연락관) 2명, 행자(行者: 저승길 안내원) 2명, 명정(銘旌), 등롱(저승길 밝히는 등불) 2명, 혼백(魂帛), 만장(挽章), 공포(功布: 신호하여 인도하는 깃발 삼베3자) 1명, 불삽(黻翣: 상여의 추진체가 전면에 있음을 상징하는 평면 기) 2명, 요령(종을 흔들면서 상돗소리를 메김) 1인, 상여(상여: 상여의 하단은 용의 이빨을 그리고 상단은 5색 구름을 장식하며 맨위에는 봉황을 만들어 세움), 운삽(雲翣: 구름이 상여의 뒤를 미는 것을 상징하는 평면 기) 2명, 상주와 유가족(무거운 상복을 입은 사람부터 차례로 뒤따르되 남자는 동쪽 여자는 서쪽

에 선다.) 끝으로 빈객과 친척이 따른다.

유가족이 곡을 하는 가운데 상주(喪主)가 왼쪽 소매를 벗으면 호상(護喪)이 상여의 출발을 명령하고 요령이 종을 흔들며 출발신호를 하면 상여꾼이 상여를 메고 3걸음마다 한번 멈추기를 3회한 다음에 집을 떠난다.

상여가 동구 밖에 이르면 모든 대열은 제자리에 정지하고 오직 상여만 뒤로 돌아서서 마을을 향하여 상여꾼이 상여의 앞을 낮추어 두 번 절하면 상제와 빈객이 좌우로 비켜선다.

상여가 다시 돌아 마을을 떠나 장지(葬地)로 감에 길의 가운데로 가며 모든 사람은 상여의 가는 길을 비켜주고 지방장관은 부의금이나 노잣돈을 주며 길이 없는 곳에서는 남의 논밭도 지나갈 수 있는 특권이 있다. 길이 멀면 해가 있는 낮에만 가고 끼니때마다 전(奠)을 드리며 연고지나 벗들이 노제(路祭)를 지내고 밤에는 불을 피워서 상여를 보호한다.

⑦ 하관(下棺): 상여가 장지(葬地)에 이르면 평평한 곳에 상여를 놓고 관(棺)을 무덤을 파놓은 광(壙)의 남쪽에 널의 머리를 북쪽으로 향하게 놓고 상여꾼의 8명이 양쪽에서 널줄 두 가닥을 널의 밑에 넣어 잡는다. 남자상제는 무덤의 동쪽에서 서향하고 여자상제는 무덤의 서쪽에서 동향하는데 북쪽을 상석(上席)으로 하며 상주가 곡을 그치고 왼쪽 소매를 벗으면 호상(護喪)이 하관(下棺)하라고 명령을 한다. 이에 광(壙) 위에 2개의 나무를 세로로 걸치고 관을 들어 그 위에 올려놓으니 시신의 머리가 북쪽(위)으로 향하게 한다.

상여꾼 8명이 양쪽에서 널줄을 잡아 어깨에 메는데 동쪽에 사람은 동향하고 서쪽 사람은 서향하여 서고 요령꾼이 요령을 울리면 양쪽으로 널줄을 잡아당겨 관(棺)을 들어 올리고 2개의 세로로 걸친 나무를 집사가 철거한다. 이에 요령꾼이 요령을 울리는 신호에 따라 상여꾼이 널줄을 조금씩 천천히

뒤로 늦추어 주면서 널을 광(壙)의 바닥에 안치한다. 이렇게 널줄을 상여꾼
이 뒤로 서서 내리는 것은 비록 남의 부모라 하여도 땅에 묻는 것을 차마
볼 수 없는 까닭이니 인(仁)사상의 극치이다.

집사가 널에 널보와 명정을 펴고 다른 집사가 약간의 검은 비단과 붉은
비단을 접어서 상주에게 주면 상주가 받아서 절하고 이마를 땅에 댄 다음
축관에게 주고 축관은 받아서 널의 동쪽에 놓으니 새 집으로 이사한 사람에
게 주는 선물을 상징한다.

이에 상제들이 묘지 앞에 나아가 슬피 울고 돌아갈 손님에 인사하여 보내
면 일꾼이 회(灰)와 흙으로 튼튼하게 묻으면서 견전(遣奠)의 꾸러미를 네 모
서리에 묻어 준다.

⑧ 사후토(祠后土): 축관이 묘의 왼쪽에 간단한 음식을 차리고 토지신(土
地神)에게 축문을 읽으니 말하기를 "때는 바야흐로 몇 년 몇 월 며칠
아무개는 감히 토지신령께 밝게 아뢰나이다. 이제 아무개 공(公 또는
氏)을 위하여 여기에 유택(幽宅)을 세우니 신령께서 보우하사 하여금
뒤탈이 없게 하옵소서. 삼가 맑은 술과 포와 과일로 경건히 신령께 드
리오니 흠향하옵소서."라고 한다.

⑨ 제목주(題木主)와 평토제(平土祭): 일꾼이 광(壙)을 평평하게 묻었으면
집사가 묘의 동남쪽에 탁자를 놓고 벼루와 붓과 먹을 놓는다. 상주는
그 앞에 북향하여 서면 축관이 신주(神主)를 탁자 위에 눕혀놓고 글씨
잘 쓰는 사람을 시켜 서향하여 쓰게 하되 죽은 사람이 상주의 아버지
면 "훌륭하신 아버님 학생부군신주"라고 가운데에 쓰고 그 아래 왼쪽
에 "효자 아무개 봉사(奉祀)"라고 쓰며 어머니면 "훌륭하신 어머님 (본
관) (성)씨 신주"라고 쓴다.

이어 집사가 제물을 묘 앞에 차리고 상주가 술을 올리면 축관이 축을 읽어
말하기를 "때는 바야흐로 모 년 모 일 고자(孤子) 아무개는 감히 훌륭하신

아버님 학생부군께 밝게 사뢰나이다. 형체는 무덤으로 돌아가셨사오나 신령은 집으로 돌아가사이다. 신주가 이미 완성되었사오니 엎드려 바라옵건대 존엄하신 영혼께서는 옛것을 버리고 새로운 것을 쫓으시어 이 신주에 의지하고 기대소서."라고 한다. 집사가 영좌를 철거하고 축관이 신주를 모시고 돌아가면 혼백상자가 그 뒤를 따르며 상제와 손님과 친척이 그 왔던 차례대로 집으로 돌아가고 일꾼은 남아서 묘와 봉분을 만들되 유가족 1인이 남아서 지킨다.

⑩ 반곡(反哭): 집에 돌아오면 축관이 신주와 혼백을 모시고 들어가 영좌(靈座)에 안치하는데 혼백상자는 신주의 뒤에 놓는다.

상제들이 사당 또는 대청에 이르르면 상주가 서쪽계단으로 뜰방에 올라가서 동쪽을 향하여 서고 남은 상제들은 뜰방 아래에서 북향하여 서면 주부(主婦)가 안상제들과 함께 들어와 동쪽계단으로 뜰방에 올라 서향하여 서면 주부(主婦)가 방안으로 들어가서 통곡하고 나와서 뜰방 위에 서면 모든 상제가 일제히 통곡한다. 손님이 서쪽계단으로 올라가서 말하기를 "어떻게 하겠는가!"하면 상주가 절하여 땅에 머리를 댄다. 손님이 내려와서 돌아가면 주인이 대문 밖으로 나아가 절하고 계상(稽顙)하며 마침내 모두 영좌를 모신 빈소로 가서 슬프게 울다가 친척이 돌아가면 절하여 보내고 모두 곡을 그치고 빈소의 문을 닫고 상차(喪次)로 가서 머문다.

3) 거상(居喪) 범절(凡節)

살피건대 우리나라는 조선왕조후기부터 산림학자양반(山林學者兩班)세력이 일어나 충효(忠孝)의 예절을 숭상하면서 거상범절(居喪範節)이 지극히 정성스럽게 되어 부모의 궤연(几筵)을 만 2년간 모시면서 조석으로 상식(上食)하고 삭망(朔望)으로 아침 분향(焚香)에도 제물을 올리며 심지어 산소에서 시묘(侍墓)살이 까지 하였다.

무릇 성왕의 예절은 죽은 사람으로 인하여 산 사람을 해치지 않는 것을 원칙으로 하였기 때문에 일반 사람이 보편적으로 실행할 수 없는 것을 특별히 혼자만 하는 것은 그 정성은 갸륵하지만 예절로 인정할 수 없는 것이다.

따라서 거상범절은 성인의 예절을 준수하여 초우(初虞)가 지나면 조석전(朝夕奠)을 그치고 졸곡(卒哭)이 지나면 조석곡(朝夕哭)도 폐하며 초하루와 보름에는 분향(焚香)만 하다가 소상(小祥)과 대상(大祥)의 제사만을 지내면 누구나 하기 쉽고 또한 예절에 맞는 거상범절이라고 할 것이다.

(1) 우제(虞祭)

① 초우(初虞): 장사지낸 날 해가 있을 때에 초우(初虞)의 제사를 지내니 만약 길이 멀어서 자고가야 될 때에는 머무는 곳에서 거행한다.

먼저 상주이하 모두 목욕하되 머리에 빗질은 하지 않고 상복을 입으며 집사가 제기를 진열하여 제물을 차린다.

축관이 영좌(靈座)를 남향으로 설치하고 신주(神主)를 모시면 상주이하 모두 들어와서 영좌 앞에 북향하여 남자는 동쪽에 여자는 서쪽에 옆으로 나란히 서되 남자는 서쪽을 상석으로 하고 여자는 동쪽을 상석으로 한다. 그리고 죽은 사람보다 어른은 앉고 어리면 서서 곡을 한다.

<강신(降神)> 축관이 곡을 멈추게 하면 상주가 서쪽 층계로 내려와서 손을 씻고 영좌 앞에 나아가 분향재배하고 꿇어앉으면 집사들도 모두 손을 씻고 오른쪽 집사는 상주의 동편에서 서향하여 술병을 받들고 왼쪽 집사는 상주의 서편에서 동향하여 술잔을 받든다. 상주가 그 술잔을 받아놓고 술을 따른 다음 술병을 오른쪽 집사에게 주고 술잔을 들어 모사에 붓고 술잔을 왼쪽 집사에게 주면 왼쪽 집사가 술잔을 제상 위에 놓는다. 이에 상주가 엎드렸다가 일어나서 조금 뒤로 물러서서 재배하고 자리로 돌아간다.

〈진찬(進饌)〉 밥, 국, 밥반찬을 올린다.

<초헌(初獻)> 상주(喪主)가 영좌 앞으로 나아가 무릎 꿇으면 좌우의 집사가 강신할 때처럼 돕고 술잔을 영좌 앞에 올리고 무릎 꿇어앉아 축문을 읽

은 다음에 곡하고 재배한다.

<독축(讀祝)> 축관이 축문을 가지고 상주의 오른쪽에서 서향하여 축문을 읽으니 내용은 다음과 같다.

> "때는 바야흐로 몇 년 몇 월 며칠 외로운 아들 아무개는 감히 훌륭하신 아버님 학생부군께 아뢰나이다. 해와 달은 머물지 아니하여 어느덧 처음 걱정이 되었습니다. 새벽에 일어나도 밤에 잠을 자도 슬프고 사모하여 편안치 아니하여 삼가 맑은 술과 여러 가지 별식으로 슬프게 올리오니 선조님과 합하는 제사입니다. 흠향하옵소서."
> ※ 어머니는 "훌륭하신 어머님(본관 성)씨"라고 한다.

<아헌(亞獻)> 주부(主婦)가 두 번째 술을 올리는 것이니 절차는 초헌과 같다.

<종헌(終獻)> 유가족가운데서 가장 공덕이 많은 사람으로 한 사람을 뽑아서 세 번째 술잔을 올리게 하는데 절차는 초헌과 같다.

<유식(侑食)> 집사가 술병을 가지고 술잔에 술을 첨가하여 따른 다음 밥에 숟가락을 꽂되 자루가 서쪽으로 가게하며 젓가락을 바르게 놓는다. 상주 이하가 모두 밖으로 나와 곡하고 축관이 문을 닫으면 남자는 동쪽에서 서향하고 여자는 서쪽에서 동향하되 북쪽이 상석이다. 집안 어른은 다른 방에 가서 쉰다.

대략 아홉 수저정도 잡수실 시각이 되면 축관이 세 번 "허흠"하고 문을 연다.

<사신(辭神)> 상주이하 영좌 앞에 제자리로 가서 나란히 서면 집사가 국을 물리고 차를 올린다. 이어 축관이 상주의 오른쪽에 서서 서향하여 "자애로운 신령께서 흡족하게 흠향하셨나이다."라고 전달하고 제사상으로 가서 수저를 내리고 밥뚜껑을 덮고 신주를 거두어 제자리에 두면 상주이하 곡하고 재배한다. 축관은 축문을 가지고 밖으로 나와서 불사르고 집사가 철상한다.

<매혼백(埋魂帛)> 축관이 혼백(魂帛)을 받들어 들고 집사를 거느리고 나와서 집안의 깨끗한 곳에 땅을 파고 묻는다.

<파조석전(罷朝夕奠)> 이로부터 아침과 저녁으로 올리던 밥상을 올리지 않고 슬프면 아침 저녁으로 영위(靈位) 앞에서 곡(哭)하여 울기만 한다.

  ② 재우(再虞): 초우를 지낸 다음 유일(柔日)에 재우(再虞)를 지내니 의식은 초우와 같은데 다만 축문에 '초우'를 '재우'로 바꾸고 '조상과 합하는 일'을 '위안하는 일'로 바꾼다.

유일(柔日)은 일진에 을(乙), 정(丁), 기(己), 신(辛), 계(癸)가 들어간 날이고 강일(剛日)은 일진에 갑(甲), 병(丙), 무(戊), 경(庚), 임(壬)이 들어간 날이니 예로부터 남자와 여자가 함께하는 일은 유일에 하고 남자들만 하는 일은 강일에 하였는데 일반적으로 집안일은 유일에 하고 밖에 일은 강일에 하였다.

  ③ 삼우(三虞): 재우를 지낸 다음 강일(剛日)에 삼우(三虞)를 지내니 의식은 초우와 같은데 다만 축문에 '초우'를 '삼우'로 바꾸고 '조상과 합하는 일'을 '완성하는 일'로 바꾼다.

우리나라는 재우와 삼우를 지내고 그날 낮에 남자상제들이 묘지에 가서 봉분을 살피고 돌아왔는바 혹시 죽은 사람이 살아났는가를 기대하는 마음이 있었기 때문이었다.

(2) 졸곡(卒哭): 곡(哭)을 그침

삼우(三虞)를 지내고 3개월이 되면 강일(剛日)에 졸곡제(卒哭祭)를 집에서 지낸다.

대체로 초상치고 장사지낸 날을 포함하면 100일쯤 되니 아기가 출생한 지 백일을 맞아 축복하여주는 이치와 같다.

① 졸곡제(卒哭祭); 졸곡날 아침에 제물을 차려서 상복을 입고 제사지내되 초우(初虞)와 같이 하고 오직 축문은 삼우(三虞)때와 같으나 '삼우'를 '졸곡'으로 바꾼다.

② 곡(哭)을 그침: 이로부터 아침 저녁으로 슬픔이 지극하여도 울지 않으며 상제들이 거친 밥과 물을 마시고 상제가 거처하는 곳에 자리를 깔며 나무베개를 베며 아직 야채와 과일은 소상 때까지 먹지 않는다.

(3) 부제(祔祭): 신주를 사당에 뵈임

졸곡(卒哭) 다음날 아침에 사당에 제물을 차려 제사지내고 조상님께 새로운 신주(神主)를 궤연(几筵)에서 모시고 가서 조상의 신주 곁에 붙여 모셨다가 다시 궤연으로 모셔오는 일종의 신고식이니 그 절차는 다음과 같다.

① 사당에 제물을 차림: 집사가 사당에 제물을 차린다.

② 궤연(几筵)에 곡(哭)함: 상주이하 모두 영위(靈位)에 정렬하여 궤연 앞에 슬프게 곡한다.

③ 새 신주(神主)를 사당에 모심: 축관이 궤연에서 새 신주를 모시고 집안의 사당으로 가서 서쪽계단으로 올라가 조상의 신주(神主) 곁에 붙여놓고 따라오는 상주에게 곡을 그치게 하고 차례로 서게 한다.

④ 부제(祔祭)를 거행함: 제사의식에 따라 참신(參神) 강신(降神)하고 축관이 별식을 올리면 상주가 초헌하되 먼저 고조할아버지와 할머니께 드려서 차례로 조상님께 술을 올리면 축관이 축문을 읽으니 "때는 바야흐로 (연호) 몇 년 몇 월 며칠 효현손 아무개는 삼가 맑을 술과 갖은 음식으로 슬프게 올리면서 훌륭한 아버님 (또는 어머님) 아무 벼슬 부군을 훌륭하신 고조할아버님 아무 벼슬 부군의 곁에 모시며 제향을 주최하오니 두루 흠향하옵소서."한다. 상주가 제배하고 물러나면 주부가 아헌(亞獻)하며 특별한 공덕이 있는 사람이 종헌(終獻)하면 유식(侑食), 합문(闔門), 계문(啓門), 사신(辭神)하여 제사를 마친다.

⑤ 새 신주(神主)를 궤연(几筵)으로 모시고 감: 축관이 새 신주를 모시고 다시 영위(靈位)의 궤연(几筵)에 옛 자리로 모시면 상주이하가 뒤따른다.

⑥ 조무편지에 감사의 답장을 보냄: 부제(祔祭)를 마치면 조문에 답서를 보내되 아버지가 사망했으면 계상재배(稽顙再拜)라 쓰고 어머니가 사망했으면 돈수재배(頓首再拜)라고 쓴다.

살피건대 죽은 사람이 지손(支孫)이면 종손(宗孫)이 축을 읽고 만일 집안에 사당이 없으면 종가(宗家)의 대청에 조상의 지방을 써서 제사상을 차리고 부제(祔祭)를 거행한다.

(4) 소상(小祥): 1주기 추도식(追悼式)

사망일로부터 윤달을 계산하지 않고 1주년이 되면 슬픔이 상당히 희박해졌다는 뜻으로 상복(喪服)을 빨아 입고 제향을 지내니 이것을 소상(小祥) 또는 연제(練祭)라고 하며 고대에는 날을 받아 지냈으나 중세에는 첫 기일(忌日)의 아침에 지내므로 13개월째 되는 날이다.

① 소상(小祥)준비: 소상전날까지 목욕하여 제물을 준비하고 3년복을 입은 사람은 모두 그 상복을 삶아 빨아서 말려둔다.

② 연복(練服) 입음: 소상날 새벽에 3년복을 입은 사람은 상복을 삶아 빨아서 바랜 옷 곧 연복(練服)을 입고 남자는 수질(首絰)을 벗고 연포관(練布冠)만 쓰며 여자는 요질(腰絰)을 벗고 연포대(練布帶)만 맨다. 그리고 1년복은 모두 상복을 벗고 검소질박한 예복을 입는다.

③ 소상(小祥)거행: 소상날 아침에 상주이하 궤연(几筵) 앞에 나아가 슬프게 곡(哭)을 한 다음 축관과 집사가 제물을 진설하여 강신(降神), 3헌(三獻), 유식(侑食), 합문(闔門), 계문(啓門), 사신(辭神)의 순으로 소상 제향을 지내되 축문서식은 "때는 바야흐로 (연호) 몇 년 몇 월 며칠 효자 아무개는 감히 훌륭하신 아버님 아무 벼슬 부군(또는 어머님 본

관 성씨)께 밝게 아뢰나이다. 세월은 머물지 않아 벌써 소상이 되었습니다. 일찍 일어나거나 늦은 밤에 앉았어도 슬프고 사모하는 마음에 편안치 못하여 삼가 맑은 술과 갖은 음식으로 슬프게 올리며 떳떳한 행사로 제향을 주최하오니 두루 흠향하옵소서."라고 한다.

④ 나물과 과일을 먹음: 3년복을 입은 사람은 소상을 지낸 다음부터 나물과 과일을 먹기 시작한다.

살피건대 초상으로부터 소상까지의 전(奠)과 우제(虞祭)와 졸곡(卒哭) 및 소상(小祥)의 제향에는 음복(飮福)이 없으니 흉례(凶禮)에 복(福)을 받는 것이 미안한 일이기 때문이다. 따라서 손님에게 음식을 대접함에 술을 드려도 손님이 차마 그 술을 먹지 못하고 물리는 것이 예절이다.

(5) 대상(大祥): 2주기 추도식

사망일로부터 윤달은 계산하지 않고 2주년이 되면 대상(大祥)제향을 지내니 무릇 25개월째 되는 날이다.

① 대상(大祥) 준비: 대상 전날까지 목욕하여 제물을 준비하고 3년복을 입은 사람은 상복을 벗고 입을 검소질박한 옷을 마련한다.

② 상복(喪服)을 벗음: 대상(大祥)날 새벽에 3년복을 입은 사람이 모두 그 상복을 벗고 검소질박한 평상예복을 입는다.

③ 대상(大祥)거행: 대상날 아침에 주인과 주부가 궤연(几筵)앞에 나아가 슬프게 곡(哭)을 한 다음 축관과 집사가 제물을 진설하여 소상(小祥)의 의식 절차와 같이 제향을 지내되 소상축문서식의 "떳떳한 행사"를 "상서로운 행사"로 바꾸니 3년의 상복을 입고 애도함으로써 죽은 부모는 명예로운 조상의 신전(神殿)에 들어가 영원한 명복(冥福)을 누리고 산 자손은 도리(道理)를 다했으므로 하늘과 조상으로부터 자손만대에 걸쳐 상서로운 복을 받을 수 있게 되었다는 뜻이다.

④ 신주(神主)를 사당에 모심: 대상의 제향을 마치면 축관이 궤연(几筵)에 모신 신주(神主)를 받들고 사당으로 들어가면 주인과 주부이하가 곡(哭)하며 따라가서 사당에 이르러 곡을 그치면 축관이 아뢰기를 "청하옵건대 사당에 드소서."하고 신주(神主)를 조상의 신주(神主) 곁에 붙혀 놓는다. 조상의 사당에 신주가 들어갈 수 있는 대상은 적통(嫡統)의 직계 아버지, 어머니, 계모(繼母)뿐이고 서모(庶母)나 첩은 들어가지 못하며 차자(次子) 이하로는 자기 집에 사당을 지어 따로 모신다.

⑤ 영좌(靈座)와 궤연(几筵)을 철거함: 집사들이 3년간 모셨던 영위와 궤연을 모두 철거하고 상제가 짚었던 지팡이를 잘라 태운다.

⑥ 정상생활로 돌아감: 대상(大祥)이 지나면 유가족이 모두 정상생활로 돌아가서 사회활동을 한다.

살피건대 대상(大祥)에는 손님은 술을 마셔도 되나니 이미 상복을 벗었기 때문이다.

(6) 담제(禫祭): 담담하게 제향 지냄

담제(禫祭)는 대상(大祥)이 지난 뒤에 1개월이 지나 사망한 지 27개월째가 되면 날을 받아서 제사를 지내고 미진한 슬픔을 다하여 완전히 평상시의 생활로 돌아가는 것이다.

① 담제(禫祭) 준비: 하루 전날 목욕하고 제물을 장만하여 거무스레한 빛깔의 담복(禫服)을 준비하니 아직도 슬픔의 그늘이 남아있다는 뜻이다. 담제를 지내는 장소는 사당의 서쪽 뜰방이나 또는 안방, 대청에 임시로 영좌(靈座)를 설치한다.

② 담제(禫祭) 거행: 새벽에 일어나 담복을 입고 축관이 사당에서 신주(神主)를 모시고 나와 영좌(靈座)에 모시면 모두 곡하고 따르며 제물을 올리고 담제를 지내되 모두 대상(大祥) 축문과 같으나 다만 '대상'을

'담제'로 바꾸고 또 '상서로운 일'을 '담담한 일'로 바꾼다. 사신(辭神)할 때에 축관이 신주를 모시고 사당에 들어가서 제자리에 놓으면 모두 곡하여 따르며 이로써 슬픔을 다하고 철상(徹床)한다.

③ 술과 고기를 먹음: 이로부터 3년복을 입은 사람이 술과 고기를 먹는다.

4) 현대 상례에 대한 소감

살피건대 현대인은 전통상례를 알지 못하고 막연히 어렵다는 선입관으로 겁을 먹고 대단히 간소한 다른 종교의식으로 거행하는 추세에 있는바. 앞에서 보는 바와 같이 전통상례도 결코 복잡하고 어려운 것이 아니다.

작금의 장례식장에서도 발인할 때 까지만 아침저녁으로 밥상을 영정 앞에 올리고 또한 장사지내면 3우제(三虞祭)만 지내며 100일이 되면 졸곡(卒哭)하고 1주년에 소상(小祥)이며 2주년에 대상(大祥)인즉 3년거상(三年居喪)만 형편대로 융통한다면 별로 번거롭거나 어려운 것이 아니므로 효자(孝子)의 간절한 정성과 애절한 마음을 주위에서 강제로 꺾지 말기 바란다.

Ⅳ. 우리나라 전통 사제례(士祭禮) 연구

1. 제사(祭祀)의 본의와 절도

1) 제사(祭祀)의 정신

유교의 우주론은 대단히 치밀하여 천지장조의 원리와 귀신의 공능(功能)을 샅샅이 꿰뚫어 그 위대한 은덕에 감사할 뿐만 아니라 또한 하늘의 생성화육(生成化育)을 돕고 귀신의 신통력(神通力)을 충전(充塡)하기 위하여 상고시대로부터 천지신명(天地神明)과 조상신(祖上神)에게 제사를 지냈다.

따라서 제사의 본의는 은덕에 대한 보답의 정신과 하늘을 공경하고 조상을 숭배(崇拜)하는 정신이니 이것은 모두 뿌리를 찾아 그 정체(正體)를 뚜렷이 밝히고 뿌리를 북돋아 그 가지가 번창하게 하는 지성(知性)의 발로이고 인간존엄의 실현이다.

그리하여 예법에는 각각 그 신분과 자격에 따라 제사지내는 대상이 정한 바가 있으니 천자(天子)는 하늘 땅과 천하의 명산대천(名山大川)과 그 조상신 및 집터신에게 제사를 지냈으니 교(郊)와 사(社)와 5악3독(五嶽三瀆)과 태묘(太廟)와 5사(五祀)가 그것이요 제후는 국토신과 나라의 산천신과 그 조상신과 집터신에게 제사를 지냈으니 사직(社稷)과 산천과 종묘(宗廟)와 5사(五祀)가 그것이며 대부(大夫)는 그 고을의 산천신과 조상신과 집터신에게 제사를 지냈으니 가묘(家廟)가 그것이며 선비와 서민은 그 조상과 집터신에게 제사를 지냈으니 사당이 그것이다.

이와 같이 천자로부터 선비와 서민에 이르기까지 모두 사는 집터를 신성하게 받들고 그 조상을 숭배함으로써 온 세상을 깨끗하고 신령하게 건설하여 진실하고 착하고 아름다운 삶을 경영하는 것이니 제사의 정신은 위대한 인류사회를 경영하는 원리인저!

2) 제사(祭祀)의 목적에 따른 분류법

제사의 목적에 따른 분류는 사람이 제사지내는 목적에 따라 대개 4가지로 분류할 수 있으니 제(祭)와 사(祀)와 도(禱)와 사(祠)이다.

(1) 제(祭): 이것은 제향(祭享)이라고 하는데 장자(長子)는 부모를 함께 모시며 장부(長婦)는 시부모를 함께 모시고 살면서 의식주(衣食住)를 직접 책임지고 섬기는 공양(供養)의 정신으로 제향을 지내는 것이니 제향의 대상은 방안제사를 지내는 인격신으로 한정하여 천자는 7대, 제후는 5대, 대부는 3대, 선비와 서민은 1대만 지내는데. 제향을 지낼

수 있는 자격은 적장자(嫡長子), 장손(長孫), 종손(宗孫) 뿐이며 천자
(天子)는 하느님을 제향 한다.

(2) 사(祀): 이것은 향사(享祀)라고 하는데 직계자손이 직계조상과 방계조
상을 안전하게 보호 관리하는 책임을 지는 정신으로 향사를 지내는
것이니 그 대상은 방안제사를 지내지 않은 조상과 자연신이요 그 향
사(享祀)를 지낼 수 있는 자격은 직계자손과 그 영토나 영지를 관리
하는 책임자이다. 따라서 묘지에서 지내는 시사(時祀)와 사직(社稷)과
명산대천과 5사(五祀)는 모두 조상신과 자연신을 관리보호하는 목적으
로 지내는 것이다.

(3) 도(禱): 이것은 기도(祈禱)하여 소원을 성취하기 위해서 인격신과 자연
신에게 제사의 의식을 거행하는 것으로 자손은 누구나 부모와 조상의
신령에게 소원을 빌 수 있으나 종자(宗子), 종손(宗孫)이 아니면 사당
밖에서 빌고 또는 다른 장소에 단(壇)을 만들어 빌며 자연신은 누구나
자유롭게 기도(祈禱)할 수 있는 것이니 서민대중도 하느님께 언제 어
디서라도 마음속으로 기도(祈禱)를 할 수 있는 것인즉 기우제(祈雨祭)
와 기한제(祈寒祭)가 이것이다.

(4) 사(祠): 이것은 위대한 도덕(道德)이나 공적(功績)이나 사상(思想)이
있는 사람을 영원히 기리기 위하여 국가나 지방민이나 또는 임의단체
가 사우(祠宇)를 세우고 간소한 음식과 술로 해마다 모여서 제사지내
고 기념식을 하는 것이니 성균관이나 향교에서 봄·가을로 석전(釋奠)
을 봉행하고 서원(書院)에서 석채(釋菜)를 거행하는 것이 이것이다.
그 대상과 자격에 일정한 기준은 있을 수 없으나 사회의 공론(公論)
에 어긋나서는 안된다.

3) 제사(祭祀)의 심정(心情)에 따른 분류법

제사의 심정(心情)에 따른 분류는 제사지내는 제주(祭主)의 가정형편과 심
리상태 그리고 제사를 지내는 대상의 죽을 때의 나이와 죽은 다음의 년차수

(年次數)에 따라서 길제(吉祭)와 상제(喪祭)와 엽제(厭祭)로 나누어진다.

(1) 길제(吉祭): 길제(吉祭)는 종묘(宗廟)의 4시정제(四時正祭)와 교(郊: 하느님 제사) 사(社: 땅 제사) 석전(釋奠) 사천(山川: 산천제사) 5사(五祀: 집터고사) 등으로 화평하고 풍요로운 때에 경사스럽고 즐겁게 길복(吉服)을 입고 지내는 제사로 전쟁, 기근(飢饉), 질병, 화재, 천재지변, 초상 등이 나면 제사를 지내지 않는다. 일반가정에서의 길제(吉祭)는 직계부모조상의 방안제향과 묘사(墓祀) 그리고 방계조상의 향사 및 집터고사(告祀)등 인데 집에 초상이 나면 지내지 않으며 다만 자연신과 5사(五祀)의 집터고사는 간소하게라도 대리로 지내게 할 수 있다.

(2) 상제(喪祭): 상제(喪祭)는 20세 이상의 직계가족이 죽었을 때에 초상치고 장사지내고 거상(居喪)하는 기간동안에 죽은 사람에게 상주(喪主)와 주부(主婦)가 상복을 입고 곡(哭)한 다음에 지내는 제사로 그 제명(祭名)은 다음과 같다.

초상에 사망한 날부터 장시지낸 날까지 아침저녁으로 영좌(靈座)에 밥을 올리는 전(奠)과 장사지낸 다음에 3우(三虞), 졸곡(卒哭), 소상(小祥), 대상(大祥)등이요 담(禫)과 기제(忌祭)는 상제(喪祭)의 연장이다.

(3) 엽제(厭祭): 엽제(厭祭)는 성인식(成人式)을 하지 못한 19세 이하의 미성년이 죽었을 때에 부모형제나 조부모가 가볍게 평복을 입고 지내주는 제사로 대청에서 술과 고기안주가 없이 조촐하게 음식을 차려주는 슬픈 영혼을 위로하는 것이다. 그리고 방계자손이 비록 성인(成人)으로 죽었을 지라도 그 자손이 없으면 종손(宗孫) 집에서 대청이나 또는 모퉁이 방에서 따로 엽제를 지내준다.

2. 제사(祭祀)의 일시(日時)와 장소 및 제주(祭主)

1) 제사의 일시

① 제일(祭日): 무릇 제사는 일시가 중요하니 그 날이 지나가면 제사를 지내지 않는다. 대체로 옛날에는 4시정제(四時正祭)에 점을 쳐서 날을 받아 제사를 지냈으니 일식과 궂은 날을 피하기 위함인데 후대에는 네 철의 가운데 달에 유일(柔日)을 택하였으니 대개 정일(丁日)과 사(巳)일을 취하였고 또는 동지에는 시조제사, 춘분에는 먼 조상제사, 하지에는 가까운 조상제사 추분에는 아버지제사를 지냈으며 기일(忌日)제사는 고정되어 있으며 묘사(墓祀)도 집안마다 정한 날이 있으므로 해마다 날을 변경해서는 안 될 것이다.

② 제사시간: 무릇 제사지내는 시간은 그 날이 시작하는 첫 시간을 좋아했는데 정신이 맑고 깨끗해야 귀신을 감통(感通)할 수 있는 까닭이었다. 그러므로 하(夏)나라는 해가 뜨는 시각을 새 날로 정하여 인시(寅時: 해뜰 때)에 제사를 지냈고, 은(殷)나라는 첫 닭이 울 때를 새 날로 정하여 축시(丑時)에 제사를 지냈으며, 주(周)나라는 한밤중을 새 날로 정하여 자시(子時)에 제사를 지냈으니 모두 새벽의 맑은 기운을 숭상하였다.

그러나 나라의 큰 제사와 집안의 묘사(墓祀)는 오고가는 거리와 모이고 헤어지는 시간을 참작하여 오전에 행사하여 편리를 도모하였으니 참작할 일이다.

③ 제사지내는 장소: 제사를 지내는 장소는 일정하여 함부로 옮기지 못하니 하느님께 지내는 교제(郊祭)는 도성의 남쪽 교외(郊外)의 원구단(圓丘壇)이요 사직(社稷)에 지내는 곳은 궁궐의 서쪽에 있는 사직단(社稷壇)이며 종묘(宗廟)는 궁궐의 동남쪽에 있는 침묘(寢廟)이다.

그리고 가정의 방안제사는 종가(宗家)의 사당이나 또는 안방이고 묘사(墓祀)는 조상의 묘에 가서 지내며 5사(五祀)의 집터제사는 방문, 부엌, 뜰방, 대문, 길에서 지낸다.

그리고 부득이하여 제사지내는 장소에 갈 수 없을 때에는 그 곳을 향하여 바라보고 지내는 망제(望祭)를 지낼 수 있고 또 종가(宗家)가 이민 갔거나 망했거나 종자(宗子)가 죽고 후사(後嗣)가 없으면 지손(子孫)이나 차자(次子)가 자기의 집에서 지낼 수 있는 것이니 형편대로 하되 조상을 굶겨서는 안된다.

④ 제주(祭主): 제주(祭主)는 제사를 지내는 주인(主人)으로 제사에 관한 일체의 일을 손수 주관하는 사람이다. 반드시 제사를 받아 잡수신 천지신명(天地神明)과 집적 관계하는 정통성(正統性)과 스스로 자율자치하는 주체성(主體性)이 있어야 하므로 집안의 제사는 20세 이상 69세 이하의 신체 건강한 장자(長子), 장손(長孫), 종손(宗孫)이 제주가 되고 만일 제주가 19세 이하거나 70세 이상이면 그 이름으로 지내되 주변에서 보좌한다.

그리고 나라의 제사는 천명(天命)을 받아 대통(大統)을 이은 천자(天子)와 그 천자가 봉(封)한 제후가 자동적으로 제주가 되며 선현(先賢)을 모신 사우(祠宇)는 도통(道統)이나 또는 학통(學統)을 이은 후학(後學)들이 천거한 사람으로 제주(祭主)를 정한다.

초상은 흉례(凶禮)로 죽은 사람의 신분으로 장사지내기 때문에 상주(喪主)의 신분이 별로 문제될 것이 없지만 제사는 길례(吉禮)로 제주(祭主)의 신분으로 제사를 지내기 때문에 매우 중대한 것이다. 따라서 종자(宗子)가 선비이고 차자(次子)가 더욱 높은 벼슬인 대부(大夫)이면 제사는 대부의 등급으로 지내되 축문은 종자(宗子)의 이름으로 쓰고 축문의 내용에 "개자(介子) 아무개가 대부가 되었기에 성대하게 지냅니다."라고 밝혀야 한다.

3. 제사(祭祀)의 의례(儀禮)와 제물(祭物)

자고로 제사를 지냄에는 엄숙한 의례와 정결한 제물을 갖추었으니 제사의 성격과 가정의 형편에 따라 알맞게 할 것이요 지나치거나 미치지 못함이 있으면 후회와 안타까움이 남으리라.

1) 제사의 의식(儀式) 절차

제사의 의식은 제사의 재상에 따라 간혹 보충하고 생략하는 경우가 있으나 대체로 일관된 순서와 절차는 다음과 같다.

① 청소·목욕: 3일 전에 집의 안팎을 청소하고 주인과 주부이하 목욕을 한다.
② 제기 닦기와 제물 준비: 하루전날에 제기를 닦고 제물을 장만하는데 큰 제사에는 제물을 장만하는 부엌에 늙은 부인으로 하여금 먼저 약소하게 제물을 장만하여 제사를 지내고 일꾼들을 먹인다.
③ 제사상 설치: 하루전날 저녁까지 신령의 자리를 남향으로 설치하고 그 앞에 제사상과 향로 모사(茅沙), 축판(祝板), 촛대와 퇴주그릇 등을 놓는다.
④ 진설(陳設): 술, 밥, 국, 밥반찬을 제외하고 다른 제사음식은 모두 제사상위에 가지런하게 주인과 주부 또는 집사가 차린다.
⑤ 출신주(出神主): 제삿날 제사지낼 시간이 되면 주인과 축관이 사당에 가서 제사지낼 신주(神主)를 모셔다가 제사상을 차린 신령의 자리에 남향으로 모신다. 묘사(墓祀)와 초상(初喪)에 전(奠)과 5사(五祀)에는 신주가 없다.
⑥ 시동(尸童)이 신주(神主)의 동쪽에 남향으로 앉음: 시동(尸童)은 반드시 제주(祭主)의 손자로 하나니 조손(祖孫)이 일체(一體)이므로 그 손자를 통하여 조상의 혼령이 안락감을 느낄 뿐만 아니라 또한 살았을 때에 할아버지와 손자가 겸상하여 밥을 먹던 추억을 되살리면서 제주(祭主)가 자기의 아들을 자기의 아버지에게 친밀(親密)한 정(情)을 느

끼도록 배려한 것이다. 기제(忌祭)와 묘사(墓祀), 초상에 전(奠)과 석전 (釋奠)과 자연신의 제사에는 시동(尸童)이 없다.

⑦ 참신(參神): 제사에 참여한 일동이 제사상 앞에 북향하여 신주(神主)에 게 참배한다. 중앙에 주인이 동쪽 주부가 서쪽에 서되 동쪽에는 남자 가 차례로 서니 서쪽이 상석이요 서쪽에는 여자가 차례로 서니 동쪽을 상석으로 한다.

살피건대 참신(參神)은 직계 조상제사에만 있고 자연신이나 어진이를 제사지 낼 때에는 없으며 조상제사 때에도 종묘(宗廟)의 4시제(四時祭)와 이제(禰祭) 기제(忌祭), 묘사(墓祀), 부제(祔祭)는 강신(降神)보다 먼저 하지만 시조제(始祖 祭)와 고증조제(高曾祖祭)에는 강신(降神)의 뒤에 하나니 오직 그 자손들만 일 동재배하게하고 남은 알아서 마음에 느낀 대로 하도록 해서 강요하지 않음이다.

⑧ 진찬(進饌): 밥과 국 그리고 밥반찬을 올린다. 혹은 비단 같은 폐백(幣 帛)도 올린다. 조상제사에 진찬(進饌)이 강신(降神)의 다음에 있으나 오직 묘사(墓祀)는 강신(降神) 전에 진찬(進饌)하고 또 자연신을 제사 지냄에도 먼저 진찬(進饌)하고 강신하니 5사(五祀), 산신제(山神祭)는 제물을 모두 차려놓고 강신한다.

⑨ 초헌(初獻): 제주(祭主)가 첫 술잔을 신령에게 올리는데 조상제사에는 적장자(嫡長子), 적장손(嫡長孫), 종자(宗子), 종손(宗孫)이 하고 자연 신은 영토와 영지를 관리하는 책임자가 한다.

⑩ 독축(讀祝): 축관이 제주의 동쪽 곁에서 축문을 읽어서 신령에게 제사 의 때와 장소와 제주(祭主)와 제사의 대상과 제사의 이유와 목적을 밝 게 보고한다.

⑪ 아헌(亞獻): 신령에게 두 번째 술잔을 올리는 것인데 조상신의 제사에 는 주부(主婦)가 하니 곧 적장자부(嫡長子婦), 적장손부(嫡長孫婦) 종 자부(宗子婦), 종손부(宗孫婦)가 하고 자연신의 제사에는 초헌이(初獻)

거듭 하거나 국가 또는 단체에서 지정한 사람이 한다. 초상 때의 전(奠)과 약식제사인 천(薦)에는 한 잔만 올리기 때문에 아헌(亞獻)이 없다.

⑫ 종헌(終獻): 신령에게 세 번째 술잔을 올리는 것인데 조상신의 제사에는 그 조상을 가장 빛내는 자손이 하고 자연신의 제사에는 초헌이 거듭하거나 국가 또는 단체에서 지정한 사람이 한다. 역시 전(奠)과 천(薦)에는 종헌이 없다.

⑬ 유식(侑食): 주인이 세 번째 올린 술잔에 술을 더 따라 첨작(添酌)하고 숟가락을 밥에 꽂는다. 조상의 방안제사와 초상 때의 전(奠)과 3우, 졸곡, 소대상 때에만 하고 묘사와 자연신의 제사에는 없다.

⑭ 합문(闔門): 신령에게 밥을 잡수실 시간을 주기 위하여 모두 방문 밖으로 나오고 방문을 살짝 닫아 놓은 것이다.

⑮ 계문점다(啓門點茶): 약 3분정도 기다렸다가 방문을 열고 들어가서 국을 내리고 물을 올려 숟가락을 뽑아 물밥을 하고 밥뚜껑을 덮는다.

　합문(闔門)과 계문(啓門)은 역시 조상의 방안제사와 3우, 졸곡, 소대상 때에만 있고 초상 때의 조석전(朝夕奠)에는 없다.

⑯ 음복(飮福): 축관이 제사상에 있는 술을 내려다가 주인에게 준다. 직계조상의 방안제사에만 음복(飮福)이 있으나 기제(忌祭)와 초상 때의 전(奠), 3우, 졸곡, 소대상에는 음복(飮福)이 없으니 슬프게 지낸 제사에 차마 조상에게 복을 받기가 민망한 까닭이다. 그리고 자연신의 제사에는 공동의 신령에게 개인적인 복을 혼자 받는 것은 사리사욕(私利私慾)이므로 오히려 벌을 받을 염려가 있기 때문에 감히 음복을 못하는 것이다.

⑰ 여수(旅酬): 제사에 참여한 젊은 사람들이 참석한 어른에게 집단적으로 술을 한잔씩 권하는 것이니 오직 방안제사와 대상(大祥)에만 있다. 이것은 신령이 잡수시고 남은 음식을 먹음으로써 참석한 노인과 어린이가 신령에게 친밀감을 표하는 의미를 가진다.

⑱ 사신(辭神): 신주(神主)에게 물러간다는 뜻으로 일동 재배한다. 사신(辭神)도 참신(參神)과 마찬가지로 직계조상신의 제사에만 있으나 초상의

전(奠)에는 없다.

⑲ 납신주(納神主): 신주(神主)를 모시고 제사지냈으면 축관이 신주를 모시고 주인이 따르며 원래의 자리로 가져가서 둔다.

⑳ 철상(徹床): 초상에 조석전(朝夕奠)만을 제외하고 모든 제사에 제물을 거두고 제사상을 철거한다.

㉑ 연모(燕毛): 종묘(宗廟)의 4시제(四時祭)와 시조제(始祖祭) 그리고 고증조제(高曾祖祭)와 이제(禰祭)에는 제사에 참석한 사람들이 나이순으로 앉아서 연회를 한다. 기제(忌祭), 묘사(墓祀) 및 초상 때의 전(奠), 3우, 졸곡, 소상, 대상에는 없으며 자연신의 제사와 석전에도 없는데 다만 나라의 큰 제사에는 향음주례(鄕飮酒禮)나 향사례(鄕射禮)를 거행할 수 있다.

㉒ 가족연(家族宴): 제사에 손님을 보내고 가족끼리 연회를 하는 것이니 오직 시조와 고조, 증조, 조(祖) 그리고 아버지에게 지내는 정식제사인 이제(禰祭) 때에만 있으니 조상의 제향을 통하여 가족의 화합을 다지기 위함이다.

이상 22가지 의식 절차는 제사의 성격과 대상에 따라 넣고 빼는 것이 있어 서로 다름이 있으므로 이에 도면을 그려서 알기 쉽게 한다.

※ 祭祀의 分類와 儀禮節次圖

	出神主	尸	參神	降神	參神	進饌	初獻	讀祝	亞獻	終獻	侑食	闔門	啓門	飮福	旅酬	辭神	納神主	撤床	燕毛	家族宴
宗廟四時祭	○	○	○	○		○	○	○	○	○	○	○	○	○	○	○	○	○	○	
始祖祭	○	○		○	○	○	○	○	○	○	○	○	○	○	○	○	○	○	○	○
高曾祖祭	○	○		○	○	○	○	○	○	○	○	○	○	○	○	○	○	○	○	○
禰祭	○	○	○	○		○	○	○	○	○	○	○	○	○	○	○	○	○	○	○
忌祭	○			○	○		○	○						○		○	○			
墓祀	陳饌			○	○		○	○								○		○		
(喪)朝夕奠							○				○									

	出神主	尸	參神	降神	參神	進饌	初獻	讀祝	亞獻	終獻	侑食	闔門	啓門	飮福	旅酬	辭神	納神主	撤床	燕毛	家族宴
三 虞	○	○		○		○	○	○	○	○	○	○	○			○		○		
卒 哭	○	○		○		○	○	○	○	○	○	○	○			○		○		
(卒哭明日)祔	○	○	○	○		○	○	○	○	○	○	○	○			○		○		
小 祥	○	○		○		○	○	○	○	○	○	○	○			○		○		
大 祥	○	○		○		○	○	○	○	○	○	○	○		○	○		○		
五 祀		陳饌		○		○	○		○							○		○		
釋 奠	○					○	○	○	○	○				○		○	○	○		
薦	○			○												○		○		
山神祭		陳饌	○	○		○	○		○		○					○		○		
厭祭(殤)	紙榜	陳饌	○								○							○		
厭祭(喪)	紙榜	陳饌	○			○	○	○	○	○	○							○		

2) 제사의 제물(祭物)

① 제기(祭器)는 제사에 사용하는 제상, 의자, 병풍, 돗자리, 그릇 등의 제기(祭器)와 도구를 말하는데 천자의 태묘제기(太廟祭器)가 가장 성대하고 그 다음이 제후의 종묘제기이며 대부와 선비와 서민은 간소하고 질박할 뿐만 아니라 모자라거나 없으면 빌려서 써도 된다. 그리고 산 사람이 사용하는 그릇은 제기(祭器)보다 아름다워서는 안된다.

② 제수(祭需)는 제사상에 차리는 음식물을 말하는데 죽은 사람을 산 사람처럼 섬기는 것이므로 사람이 먹을 수 있는 것으로 차리되 깨끗하게 새로운 음식으로 차려야지 제사지낸 음식이나 사람이 먹다가 남은 술이나 음식은 절대로 사용할 수 없다.

대체로 천자와 제후의 큰 제향에는 소·양·돼지의 3가지를 희생으로 쓰고 대부는 양과 돼지의 2가지를 쓰며 선비와 서민은 돼지의 1가지를 희생으로만 쓰라고 하였으니 분수를 넘어 가면 안 된다.

③ 선비와 서민 대중이 공통으로 차리는 제수물목(祭需物目)을 기술하면 다음과 같다.

술, 밥, 국, 밥반찬(나물), 고기(쇠고기, 돼지고기, 닭고기 등), 생선(조기, 전어 등인데 멸치, 꽁치, 갈치처럼 치자가 들어간 생선은 쓰지 않음), 포(脯: 육포, 어포), 떡, 국수, 과일, 과자, 식혜, 적, 간장, 젓 등으로 죽은 사람이 생전에 특별히 즐기던 음식이 있으면 차려도 된다.

④ 제수(祭需)의 진설(陳設): 제수의 진설은 원칙적으로 독상(獨床)이지만 부부(夫婦)만은 겸상(兼床)으로 할 수 있으며 또 조상을 합동으로 제사지낼 경우에는 술, 밥, 국만 각각 차리고 나머지 음식은 공동으로 차릴 수 있는데 서쪽이 상석이므로 아버지가 서쪽이요 어머니는 그 동쪽이며 고조부모가 가장 서쪽이고 그 다음은 증조부모, 할아버지, 할머니, 그리고 가장 동쪽이 부모이다.

⑤ 제수(祭需)의 순서: 제사상은 신위(神位)가 북쪽에서 남향하므로 신위를 모신 쪽이 제사상의 가장 북쪽이다.

가장 북쪽에 서쪽으로부터 수저, 밥, 국을 놓으니 산 사람의 밥상과 구별하기 위하여 밥과 국을 바꾸어 놓았다.

그 다음 줄에 술잔과 밥반찬을 놓고 또 그 남쪽 줄에 고기, 생선, 적을 놓으며 가장 남쪽 줄에 과일을 놓는다.

살피건대 제사상차림은 지역마다 또는 집집마다 달라서 가가례(家家禮)라고 까지 하는바 세속에서 말하는 것을 기록하면 밥과 국은 좌반우갱(左飯右羹)이요 고기와 생선은 어동육서(魚東肉西)이며 날고기와 삶은 고기는 생동숙서(生東熟西)이며 포와 식혜는 좌포우해(左脯右醢)요 생선의 머리와 꼬리는 두서미동(頭西尾東)이며 고기의 머리와 꼬리는 두동미서(頭東尾西)니 고기와 생선은 서로 반대이며 과일은 서쪽으로부터 대추, 밤, 배, 감의 순서로 놓아 조율이시(棗栗梨柿)라고 한다.

3) 주례(周禮)의 종법(宗法)제도

(1) 종통(宗統)의 확립

이묘(禰廟)	조묘(祖廟)	증조묘(曾祖廟)	고조묘(高祖廟)
장자(長子)	장손(長孫)	종자(宗子)	종손(宗孫)

① 종통(宗統)은 적자(嫡子), 적손(嫡孫)을 위주로 승계하고 개자(介子)가 보좌한다.
② 종가(宗家)의 적자(嫡子)는 부모를 공양(供養)하고 조상의 묘와 사당을 수호하며 제주(祭主)가 된다.
③ 종가의 적자(嫡子)에게 후사(後嗣)가 없을 경우에는 집안의 조카 항렬에서 가장 어진이로 양자입적을 하여 대를 이어야 한다.
④ 종자(宗子)가 상(殤)이면 차자(次子)로 종통을 계승하고 적자(嫡子)가 혼인하여 죽으면 적손(嫡孫)이 승중(承重)한다.

(2) 종가의 존엄성

① 적자(嫡子)와 서자(庶子)는 종자(宗子)와 종부(宗婦)를 공경하고 섬기되 비록 부귀(富貴)하더라도 감히 부귀(富貴)로 종자(宗子)의 집에 들어가지 못하며 비록 수레와 무리라 많더라도 대문 밖에다 두고 적고 검약하게 들어가야 한다.
② 자제가 좋은 그릇, 의복, 가죽옷, 이불, 수레 등을 선사받으면 그 상등품을 종자에게 드리고 나서 그 차등품을 사용하니 만약 드린 것이 아

니면 감히 그것으로써 종자(宗子)의 문(門)에 들어가지 못하며 감히 부
귀로 부형종족(父兄宗族)을 업신여기지 못한다.

③ 만약 자제가 부유하면 2생(牲)을 갖추어 그 크고 좋은 것은 종자(宗子)
에게 드리고 부부(夫婦)가 모두 재계(齋戒)하여 종자를 공경하여 종가
의 제사를 마친 다음에 자기의 집에 제사를 지낸다.

④ 종친은 자녀의 출생과 백일 맞이, 관혼(冠昏), 출사(出仕), 출국(出國),
승진(昇進), 치사(致仕), 질병, 사망, 제사에 가장 먼저 종자(宗子)에게
통지를 하고, 종자는 사당에 고유(告由)하여야 된다.

⑤ 왕(王)에게 왕의 형제는 지근지밀(至近至密)이나 객(客)으로 자처(自處)
해야 한다.

⑥ 천자와 제후는 3년복(三年服)에만 휴직(休職)하고 대부이하는 상복(喪
服)을 입으면 사직(辭職)한다.

(3) 축문서식과 제사의식

① 종자(宗子), 종손(宗孫)이 제주(祭主)가 되어 스스로 제물(祭物)을 장만
했으면 효자(孝子), 효손(孝孫)이라고 칭하고 시동(尸童)과 음복(飮福)
과 연회(燕會)를 한다.

② 종자(宗子)가 선비요 서자(庶子)가 대부(大夫)면 상생(上牲)으로 종자
의 집에서 제사지내되 축문은 "효자모(孝子某)가 개자모(介子某)로 말
미암아 그 연례행사에 제물을 올리나이다."하고 시동(尸童)과 음복(飮
福), 연회(燕會)를 한다.

③ 만약 종자(宗子)가 망명(亡命)하여 타국에 있고 서자(庶子)가 대부(大夫)
면 축문은 "효자모(孝子某)가 개자모(介子某)로 하여금 그 연례행사에
제사를 지내라고 하였습니다."하고 시동(尸童)과 연회(燕會)를 생략한다.

④ 종자(宗子)가 타국에 거주하고 서자가 관작이 없으면 망묘(望墓)의 단
(壇)을 만들고 시제(時祭)를 지내니 만약 종자(宗子)가 사망하였으면
묘(墓)에 고(告)하고 자기의 집에서 제사를 지내되 음복과 연회가 없으

며 종자가 사망하면 축문은 이름만 쓰고 효(孝)는 쓰지 못한다. 이런 제사는 당대에만 하고 종가에 양자를 들여서 넘겨주어야 된다.

⑤ 무릇 상(殤)과 무후자(無後者)는 종자의 집에서 제사지내되 살림집의 밝은 쪽에다 제사상을 차리고 동방(東房)에서 항렬이 높은 사람은 제사지낸다.

⑥ 제사를 폐지하는 경우
- 천자 제후의 제사는 3년복(三年服) 기간에만 폐지
- 대부(大夫)는 문내상(門內喪)은 소공(小功) 이상 폐지, 문외상(門外喪)은 자최(齊衰) 이하 거행
- 사(士)는 시마복(緦麻服)에도 폐지, 단 귀신(鬼神)이 무복(無服)이면 거행

⑦ 부모에게 자최(齊衰) 이상의 복(服)이 있으면 관혼(冠婚)은 연기 한다.

(4) 종친모임의 좌석순차

◎ 종친회는 일반 사회적 인간관계가 아니고 가족적 혈연관계로써 항렬촌수(行列寸數)가 있어 인정이 각별하다. <조정(朝廷)은 작(爵), 향당(鄕黨)은 치(齒) 보세장민(輔世長民)에 덕(德)>

① 종가의 제사에는 종자와 종부(宗婦)를 위주로 하여 작위순(爵位順)으로 한다.

② 종친의 화수회(花樹會)와 연회에는 나이순이다.

③ 종친회의 사업담당은 관등(官等)과 학위순(學位順)이다.

④ 종친의 식사에는 세대의 항렬순인데 세대별로 자리를 한 등급을 낮춘다.

⑤ 종친의 상(喪)에는 상복순(喪服順)이다. (오복제도(五服制度)에 따름)

⑥ 제사의 여수(旅酬)는 나이순이요 그 다음에 가족연회를 함에는 직계자손순(直系子孫順)이다.

⑦ 종친도 조정(朝廷)에서는 관등순(官等順)이다.

4) 주례(周禮)의 길제(吉祭)정신

무릇 제사는 초상(初喪)때의 조석전(朝夕奠)과 3우(三虞), 졸곡, 그리고 소대상(小大祥) 등의 상제(喪祭)를 마치면 주례에서는 기일(忌日)에 지내는 제사가 없고 부부(夫婦)를 합동으로 제사지내는 4시정제(四時正祭) 뿐이니 천자는 7대를 지내고 제후는 5대를 지내며 대부(大夫)는 3대를 지내고 선비와 서민대중은 1대를 지내라고 하였다.

그럼에도 주자가례에서는 4시정제(四時正祭)뿐만 아니라 기제(忌祭)와 묘사(墓祀)까지 지내라고 하였으니 조상을 섬기는 지극한 효심(孝心)이고 먼 조상을 섬기는 지극한 정신이라고 할 것이다.

고려 말 성리학의 수입으로 주자학을 높이 믿었던 조선왕조는 집집마다 조상을 숭배하여 해마다 4시정제(四時正祭)의 길제(吉祭)를 지내고도 효성이 넘쳐서 상제(喪祭)의 소대상(小大祥)의 연장인 기제(忌祭)까지 지냈으나 지난 세기의 천하가 어지러운 가운데 길제(吉祭)를 폐지하고 기제(忌祭)만 남았으니 이제는 국권을 되찾았으므로 차라리 기제를 폐지하고 4시정제의 길제(吉祭)를 회복하는 것이 옳다.

본래 제사는 길례(吉禮)로 영광스러운 조상들의 신전(神殿)에 들어가서 길이 자손들의 숭앙(崇仰)을 받고 그 빛나는 정신을 경축(慶祝)하는 기념행사이거늘 이러한 축제(祝祭)는 전혀 거행하지 않으면서 이미 죽은지 수10년이 지났음에도 상제(喪祭)만 연장하는 것은 인정(人情)에도 지나친 것이고 또한 주례(周禮)에 비추어 비례(非禮)인 것이다.

주자는 4시정제를 지내고도 지극한 효자는 기일(忌日)을 또한 잊지 못한다는 뜻으로 가례를 엮은 것이요 결단코 4시정제는 지내지 않으면서 기제(忌祭)만 지내라는 뜻은 아닌 것이다.

우리는 이제 1년에 부모(父母)의 기제(忌祭)를 각각(두 번) 지내는 전통을 바꾸어 부모를 합동으로 한번 지내는 4시정제의 예절 풍토를 다시 일으켜서 1년의 제사를 집집마다 반으로 줄이고 또한 슬프게 지낸 제사를 기쁘게 지내는 제사로 전환해야 할 것이다.

4시정제의 축문 내용을 보면 다음과 같다. "때는 바야흐로 (연호) 몇 년 몇 월 며칠 효자(또는 효손) 아무개는 감히 훌륭하신 아버님 무슨 벼슬 부군과 훌륭하신 어머님 무슨 부인 (본관) 성씨께 아뢰나이다. 한 가을을 맞이하여 살찐 돼지(또는 양, 닭)와 풍성한 채소와 과일 그리고 깨끗한 곡식과 맑은 술로 제향을 주최하오니 두루 흠향하옵소서."라고 하고 또한 제향을 잡수신 신령은 축관을 통하여 제주(祭主)에게 축복의 말씀을 내리나니 말하기를 "자애로운 신령께서 명령하시기를 '너희들 효자(효손)에게 많은 복(福)을 끝없이 이르게 하였나니 너희들 효자(효손)는 하여금 하느님으로부터 록(祿)을 받으리라. 마땅히 논밭에 곡식을 잘 심고 눈썹이 희도록 만 년을 누리면서 변심하지 말고 길이 한결같을 지어다."라고 하였다.

이것은 자손의 풍요로운 소득으로 조상을 기리고 조상은 또한 제향을 받음으로써 자손에게 복록(福祿)을 내리는 아름다운 축제인 것이니 음복(飮福)이 없는 기제(忌祭)와는 그 성격이 판이하게 다른 것이다. 따라서 밝고 명랑한 가족 사회를 건설하는데 크게 기여하고 또한 지난날을 추억하는 제사에서 앞날의 희망을 가지게 하는 가정의례로 전환하는 계기가 될 것이다.

[참고문헌]

『도학통론』 서정기 저 한국학술정보㈜ 간 전자책 http://www.kstudy.com
『세계속의 한국 문화』 서정기 공저 한국학술정보㈜ 간 전자책
　　　http://www.kstudy.com
『세계속의 한국 정신』 서정기 저 한국학술정보㈜ 간 전자책 http://www.kstudy.com
『세계속의 한국 예절』 서정기 저 한국학술정보㈜ 간 전자책 http://www.kstudy.com
『정통가정의례』 서정기 저 한국학술정보㈜ 간 전자책 http://www.kstudy.com

『새 시대를 위한 周易』 서정기 역주 다락방 간 전자책 http://www.kstudy.com
『새 시대를 위한 詩經』 서정기 역주 살림터 간 전자책 http://www.kstudy.com
『禮記』『儀禮』『朱子家禮』『四禮便覽』『四禮要訣』

※ 참고자료

유교홈페이지   http://www.bookac.wo.to

통일시대의 교육철학

梁 再 赫

(전 성균관대학교 교수)

Ⅰ. 진리(교육) 기준의 역사성

교육에서 "진리의 기준(Kriterium)"은 역사에 종속될 수밖에 없다. 때문에 역사를 초월한 불변의 진리 논쟁은 사회발전에서는 헛소리이다(종교).

다시 말해서 한 시대의 "사회구성 형식"에 대한 "권력 즉, 지배형식"의 기준은 언제나 서로 다르게 제시된다. 역사의 발전을 개인 인식 능력의 발달에 비하여 우리나라의 사회형식과 그 이념을 다음과 같이 정리할 수 있다.

① 고대 조선에서 통일신라 이전 시기의 진리 기준은 일반적으로 주술적이고 애니미즘이라는데 합의된다. 사람의 의식 발달정도로 보면 모태에서 벗어난 유아(幼兒)의 무의식적 삶의 표현 상태라 비유할 수 있다.[1]

② 통일 신라에서부터 고려조까지는 불교를 진리로 채택한 시기이다. 그 핵심은 三法印 사상(諸行無常, 諸法無我, 涅槃寂靜)으로 이 세상 모든 것은 허무할 뿐이니 빨리 죽어서 극락가자는 주의이다. 혹은 다만

---

1) Hans Leisegang: Denkformen(사유형식), 1951. Walter de Gruyter & Co. Berlin W 10.

좋은 것과 나쁜 것만 구별하는 인식 단계 다시 말해서 유치원에서 초
등 저학년 수준이라 할 수 있다.

③ 조선조 초기의 성리학(착하고 악한 것의 숙명)의 기초는 사회구성의
형식을 신분차등에 두고서 상하계급 간에 예의를 지켜서 현실 사회에
서 집단적으로 공생해야한다는 진리관은 후기 실학사상의 보급에 따
라 집단적 가치 체계에서 어느 정도 개인의 특성을 분리하려는 형식
으로 변화한다. 어느 정도 유년기(幼年期)의 경험을 토대로 전망을 계
획하려는 초·중등 청소년 단계의 의식 수준이라 분류할 수 있다.

④ 일본제국주의에 의한 강점식민시대의 우리의 진리교육은 황국신민화에
있었으니 그것은 조선민족의 독립의지를 말살시키는 것이었다. 황국신
민교육의 첫째는, 질 좋은 교사의 양성이 목표였다. 때문에 사범학교를
특정화하였고, 거기에서 교육받고 배출된 선생은 100% 황국신민이어
야만 했다. 어느 정도 조선 독립을 위한 생각을 가졌다하더라도 일제
사범출신은 의식, 무의식 간에 90%이상 일본 정신으로 성장되었다. 해
방이후 그들이 분단된 남쪽의 초중등과 대학의 모든 교육을 담당하였
고 그들의 제자(도제)가 오늘의 대부분 일선교육 담당자들이다.

45년 8·15 이후 미군정은 그들의 황국신민 의식을 미국 숭배자로 전화하
여 현재 한국 교육철학을 지도하도록 체계화하였다. 황국신민이었던 교사는
숭미주의 진리관으로 무장하고, 역대 독재 정권 아래서 반공이념으로 민족
을 분단 고착하는데 성공하였다.

4·19와 6월 항쟁과정의 의식은 고·대학생의 단계로 독재를 후원하는 미
제국주의의 실체를 파악할 수 있던, 지향적 의식(Intentionales Bewußtsein)
수준에서 과거 이승만, 박정희 군사독재 형식을 성찰(Reflexionsstufe)하고 미
래를 기획하게 된다.

⑤ 식민지 강점 100년, 독립 60년, 6·15 공동선언 5주년의 현재는 熟考적

의식(Reflexives Bewußtsein)단계로 개성을 존중하며 종합적 기획을 실천하는 사회적 자유인의 능력이 무궁하게 확장되는 시기이다. 제도(학교)를 졸업한 사회인의 자유가 능력에 따라 무한히 성취되는 장년의 단계이다.

한국사회 발전단계를 Hans Leisegang의 인간의식 발전단계로 그 기초형식만 분류하였다. 조선조 이전의 고려조는 "이 세계는 고뇌일 뿐이니 빨리 죽어서 극락에 영생한다."는 불교 논리에 의한 ②단계였다면, ③단계 조선조에서는 유교의 현실사회 긍정의 성리학 체계는 신분서열을 기초로 하여 왕조를 정당화하던 질서규범은 "禮"라는 형식으로 체계화되었다. 다시 말해서 일제 식민시기 이전의 조선조 체제 규범인 예란, "형벌은 높은 계급에는 적용하지 않고, 예의는 서민계급에 해당되지 않는다"(刑不上大夫 禮不下庶人: 禮記)하여 태생적 신분계급을 "기준"으로 한 규칙이다.

④단계는 1905년 을사오조약과 함께 외교권이 일제에 박탈된 이후 식민정치 시기에 해당되며, 모든 사회규범이 "성문화된 법조문 형식"에 의하여 과거의 사회규범이었던 예는 폐기되었다. 이 형식에 의해서 식민지 조선은 실질적인 근대국가 조직(과학적)으로 정착된 것이다.

식민통치 시기 일제는 "정치와 종교"의 분리 정책을 세워 모든 종교에서 정치를 논의하지 못하게 통제하였다. 때문에 유교를 이념으로 하였던 조선조의 실체였던 "정치는 파괴되었고 그 정치의 규범을 담당했던 예만 종교의 형식으로 논의 될 수 있게 되었다."[2] 정치가 파괴된 이후의 예는 공론일 수밖에 없다. 국가가 없는 규칙으로 되었기 때문이다.

다카하시 도오루(高橋亨)는 1903년 조선정부 초청으로 한성중학교(현 경기고등학교) 교사가 되고, 그 후 조선총독부 종교조사 위임을 맡으면서 그의 중요한 가치관의 전화를 가져온다. 합방직후 총독부명으로 조선 유생의 동

---

2) 송건호, 한국현대사회; 황민화교육의 강화, p.243, 한국신학연구소

향을 조사하기 위해 삼남지방을 돌아다니다 퇴계집을 발견하고 연구하다가 "조용히 않아서 진리를 찾는다."(居敬窮理)는 "수동적 좌망(坐忘)"의 논리와 "이것이 곧 저것"이라는 "理氣互發"설의 웅얼거림의 태도가 권력, 즉 힘의 관계에서 나타날 수밖에 없는 "분별의 지식"을 은폐하기 위한 좋은 수단이 란 점을 발견하고, 이 퇴계철학으로 식민지 통치 철학체계를 세웠다.[3]

현실정치의 권력관계를 배제한 "거경궁리"를 목표로 한 지식은 생존권의 부정이다. 어떤 유형의 "권력"과도 연결되지 않는 진리 모델이란 존재하지 않으며. 마찬가지로 현실에서 진행되고 있는 어떤 권력을 표현하거나 함축 하지 않는 지식, 심지어는 과학까지도 존재하지 않는다. 모든 지식은 가시적 현실 권력에서 말할 수 있는, 토론할 수 있는 것으로 또 그 반대(볼 수 없 는 것)로 이행 중에 있다. 때문에 숨어있는 권력은 보이는 권력보다도 더 강 력하다.

II. 철학토론의 주제

1. 종교·권위·전통과의 단절

다카하시가 조선유교를 "주리파와 주기파"로 정리한 이후, 한국에서 유교 의 연구는 "國體觀이나 정치" 문제는 배제한 채 신유학이라는 성리학 토론 뿐이었는데, 주로 자연과 인간의 존재는 같은 것(天人合一)이라는 존재론에 집중되었다. 그러나 자연과 인간이 어떻게 다른 가를 분리하여 사람의 특성 을 토론하는 방법을 발전시키지 못했다. 때문에 인간이 대상 자연세계를 어

---

3) 양재혁, 박종홍철학비판, 동양철학연구 35집, 2003년.

떻게 인식·분별하게 되는가에 대한 사람만의 특성인 지식(인식론)의 문제를 논리적으로 정리할 수 없었다. 그리고 현재도 한국철학계에서 인식론 강의는 없다.

다카하시가 분류한대로 퇴계·율곡으로 대표되는 主理·主氣의 토론은 이름만 理다 氣다 할 뿐 그 내용은 둘 다 불변의 본체개념이기 때문에 서양철학 토론에서 제시하는 본질과 현상, 인간과 자연, 정신과 육체라는 상대개념이 아니라, 리와 기라고 표현만 달리할 뿐 그 개념은 둘 다 똑같은 불멸의 실체이다. 같은 개념을 서로 다른 명사로 하여 자연적 순환 방법으로만 토론하니 천 년을 말해도 "이것이 저것이고 저것이 이것이다"(太極而無極)라는 동어반복의 순환관계일 뿐 "왜 이것은 저것이 아닌가"라는 "요소와 원리" 즉, "우주는 무엇으로 만들어졌는가?"에 대한 질문은 현재까지도 안하고 있다.

그밖에 "心性情, 人心道心, 人物性同異" 등의 논의는 사람들의 인식문제가 아니라 심리현상을 토론한 것인데, 심리의 문제는 이념적 "권력(힘) 관계"를 유보하면 또한 공허할 뿐이다. 성리담론에서 우주생성과 인간심리를 연결하려는 계속된 노력은 자연과 인간(天人)은 하나라는 점을 강조해 윤리적으로 완성된 성현을 理想으로 하여 "天人合德"이라는 "도덕관의 기준"을 확보하려는 시도였다. 때문에 유교나 도교철학에서는 "진리에 대한 기준은 성현을 참칭"하는 종교에서 찾았다. 이것은 저급한(비합리적) 巫俗(Schamanism)은 될 수 있어도 학문(Wissenschaft)은 될 수 없다. 무엇을 기준으로 하느냐에 따라 진리라는 것은 언제나 편차를 갖는다는 점의 합리적 논리를 회피한 채 옛 사람을 종교로 하는 "성현의 말씀(堯舜)"만을 진리라고 반복하고 있다. 이러한 논의는 또한 다카하시가 日本 天皇을 절대신으로 만든 황국유교이론과 혼용하여 8·15광복이후에도 반성 없이 일본유학을 그대로 전파한 친일학자들에 책임이 있다. 그 밖의 대부분의 소위 동양철학자라 칭하는 자들은 그저 "알 수 없는 게 철학"이라고 웅얼거리며 실제적으로는 우리의 조상이 천황이라는 황도유교의 일본국체이념을 분석비판하지 못하도록 영향력을 행사한 바가 지금까지 한국 철학교육의 실태이다.

　철학토론의 주제는 다음과 같은 두 가지 점에 관련이 있다.

　첫째는 종교·계시·권위 또는 전통과 단절하고 자신들의 이성으로 세계를
　　이해하려는 노력이다.
　둘째는 다른 사람들에게 이성을 사용하는 방법을 가르치는 동시에 스스로
　　사고하는 방법도 가르쳐야 한다. 그래서 제자일지라도 선생의 논
　　리에 무조건 동의할 것을 기대하지 않는다. 때문에 제자들과 토론
　　하고 논의하고 논쟁하며 각자만의 고유한 사상을 전개할 수 있도
　　록 격려하는 것이 교육이다.

2. 四端(孟子)과 七情(中庸)의 문제는 가시적 현실의 "권력관계"에서만 확인된다

　심리적 선악의 가시적 규정은 현상학(본체론)의 대상이 아니라 "정치·경제현실상황"의 대상이다. 일제에 의해 새롭게 개념화된 바로서의 "선과 악"에 대한 규정은 오직 매 계층들 간의 권력관계에 따라 정해질 뿐이다. 매 역사적 형성과정들에 각기 고유했던 "눈에 보이는 것과 그것을 말할 수 있는 것"의 조합에 의해서만 정의되기 때문이다. 역사적 "지식" 이전에는 어느 것(본체)도 존재하지 않는다. 지식에 대한 담론은 현상들 이 빚어내는 하나의 "도구적 장치"이며 실천적 배치이다. 따라서 지식의 배후(역사 이전)에는 아무것도 존재하지 않는다. 허나 지식의 바깥에는 사물들이 있다. 결국 우리들의 지식성장은 오직 개인이 처한 다양한 위치들(신분들), 분열들 그리고 그 방향을 설정하는 무수히 다양한 정치적 출구들의 기능에 의해서만 존재하게 된다. 이런 점에서 단순히 하나의 格物致知나 居敬窮理라는 모호한

출구만 이야기하는 것은 불충분하다. "대중의식화의 출구"는 우리를 과학으로 이끌면서, 또한 "과학성"의 고유한 출구 혹은 사실성의 "형식화된 출구 (神, 君, 資本(제국), 民族, 世界)"를 향한 일정한 진보의 방향으로만 이미 설정되어 있다. 더욱 중요한 것은 윤리화·예술화·정치화의 출구가 계층들에 따라 다르게 존재한다는 점을 논의하지 않는 막연한 "의리론이나 종교적 사랑의 담론"은 오늘의 철학태도가 아니다. 때문에 이해할 수 없는 특정인들의 "웅얼거림"은 폐기되어야 한다. 옛 시대 예의 논리나, "성현의 말씀을 존중한다."는 종교적 태도는 日本을 조국으로 삼는 皇道敎育의 위장된 술책이다. 이점에서 현재의 변형되지 않은 교육이념은 일본제국주의 잔재와 미국의 신보수주의 정치이념을 새롭게 전파하는 교육 행위라는 점을 숙고적으로 인식해야 한다.

3. 진리의 본질은 정치·경제이다

일제의 식민지 통치정책에 따른 "정치와 종교의 분리"는 1945년 이후의 교육지침으로 연결되어 "수양된 지식인은 정치에 관심을 가지면 안 된다."는 논리를 정착시키는데 이른바 강단의 담당자들은 성공하였다.

사회구성형식이 禮의 체계였던 조선조는 정복되고, 法이 지배하는 식민통치 구조로 변화한 것은 역사이다. 역사는 해방과 이승만·박정희를 비롯한 독재 정권에서 문민 참여 정부로 진보 변화했다. 이른바 민주체제가 어느 정도 정착한 것이다. 그러나 "교육지침"은 여전히 없어진 신분계급사회였던 조선조 규범인 예의 체계를 이상으로 한다. 다카하시의 충실한 제자들이 지금도 "황국정신에 기초하여 교육하고"있다는 사실을 분명히 인식하고 "위대한 거부"를 해야 한다.

국가 기구 안에 구체화된 제국주의 "권력"은 하나의 하부구조로서의 생산양식에 종속된다. 또한 모든 잔인한 형벌제도들도 의심의 여지없이 각기 자신에 상응하는 생산체계들을 갖는다. 규율적 통제는 특히 이윤을 증가시키고 다양한 힘들을 새롭게 구성하였으며, 신체로부터 가능한 한 최대의 유용한 힘을 이끌어 내고자 했던 근대시기의 생산증대, 인구급증과 분리할 수 없다. 상부구조에 의한 권력의 통제는 이미 안쪽에서부터 신체와 마음에 대해 작용하고 있으며, 경제적 장의 내부에서 생산력과 생산관계에 대해 작용하고 있는 것이다. "권력관계"는 사람이 활동하는 관계 유형의 외부에 위치하지 않는다. 권력관계는 그 자신이 직접적으로 생산적 역할을 수행한 곳에 존재한다. 권력관계를 전통적 덕목이었던 정신수양이나 양심에 호소한다는 교육은 제국주의에 의한 식민지 지배문화의 잔재일 뿐이다.

조선조 권력구조에서 "禮"는 그것을 소유하는 자들(즉 지배자들)을 그것이 작용하는 자들(피지배자들)로부터 구분시켜주는 하나의 본질인 동시에 속성이었다. 그러나 현대사회에서 예(세분화된 법)는 어떤 본질도 갖지 않으며 다만 작용하는 것일 뿐이다. 예는 속성이 아니라 "관계"이다.

예라는 권력관계는 지배세력 못지않게 피지배세력에 의해서도 수행되며, 이 양자 모두에 의해서만 그 특점들이 구성되는 다양한 힘 관계의 총체이다. 때문에 "왕의 명령"은 왕의 초월적 권력에서 나오는 하나의 속성으로서 하향적으로만 행해졌던 것이 아니며, 오히려 천민·부모·친척·동료의 탄원에 의한 것이란 점을 분석해야만 한다. 사람들은 골치 아픈(예에 위배된) 주변의 선동자들이 처형 수감되기를 간청했으며, 또한 절대왕정이나 제국지배권, 군사독재권력을 자신들의 가정·부부·직업·지방의 갖가지 갈등을 조정해 줄 수 있는 하나의 내재적 공공기관으로 인식하였다. "예"라는 질서관계는 어떤 초시공적 차원에서 행사되는 것이 아니라, 이웃간의 분쟁·부모, 자식들 사이의 언쟁·가정불화·과도한 음주와 성관계 그리고 공적 쟁의 그리고 은밀한 정사 등과 같은 "힘의 관계들" 혹은 아무리 사소한 것이라도 특이성들이 존재하는 곳이면 어디서건 그 본모습을 드러낸다. 예는 고귀한 것도 아무것도 아니고 오직 "힘과 힘의 관계"이다. 그 힘과 힘의 관계는 정치의 전형이다. 때문에 정치를 유보한 예의 담론은 거짓이다.

오늘의 가치판단에 대한 교육은 현실 정치의 비판을 통한 너와 나의 구체적 삶을 주제로 택해야만 일반 대중의 관심사로 되고 또 발전도 가능하다.

앞에서 우리나라 역사적 발전단계를 어린이가 커나가며 "인식의 양과 질의 성숙"과정을 예로하여 분류한 바와 같이 價値觀(仁, 義, 禮, 智, 信과 Ethos, Moral, Metaethik, Metametaethik)과 사회의 이념 형식(神主, 君主, 帝國主, 民族主)을 알기 쉽게 다음에서 단계적으로 설명할 것이다.

원시사회에서 사람들의 관계는 ① 소년기(仁)형태로 솔직 순박하고 가족이나 고향의 동기친척 간에 거리감이 없어 "네 것과 내 것"을 따지지 않는 포근하고 무의식적인 관계, 이것을 우리는 "仁愛"라 하고, 서양의 가치관에서는 무의미속의 의미라는 즉자적 Ethos라고 한다. 인간과 세계(天人合一), 자아와 타자 사이에서 자아의 표현을 명백하게 구별하지 못하는 존재 양식을 라캉은 "영상계"라고 이름 지었다. 개별적인 주체와 독립적인 타자가 없는 곳에서의 삶은 거울 속의 놀이, 자기반사의 놀이가 된다. 영상계는 존재의 결여를 채우기 위한 지칠 줄 모르는 탐욕으로 가득 차 있다. 그러한 사회의 모든 것의 주체는 神으로 대표되었다. 그래서 모두를 "神主"를 섬겼다.

② 중고등 학생 수준에서는 네 것과 내 것을 정확하게 구분하고 제 것을 의식적으로 지키려한다. 내적으로 주관적 입장이 성숙되어, 상대방에게 어떻게 자기를 이해시킬 수 있나 고민하게 된다. 아직 상대와 의견을 교환하지 않은 상태이다. 때문에 규정(질서)의 서열과 등급을 단계적으로 정하여 실천하려는 노력이 "義理"이며, 이것을 對自的 관계, 즉 Moral이라고 한다. 주체가 주체로서 존립하려면 영상계에 차별과 구별의 개념을 도입해야 한다. 차이와 대립의 개념을 통하여 영상계는 공동의 "상징계(상호인정)"로 전환할 수 있다. 이러한 정도의 사회는 봉건제의 "君主"로 역사에서 길게 작용하였다.

③ 청년기의 행위는 적어도 자기 행동에 대한 정당성의 公認을 생각하며, 하나의 규정이나 절차에 대한 과거의 예증(판례)들을 살피게 된다. 내가 이러한 행동을 할 때 다른 사람들이 어떻게 볼까, 초·중고등학교에 다닐 때는 어떻게 행동 했었나 반성하며, 의식된 자기를 기초하여 타자와의 관계를 설

정하게 되는데, 이것을 우리는 "禮儀"라고 하며, 상호교섭 속에서 개성을 지킨다고 하여 헤겔은, 도덕과 양심이 서로 자신이 특수하다는 사실을 인정하고 상대편을 승인할 때 특수하다고 스스로 인정하는 행동 자체가 보편적인 행동으로 가는 길이라고 보았다. 상호 인정과 상호 승인은 숙고적 상징계를 향한 조건이고, 특수와 보편과 개별이 따로 작용하는 상호 예속과 상호 부정은 자본제국주의(영상계)적 단계이다. 이와 같은 상징계를 지향할 때 저들은 Ethink, 즉 윤리라고 한다. 사회역사적 단계로는 "자본제국주의"에 해당된다.

④ 장년기에 달하면 독특한 자기만의 개성을 바탕 하여 과잉억압을 탈피하여 자기적 창조(상징)를 기획한다. 내가 앞으로 해야 할 이상(상징)을 설정하며 타자와 대화하고 다시 성찰하여 순차적 실천을 도모하고 기획한 상징계에 도달하고자 함이 "智慧(法)"이며, 이것을 Metaethik이라고 한다. 다시 말해서 禮儀의 단계를 기초로 하여 더욱 세심하고 정확한 구체적 영상계(자본주의)를 숙고적 상징계(민족주의)로 열어간다. 자본제국주의에 의한 순종을 위한 과잉억압은 민족해방 투쟁형식(2차 세계전쟁 이후)으로 전환한다.

⑤ 사회의 구성원이 되기 위해서는 모태에서 태어난 어린이는 仁義禮智라는 관습과 문화의 용광로 속에서 주어진 일정한 형식에 적응하며, 자신의 욕망을 요구로 변형하게 된다. 인간은 인간성을 지배하는 숙고적 상징계를 향해서만 개별성(민족성)을 획득할 수 있다. 그러나 상징계는 주체에게서 그의 본질적인 국면을 포기하도록 한다. 주체(민족)의 탄생을 보증하는 상징계(민족통일)가 주체의 상실을 초래하는 것이다. 이것을 "信義"라고 하며, 다음 단계는 민족주의를 부정하는 새로운 긍정의 지역연합체가 가능하게 된다. 그러한 예는 구주연합에서 볼 수 있으니, 이것이 Metametaethik이다.

맹자가 "측은한 마음은 仁愛의 시작이고 미워하는 마음은 義理, 사양하는 마음은 禮義, 시비하는 마음은 智慧의 시작이라"했으니 이 넷 모두를 善한 것이라고 말한 이황의 해석에만 추종하고, 그 개개의 역사단계(인식)의 차등성을 분석하지 않으면, 타자의 변화를 인정할 수가 없다. 인류사회 역사를 보면 仁은 태고적 미분화(未發之中)된 단순사회의 규범이니, 가족이나 고향

친구 간에 단순 공동체를 유지하려는 소년기를 최고의 관계로 보고, 그것을 요구한다면 복고주의 형식을 탈피할 수 없다.

① 유년기의 어린이가 천진하여 나와 남을 구분 차등하지 못하고 그저 시키는 대로 저항 없이 따르기만 하니, 부모(식민지배자)는 그것이 仁愛라고 높게 평가하고 그 자리에 머물도록 교육하고 싶은 것이 한쪽의 한 시기의 교육철학이었다. "우리가 정치와 경제를 모르니, 측은하게 생각하여 보살펴 주시오"한다면, 전통시대의 군주와 '관료들' 그리고 일제는 얼마나 좋았겠나, 그래서 전통사상은 정신문화라 좋은 것이고 현대는 개성이 강화된 "물질문명의 악"의 시대라고 보수 교육자들은 오늘도 억압적 권위로 말하고 있다.

② 청소년기 학생들이 집단적으로 단결하여 독재를 거부하고 민주를 외칠 때(4·19) "의리"는 있으나, 유년기 어린이 같이 순진(仁)하지 못하다고 지금도 교육할 것인가. 민주주의는 다양해서 순종만 하던 원시부족사회만 못하다고 대중매체들(KBS, EBS)은 奇人들을 초청하여 "가장 좋은 것은 물같이 순종하는 것(上善若水)"이라는 고전 순응교육을 홍보하고, "협잡으로 미리 조작해 놓은 게임의 규칙에 대한 위대한 거절" 대신에 전통적 교수들은 "물질(과학)보다 전통(신비)"이 좋은 것이라고 아직도 교육하고 있다.

③ 청년기의 대학생들이, "미군철수와 민족통일"을 위한 새로운 형식의 요구를 "의식화"라고 비판하며, 혈맹의 의리와 색깔론만 계속 교육할 것인가. 자본주의 시민사회의 발달을 커다란 실수로 만들어낸 물질만능 사상이고, 예의(상생)를 무시하는 공화적 법치제도이기 때문에, "전제적 봉건적 왕도체제(박정희 유신)만 못하다."고 "조용한 외교"를 정착하며, 미국의 군대파견 지시를 거부하면 국익을 손상한다고 계속 교육할 것인가.

④ 장년기의 사회인이 숙고된 지혜(법)로 민족통일을 위한 상호주체를 인정하는 가치관을 기획 교육하면, 자유민주주의(자본주의) 특권이 훼손

된다고 계속 반공 교육만 강조할 것인가. 현대 우리의 의식은 숙고적 "智 즉 法"의 민족주의 평화적 민족 통일의 단계에 도달했다.

⑤ 이러한 숙고적 의식의 심화적 계기에서는 내일을 향한 평화적 민족통일을 기획하고 동남아 지역의 공동체를 "요청(Postulat)"하는 신의(信義)의 단계가 이미 성숙되었다.

Ⅲ. 결 론

인간은 궁전에서 살 때와 쪽방에서 살 때 서로 다른 생각을 한다. 일자리가 없어 뱃속이 비어 있으면, 도덕도 우리의 가슴과 마음도 텅 비어 있다. "정치와 경제"는 우리에게 종교다. 인간은 천성적으로 선하다고 가르치면서 마치 자기가 성인인 듯이 생각하는 철학교수가 더러 있다. 그러나 그들은 "인간이 천성적으로 악하다"는 주장 속에 훨씬 더 의미가 있다는 점을 망각하고 있다.

惡이란 역사발전의 동력이 나타나는 형식이다. 이 형식에는 두 가지 의미가 포함되어 있다. 한편으로는 어떠한 새로운 전진이던 그것은 다 필연적으로 어떤 신성시 하는 성인의 업적에 대한 모독이며, 낡아서 사멸되어 가고 있으나 전통적 인습에 의하여 "신성화된 제도에 대한 반역"으로 나타난다. 다른 한편으로는 신분계급 대립이 발생한 이후로는 사람들의 추악한 私心 즉 물욕과 권세욕이 역사발전의 초석으로 되었다. 예를 들어 봉건제도와 자본주의의 역사는 이를 증명하고 있다. 그러나 오늘의 보수학자들은 도덕적인 惡의 역사적 역할을 조금도 생각하려하지 않고 자기는 악을 추구하며, 남에게만 修己를 설득한다. 역사적 발전론은 그들에게 그야말로 불편하고 불쾌한 영역이다. 전통주의자들이 강조하는 "天人合一" 즉 "인간과 자연이

하나"라는 논리는 자연의 품속에서 인간이 금방 태어나 순전히 자연적인 무의식적 반사의 단계에 불과하였을 때이지, 성숙되어 지혜로운 인간을 말하는 것은 아니었다. 인간이란 고도로 의식화된 인간의 산물이며, 그 시대 문화의 산물이며, 역사적 산물이다.

노동(성장)과 의식(이론)의 변증법은 결국 긍정의 길인 동시에 부정의 길이다. 이론이 의식과 무의식을 구별할 때, 무의식의 욕망을 억압하는 모색되는(상징)세계의 규칙에 복종하지 않는다면 누구도 노동(실천)할 수 있는 인간이 될 수 없다. 다시 말해서 모색된 통일세계의 영광과 비참을 긍정함으로써만 인간은 노동(창조) 체계를 견디어 나갈 수 있다. 그러나 이미 발생한 계급구조와 국가권력의 밖으로 나가려(분단의 극복)는 역사적 실험을 포기한다면 모색된 통일국가는 광대한 정신병원이 되고 만다. 이러한 역사적 실험을 H. Marcuse는 "위대한 거절"이라고 했다. 자본주의의 과잉 억압과 잉여노동을 거절하는데서 인간은 정신적 장애에서 해방될 수 있다. 다시 말해서 그 거절은 국가권력을 변형할 수 있는 객관적 가능성이다.

이론과 실천의 변증법은 곧 새로운 가치생산의 변증법이다. 첫째 그것은 聖人의 도덕에 관심이 없다는 점에서 새로운 가치다. 둘째 그것은 긍정의 길이면서 부정의 길이다. 예를 들어서 남과 북의 이원체계에서 그것을 변형하려는 역사적 실험으로, 영구 분단론과 북한 몰락론과 남한 몰락론이라는 세 가지 잘못을 조심스럽게 피하면서 수행되어야 하는데 폭넓은 합의의 자리가 준비되어 있지 않은 경우 통일은 "노력형식이 아니라 시위형식"으로 자신을 표현할 수밖에 없다. 그러므로 모든 사회(교육)운동은 엄밀한 의미에서 역사적 실험이 될 수밖에 없다.

진정한 교육의 탐구는 협잡으로 미리 조작해 놓은 게임의 규칙에 대한 "위대한 거절"이 내재한다. 그들은 반공의 언어가 지배하고 있는 실제적 힘을 깨뜨리고, 사실을 설정하고 강요하고 또 이미 규정된 사실들에서 이득을 얻는 사람들의 언어와 다르게 새로운 언어로 교육해야만 한다. 현대 한국 교단은 전교조가 상징하듯이, 기존의 규칙을 거절할 수 있는 충분한 숙고적 단계에 돌입하였다.

韓·中 釋奠大祭의 意義

趙 駿 河

（同德女子大學校 敎授）

I. 緒 言

오늘날 中國에는 孔子의 宗家가 둘로 나뉘어져 山東省 曲阜의 北宗과 浙江省 衢州의 南宗이 있다.

南宗이란 宋나라가 金나라의 侵略으로 北宋이 남쪽으로 갈 때(1525)에 孔子의 48世 孔端友는 南宋 衢州에서 衍聖公으로 孔子의 祭祀했다.

6代지나 元나라의 侵略으로 南宋이 亡하자 元나라 世宗인 忽必烈은 衍聖公의 爵位를 주며 曲阜로 돌아와 孔子의 祭祀를 主管하라고 하였다.

53代 嫡長孫인 衍聖公 孔洙는 衍聖公의 爵位를 返納하고 衢州에서 살며 衢州의 孔子 家廟에서 平民으로 孔子의 祭祀를 이어왔다. 59世 嫡長孫인 孔彦이 明나라 正德 元年(1506)에 翰林院五經博士가 되다. 15世가 지난 후에 淸나라가 亡하고 五經博士의 爵位를 廢하고 奉祀官이라 하였다.

현재 75세 嫡長孫인 孔祥楷가 孔端友로부터 28대째 衢州에사니, 南宗이라 한다.

元나라는 宗孫의 親戚 동생인 孔治에게 衍聖公의 爵位를 授與하여 曲阜

에서 대대로 釋奠祭禮를 擧行, 明・淸나라를 거쳐 國民政府 때 孔德成이 계승, 北宗이라 한다.

현재 中國 에서 釋奠祭祀는 없어졌고, 曲阜의 孔子廟에서 孔子誕生日인 양력 9월 28일에 祝祭형식의 祭孔行事를 擧行하고, 2004年부터는 南宗에서도 衢州國際孔子文化節이라 하여 祭孔行事를 擧行하고있다.

나는 7年前인 1999년에 孔子誕辰 2550年을 紀念하여 曲阜의 孔廟內에 있는 孔子學術會堂에서 外國人으로는 처음으로 學術(孔子의 仁에 대하여) 講義를 하고, 仲秋節날 五聖(孔子 顔子 曾子 子思 孟子)의 墓所에서 四邊四豆의 祭物을 陳設하고 傳統的인 儒家의 方式인 韓國式으로 祭祀를 올린 바가 있다.

그리고 2002년에는 9월 28일 曲阜의 闕里賓舍에서 擧行된 東亞文化論壇에 招請되어 學術發表(誠敬에 대하여)를 하고 孔子文化節의 行事를 또 觀覽한 바 있다.

2004年에는 孔子誕辰 2555周年을 紀念하여 南宗인 衢州에서 國際孔子文化節 行事로 國際儒學論壇에 招請되어 孔子의 主體思想에 대하여 發表를 하고 孔子文化節行事를 觀覽하게 되었다. 그러나 紀念行事에 지나지 않았다. 역시 매우 失望스러웠다.

그리고 금년(2006년) 양력 9월 25일날 孟子의 祭祀를 中國 鄒城政府에서 主管하여 獻花의 禮로 奉行하고, 작년부터 孔子廟에서 八佾舞를 추면서 祭孔行事를 한다는 말을 듣고, 일부러 9월 28일날 曲阜 孔子廟에 參席하여 祭孔行事를 보았다.

釋奠祭祀가 아니라, 역시 曲阜 政府에서 主管하여 獻花의 禮로 祭孔行事를 하면서 八佾舞를 추기는 하였으나, 傳統方式이 아니고, 새로운 方式으로 춤을 추었으며, 祭禮樂은 淸나라 方式의 高音에 빠른 音樂에 樂器는 編磬과 編鐘은 使用하였으나, 나머지 樂器들은 錄音으로 처리하는 것을 볼 수 있었다. 역시 失望을 금할 수가 없었다.

그런데 北宗이나 南宗이나 孔子廟에는 孔子 塑像이 있는데, 帽子는 12冕

旈의 冕旒冠이고, 服裝은 12章服이니 分明 萬乘天子인 皇帝의 모습이었다. 그러나 位牌에는 大成至聖先師라고 쓰여 있으니, 서로 맞지 않는다. 位牌에 大成至聖先師라고 쓰려면 吳道子가 그린 行敎像의 圖像과 같은 學者의 모습이어야 할 것이고, 皇帝의 모습이라면 大成至聖文宣王이라는 位牌를 놓아야 할 것이다. 더구나 白魚와 子思의 塑像이 孔子의 兩便에 모셔있는데 帽子와 服裝이 모두 諸侯의 모습이었고, 泗洙侯 沂水侯라는 諸侯의 位牌가 놓여있는데, 孔子만 先師라고 하는 것은 더욱 잘못된 것이라고 생각된다.

그리고 曲阜의 北宗에는 皇帝만이 할 수 있는 黃金色 누른 기와에 大成殿이란 懸板이 걸려있으니 淸나라때 지은 孔子의 祠堂이고, 南宗에는 검은 기와에 大成殿이란 懸板과 孔氏家廟라는 懸板이 同時에 걸려 있었는데, 大成殿이란 大成至成文宣王의 殿閣이라는 뜻에서 文宣王을 모신 廟堂의 殿閣 이름을 大成殿이라고 하였다면, 孔夫子의 位牌는 마땅히 大成至成文宣王이라 하여야 할 것이고, 至聖先師인 孔子를 모신 孔氏의 家廟라면 大成殿은 아닐 것인데, 두 가지 懸板을 同時에 걸어놓은 것도 理解가 되지 않는다.

孔子의 諡號를 至聖文宣王이라고 한 것은 宋 王朝 때이고, 大成至聖文宣王이라고 한 것은 元나라 때이나, 明나라 初期에도 大成至聖文宣王이라 하였으며, 지금도 曲阜 至聖林의 孔子墓에는 大成至聖文宣王墓라는 墓碑가 分明히 서 있다. 그러나 明나라 世宗이 孔子의 地位를 낮추어 공자의 諡號를 至聖先師라 하고 大成殿이란 懸板을 모두 除去하고 孔子廟라고 하였으며, 孔子의 塑像의 冕旒冠이나, 12章服도 모두 없애고, 祭器 祭物도 모두 降等하는 孔子改制를 하였는데, 淸나라때 다시 孔子의 祭祀를 大祀로 昇格하고 모든 祭禮를 天子의 禮로 하고 大成殿이란 이름과 12冕旒의 12章服을 復原하면서도 文宣王이란 諡號는 끝가지 復原하지 않았다. 따라서 오늘날 까지도 中國에서는 至聖先師라는 位牌를 놓게 된 것이라고 생각된다. 그러나 이것은 분명히 잘못이다.

世界의 많은 사람들이 와서 보고 疑訝해 하는데 부끄럽지 않은가? 그러므로 나는 猥濫된줄을 알면서도 다음과 같이 建議를 하였다. "孔子의 位牌를 大成至成文宣王이라 고치고, 12籩 12豆에 太牢의 祭物로 堂上 堂下樂을 演奏하며 八佾舞를 추면서 傳統的인 方法으로 釋奠大祭를 舉行하자고 하자고" 그러나 그들은 아무도 반응이 없었다.

이와 같이 重要한 問題는 마땅히 各國의 禮學者들이 모여 現代 祭孔行事를 어떻게 할 것인가? 에 대하여 硏究하여 發表를 하는 것도 하나의 方法이 될 것이다.

Ⅱ. 中國 釋奠의 過去와 現在

周나라 때 釋奠은 學校에서 올리는 祭祀와 太廟에서 올리는 祭祀의 두 가지가 있었다.

學校에서 하는 釋奠은 一年에 春夏秋冬 네 번 定期的으로 先師께 올리는 祭祀와, 學校를 새로 設立할 때와 같이 特殊한 일이 있을 때에 先聖과 先師께 올리는 祭祀였다.

太廟에서 지내는 釋奠은 天子가 將次 出征이나 사냥을 하려고 出行할 때 祖廟와 禰廟에 告하는 祭祀의 이름이기도 하였다. 모든 釋奠에는 原則的으로 釋奠祭禮樂이 演奏 되었다.

漢 高祖는 魯나라를 지나다가 孔子의 祠堂에 太牢로 祭祀를 지냈고, 平帝 때 孔子께 追諡를 襃成宣尼公이라 하였고, 明帝 때 임금이 先聖인 周公과 先師인 孔子께 太牢로 祭祀를 올렸다.

魏나라 때 辟雍에서 孔子께 太牢로 釋奠을 하며 顔子를 配享케하니, 이때부터 太學에서 孔夫子를 先聖으로, 顔子를 先師로 釋奠을 했다. 晉나라

武帝 때 四時에 임금이 親히 釋奠을 하였다. 南北朝때 宋의 文帝는 六佾舞를 추며, 軒懸의 音樂을 設置하였다.

南齊의 世祖 때 軒懸의 樂을 設置하고 六佾舞를 추었다. 北齊에서 每月 朔日에 祭酒, 博士, 國子諸生등이 文廟에 參拜하였다. 隋나라 國子學에서 春夏秋冬 每仲月 上丁日에 釋奠을 行하였다. 唐나라 貞觀年間에 州縣에 孔子廟를 設立하고, 釋奠을 行하였고, 開元年間에 孔廟에 祭祀를 中祀로, 孔子 諡號를 文宣王이라 하였다.

宋나라 眞宗은 孔子의 諡號를 玄聖文宣王, 至聖文宣王이라 고쳤다. 仁宗 때 釋奠에 堂上 堂下樂이 完備되었고, 徽宗 때 辟雍의 大成殿이라 이름하고, 文宣王 塑像의 冕旒를 十二旒로 하였다. 南宋高宗은 太學 釋奠을 大祀로 하고, 州縣의 釋奠은 中祀로 하였다.

金나라는 大定 年間에 文宣王의 塑像에 十二章服을 입혔다.

元武宗은 孔子 諡號에 大成을 더하여 大成至聖文宣王이라고 하였다. 明 洪武 때 모든 禮法을 更定하면서도 孔子의 封爵은 예전대로 하고, 成化年間에는 釋奠에 十二邊豆를 陳設하고, 八佾舞를 추었다. 世宗은 嘉靖 九年 (1530)에 孔廟 改制를 實施하여 中祀로 降等하고 諡號와 封爵도 撤回하고 祭羞도 크게 減殺하였다.

淸나라는 世祖 때 國子監을 太學이라 고치고 文廟를 建立하였고, 順治때 孔子의 稱號를 大成至聖文宣先師라 하고, 또 至聖先師라고 改題하고, 康熙 때 大成殿의 懸額을 萬世師表라 하고, 乾隆 때는 二跪 六拜禮를 행하고, 光緒 때는 釋奠을 大祀로 昇格시키고, 文廟의 지붕을 黃瓦로 하고, 八佾舞에 武舞를 더하고, 釋奠에 임금이 몸소 나아가, 三跪 九拜禮로 하고, 上香하고 帛과 爵을 奠할 때에 모두 꿇어앉아 올리고, 三獻을 임금이 親行하고 文廟를 九楹 三階 五陛 制度로 擴張했다.

그리고 淸末 曲阜 闕里의 釋奠은 매년 50여 차, 祭孔樂章(大成樂)과 八佾舞가 있었고, 衍聖公이 主祭하며, 分獻 監察 典儀등103名, 鳴贊 禮生등 80名, 樂舞生120名에 其他執事가 있었고, 그밖에 師生 族人 來賓등 千餘명

이 參席했다. 祭品은 太牢로 하였고, 樂舞는 八佾舞를 추었고, 祭祀는 한 밤중인 子時에 始作하여 약 한 時間동안 進行 되었다.

外形上으로 보면, 異民族인 淸나라에서 가장 盛大하게 釋奠을 했다. 淸 은 天子의 禮로 釋奠을 行하면서 文宣王이란 諡號는 復原하지 않았고, 先 師라는 稱號를 쓰면서 皇帝의 祭祀 儀式인 十二籩豆에 八佾舞를 추고, 文 廟에 皇帝를 象徵하는 黃色 기와를 이었다. 傳統的인 四跪拜를 버리고 淸 의 三跪 九拜禮를 行하였다.

현재 臺灣 高雄의 孔子廟는 黃色 기와를 이었고, 臺南의 文廟는 古色이 蒼然한데, 여기에서 해마다 一年에 한 번씩 釋奠을 하는데, 祭禮樂을 演奏 하며 六佾舞를 춘다. 黃色 기와는 皇帝를 象徵하는 것인데, 大成殿이라 하 지 않고 孔子廟라고 하는 것은 잘못이오, 位牌에 至聖先師라고 하면서 諸 侯의 禮인 六佾舞를 추는 것은 格式이 맞지 않는다. 더욱이 孔子님께 祭祀 를 하면서 淸나라 滿族의 野蠻스러운 儀禮로 祭祀를 하는 것은 더욱 잘못 이라고 생각한다.

그리고 日本 長崎의 孔子廟에서는 釋奠을 지내지 않고, 多久의 聖廟에서 는 釋菜의 禮를 지내는데, 淸나라 式을 變形하여 지내고 있다.[1]

香港의 孔敎學院에서는 八德舞를 추면서 自身들이 새로 만든 方式으로 孔 子 祭祀를 하면서 服裝이나 拜禮法 등은 淸나라 滿族의 式을 취하고 있다.

現在 中國 山東省 曲阜의 北宗이나 浙江의 南宗의 孔子廟에서는 孔子 誕辰日 前後, 15일간 國際孔子文化節이란 祝祭를 擧行하는데 孔子廟에서 八佾舞를 추면서, 獻花하는 方式으로 축제를 올리고 있다.

---

1) ≪韓國儒學의 再照明≫ <聖廟의 祭儀> P.395.

Ⅲ. 韓國 釋奠의 過去와 現在

韓國의 釋奠祭禮는 學校 制度의 導入과 함께 傳來 되었다. 그러나 三國時代에 釋奠을 하였다는 기록은 보이지 않는다.

新羅 제28代 眞德王 2年(A.D.648)에 金春秋는 唐나라에 가서 國學에 나아가 釋奠을 보고 돌아오니 新羅에서 이때부터 釋奠의 禮를 알게 되었다.[2] 新羅 제33대 聖德王16년(A.D 717)에 唐나라로 부터 文宣王과 十哲과 七十二 弟子의 圖像을 들여다가 大學에 安置하였다.[3]

高麗는 初期에 國子監에 文廟를 設置하였다.[4] 文廟를 세웠으면 釋奠祭祀를 하였을 것은 分明하다.

高麗 제6대 成宗은 博士 任老成을 宋나라에 보내 文宣王廟圖, 祭器圖, 72賢 贊記 등을 받아 왔다.[5] 그리고 國子監을 設置하고 12州에도 學校를 設置했다.[6]

高麗 제8대 顯宗 11년(1020)년에 新羅 侍郞 崔致遠을 聖廟에 配享하였고, 13년에 薛聰을 文廟에 從享하고 弘儒侯로 贈諡하였다.[7]

高麗제 13대 宣宗 8年(1091), 國學의 壁위에 72賢의 畵像을 宋나라 國子監에서 讚한 次例로, 그 章服은 모두 十哲의 章服을 模倣하였다.

---

2) ≪增補文獻備考≫卷202 學校考 "新羅眞德女主 二年 金春秋如唐 詣國學觀釋奠而還 東國始知 有釋奠之禮"
3) ≪三國史記≫卷8 聖德王 "十六年 秋九月 入唐大監守忠 廻獻文宣王 十哲 七十二弟子圖, 卽置於大學."
4) ≪增補文獻備考≫ 卷202 "東國自麗初立廟於國子監"
5) ≪高麗史≫ 世家 卷3 成宗 "二年 五月甲子, 博士任老成至自宋獻太廟堂圖一鋪, 并記一卷. 社稷堂圖一鋪, 并記一卷. 文宣王廟圖一鋪, 祭器圖一卷, 72賢贊記一卷."
6) ≪高麗史≫ 世家 卷三 成宗 "十一年十二月, 丙寅敎曰, 王者化成天下, 學校爲先. 置諸學校……令有司, 相得勝地, 廣營學舍."
7) ≪增補文獻備考≫ 卷202 "顯宗十一年命以新羅侍郎崔致遠配享先聖廟" (十三年春正月 以新羅翰林薛聰從祀先聖廟贈弘儒侯"

高麗 제15대 肅宗 6년(1101), 文宣王廟의 左右廊에 61子와 21賢의 畵像을 새로 그렸는데, 釋奠에 從祀하게 하였다.

高麗 제16대 睿宗 9년(1114) 國學에서 임금이 先聖 先師께 酌獻의 禮를 行하였다.

高麗 제26대 忠宣王 3年(1311) 2月 丁巳日에 釋奠祭禮를 올리는데 祭酒와 司業이 모두 나오지 않아 博士가 三獻禮를 兼行하였다.[8]

高麗 제31대 恭愍王 12년(1363) 8월 丁酉일에 釋奠祭祀를 하는데 博士 한사람도 없고, 오직 明經 博士와 學諭 각각 한 사람만 있었다.[9]

恭愍王 18년 8월 丁卯일에 三司에 命하여 右使 李穡으로 하여금 文廟에 釋奠을 하게 하였다. 李穡이 그 잘못된 곳을 바로잡고 諸生을 뽑아 석전이 볼만하였다.

朝鮮朝 世宗 五禮儀가 完成(1451)된 이후 불과 25년후인 成宗6년(1475)에 完成된 國朝五禮儀에 보면 諸侯의 禮로 釋典을 하였다.

高宗은 朝鮮 開國506년인 高宗34년(1897년)에 國號를 大韓帝國이라 稱하고, 年號를 光武 元年으로 하고, 國家의 모든 制度를 바꾸었다. 圓丘壇을 設置하고 祭天儀禮를 行하고, 宗廟를 太廟라 稱하고, 太廟와 社稷의 祭享에 12邊豆에 八佾舞를 추었으며, 大行王后를 皇后라하고, 王世子를 皇太子라 稱하는 등 天子의 禮를 行하였다. 이때에 釋奠 祭禮에 있어서도 天子의 禮로 하였으나, 文廟의 釋奠은 中祀로 하였다.

이러한 모든 禮儀 制度를 새로 制定하고, 이를 記錄한 禮典을 大韓禮典이라고 하였다.

오늘날 施行하고 있는 釋奠은 8·15光復이후 儒林들의 決意에 의하여 하고 있는데, 釋奠의 내용은 朝鮮朝의 釋奠을 그대로 繼承한 것이나, 그 중에

---

8) 《高麗史》 志 卷十六 禮四 "忠宣王三年 二月 丁巳 釋奠 祭酒 司業皆不至 博士 兼行三獻"
9) 《高麗史》 志 卷十六 禮四 "恭愍王十二年八月丁酉釋奠 博士以下無有一人 唯明經博士學諭各 一人而已"

變한 것이 있다.

예를 들면 釋奠에 祭物은 12 邊豆를 쓰고, 樂舞는 堂上 堂下樂에 八佾舞를 춘다. 樂曲과 歌詞는 朝鮮朝 時代의 것을 사용하며, 날자는 예전과 같이 春秋 仲月 上丁日에 釋奠祭祀를 올리나, 朝鮮朝 시대에는 丑時에 하던 釋奠을 아침 10시에 거행하고, 五聖 十哲 六君子와 東國 十八賢만을 祭祀한다.

現在 우리나라에서 擧行하고 있는 12邊豆에 八佾舞는 天子만이 행하던 形式인데, 오늘날 天子도 없으면서 虛禮를 行하는 것은 잘못이고, 또 孔子는 季氏의 八佾舞를 매우 심하게 꾸짖었는데, 孔子의 廟庭에서 八佾舞를 추는 것은 옳지 못하다고 말하는 사람도 있다.

물론 現在 우리나라에서 擧行하고 있는 釋奠에서 12邊豆에 八佾舞를 추는 것은 옛날 天子의 禮이다. 古禮로 본다면 僭濫한 일임에 틀림이 없다.

그러나 淸나라가 亡한후 天子가 행하던 釋奠은 없어졌다. 天子가 없으니 그 누구가 한다고 하여도 그것은 僭禮일 뿐이다. 그렇다고 高麗朝를 거쳐 朝鮮朝에서, 지난 천 여 년 동안 擧行하던 釋奠祭禮를 그만 둘 수는 없다. 그렇다고 과거대로 10 邊豆에 六佾舞를 추는 것도 僭禮임에는 마찬가지이다. 先師의 禮로서 한다면 樂舞는 필요치 않으며, 10 邊豆도 지나치다.

그리고 文廟를 大成殿이라 稱하고 여기에서 12邊豆를 陳設하고 八佾舞를 추는 것을 程子 朱子도 異議를 提起한바 없으며, 孔子를 大成至聖文宣王이라 呼稱하고, 孔廟를 大成殿이라 하는데 대하여, 우리나라에서 明나라 嘉靖의 제도를 따르자는 의견이 있었으나, 退溪 栗谷선생도 "祖上들이 오랫동안 써 오던 것을 함부로 고칠 수 없다"고 하였다.

現在 우리가 施行하고 있는 釋奠은 지금까지 하여 온 모든 釋奠중에 最大 最上의 禮로 孔子께 釋奠 祭祀를 올리는 것이다. 世界의 어떤 나라도, 또 어떤 個人이나 團體도 그 禮를 實行하지 않는다면 되겠는가? 天子가 있는데도 그 누가 天子의 禮를 行한다면 그것은 僭禮라고 하겠으나 天子가 없어지고 따라서 天子가 지내던 釋奠祭禮도 없어진지 벌써 100년이 지나도

록, 오직 우리만이 그 釋奠을 持續하고 있는 것은 孔子가 愛羊한 故事와
같이 分明히 뜻이 있는 일이라고 나는 생각한다.

Ⅳ. 韓·中 두 나라 釋奠의 正統性 問題

釋奠祭禮는 原來 中國에서 건너온 것으로, 基本上으로 같다.

그러나 中國에서는 역대 王朝에 따라 釋奠의 儀禮가 變하여 왔다. 특히
清朝에 이르러서는 더욱 크게 變하였다.

外形上으로는 清王朝 末期에 이르러 釋奠은 가장 隆崇하게 되었다. 儀式
에 있어서 첫째 大祀로 昇格되었고, 둘째 皇帝가 親祭를 하고, 셋째 三跪
九拜禮를 하였고, 構造에 있어서도 첫째 九楹 五陛制로 하고, 大成殿에 黃
色 기와를 이었고, 配享 從祀하는 先賢 先儒의 수도 매우 많아졌다.

그러나 그 變하는 過程속에서 清나라 滿族의 方式으로 바뀐 部分도 적지
않았다. 例를 들면 1).釋奠祭禮樂이 바뀌었고, 2).拜禮法이 바뀌었고, 3).服飾
이 바뀌었고, 4).그 밖의 雜多한 부분이 바뀌었다.

물론 우리나라도 釋奠의 儀禮에 變遷이 있었다. 그러나 우리나라에서는
대체로 宋나라와 明나라 儀式을 따르고 있다. 1).祭禮樂, 2).拜禮法 3).服裝,
4).神主와 그 稱號, 5).樂器, 6).祭羞등이 모두 宋나라 때의 것을 따르고 있다.

첫 째 釋奠祭禮樂에 대하여, 清나라는 平을 썼는데 그것은 清나라가 寇
亂을 削平하고 天下를 所有한 清王朝의 功을 稱訟 讚美하는 뜻
이었다고 하는데 比하여, 韓國에서는 雅部의 成安樂을 演奏하였
으니, 治世의 音은 安하고도 樂하다는 詩經의 뜻에서 취하여 祭

祀樂曲을 安이라 하고, 初獻 亞獻 終獻에 모구 成安樂을 演奏하였으니, 그것은 宋나라 大觀3년(1109)에 制定한 大晟樂府의 釋奠樂章과 一致한다.[10]

둘　째　拜禮法에 있어서 淸나라는 滿族의 特有한 三跪 九拜하는 拜禮法을 使用하였는데 韓國에서는 朱子家禮에도 記載한 四跪拜를 한다.

셋　째　服裝에 있어서 淸나라에서는 釋奠祭禮服을 淸나라 式으로 바꾸었는데, 韓國에서는 宋나라때의 金冠 祭服을 그대로 着用하고 있다.

넷　째　神主의 稱號에 대하여, 淸나라는 至聖先師라고 明나라 嘉靖之制를 따랐는데, 韓國에서는 大成至聖文宣王이라는 稱號를 쓰고 있다.

다섯째　配享 從祀에 대하여, 淸나라에서는 雜多하게 從祀하였는데, 現在 韓國에서는 五聖 十哲 六君子 東國十八賢만을 祭祀한다.

여섯째　祭器·祭羞·樂器등에 있어서도 같지 않은 點이 있다.

이상에서 比較하여 볼 때 現在 우리나라에서 거행하고 있는 釋奠祭禮에 正統性이 있다고 나는 생각한다.

---

10) 孔祥林 ≪孔學孔廟研究≫ <朝鮮的孔子廟>巴蜀書社1991 P.387

周易 繫辭傳 釋義研究(七)

金 益 洙

(전 한국체육대학교, 현 선문대학교 교수)

Ⅰ. 易爻辭의 應用論

1. 小 序

이 장의 요체는 易簡과 爻象의 應用例를 설명하고 있다. 그 내용은 대체
로 다음과 같다.

1) '爻'란 용이한 道와 簡要(간요)의 情을 말한 것이다. '象'이란 것은 곧
   乾은 强健(강건)한 모습, 坤은 柔順(유순)한 모습에서 본 뜬 것이다.
2) 그 彖(단)은 才德(재덕)을 말하고, 효는 천하의 움직임에서 본받는 것
   으로 여기에서 길흉과 후회와 근심(悔吝)이 생긴다는 것이다.
3) 우리 인간은 천하의 변화무상한 움직임(動)을 수시로 본받아서 凶을
   피하고 吉을 취해서 나아갈 수 있도록 함에 있다. 이를 위해서 공자는
   爻辭說에 대한 應用例를 보여주고 있다.

2. 周易 繫辭下傳 二章의 釋義 論議

1) 乾易坤簡의 法則의 受容

⑴ 夫乾은 確然하니 示人易(이)矣오; 무릇 건은 굳세니 사람에게 쉬운 것으로 天理本然의 易道를 보여주고

⑵ 夫坤은 隤然하니 示人簡矣니,(確若角反 易以豉反); 무릇 곤은 순하니 정성으로 순수한 簡道를 보여주니,

연구자가 補說을 하면, 乾의 실체는 양명강건한 것인데 정직하고 명확한 상이고 坤은 음유화순한 것으로 방정온순한 상(像)이다. 乾道는 처음에 강건하고 확실하게 시작함으로 사람에게 쉬운 것을 보여주고, 坤道는 처음에는 순종하나 乾이 시작한 일을 뒤에서 종결을 지으니 사람에게 간단한 길을 보인다. 모두가 天地의 道가 한결같이 보인다. 世上事 알고 보면 인간사회의 삶의 길도 이것이 준칙이 된다.

언제나 本末 上下와 終始先後의 법도를 지키면 일이 쉽고 간단하지만 大原則을 어기고 뜻을 이루려고만 하면 어렵고 성취하기가 힘들다.

(本義) 確然은 健貌요, 隤然은 順貌니 所謂 貞觀者也라.
(확연은 굳센 모양이요, 퇴연은 순한 모양이니 이른바 항상 보여준다는 것이다.)

⑶ 爻也者는 效此者也오; 爻란 것은 이를(易簡) 본받은 것이요,

⑷ 象也者는 象此者也라.(像音象); 상이란 것은 이것(剛柔)을 모(모양, 本)뜬 것이니라.

384효의 절반인 192효는 乾卦의 剛爻(강효)이고 192효는 坤卦의 柔爻로 되어 있다. 알고 보면 天地萬物이 乾卦의 易와 坤卦의 簡이란 도리로 되어

있다. 그렇다고 볼 때에 『周易』64卦, 384爻가 '乾坤의 易簡'의 도리를 본받
는다는 의미이다.

　연구자가 보건데 爻란 것은(본받은 것을) 이런 것을(容易한 道와 簡要의
情을) 본받은 것이요, 象이란 것은 이런 것을(乾은 剛健한 모습, 坤은 柔順
한 모습) 모(本)뜬 것이다.

　　　(本義) 此는 謂上文乾坤所示之理니 爻之奇偶와 卦之消息을 所以效而象之라.
　　　(이것이란 上文에 乾·坤이 보여준 바의 이치를 이르니, 爻의 奇와 偶, 卦의
　　　消와 息은 이것을 본받아 형성한 것이다.)

　⑸ **是故로 易者는 象也니 象也者는 像也오**; 이런 끼닭으로 「易」이란 것은
　　象이니 象이란 것은 어떤 體像을 형상해 냈다는 것이다.

　좀 더 설명하면 이렇기 때문에 (前文에 說한 바와 같이) 「易」이라는 것은
象(一個 形象物)이니 象이라는 것은 어떤 體像을 형상해 냈다는 것이다.(즉
본떠 만든 것)
　요컨대 윗글은 「계사전」상전 제 1장 1절의 마지막 문단에 보이는 "易簡而
天不之理得失"라고 한 '易簡'의 뜻을 여기에서 乾은 坤에 다시 붙여서 밝
힌 것임을 잘 알 수 있다

　　　(本義) 易은 卦之形이요 理之似也라.
　　　(易은 卦의 형상이요 이치의 유사함이다.)

1절의 요약

　이 글은 「上繫」一章 一節 末句文 易簡而天下之理ㅣ 得矣라는 데서 易
簡二字의 義를 다시 여기에서 乾坤字에 따라 부쳐 밝힌 것이다.
　易學의 본의는 象數를 밝히는 것이고, 象數는 상형(像形)을 밝히는 것이

다. 그렇기 때문에 『周易』의 物像과 數理는 과학적인 탐구가 되고 사물의
본질과 구조를 연구해내는 원천적인 학문이다.

　여기에서 爻란 이것을 본받은 것이다고 한 '이것'은 용이한 道와 간요(簡
要)의 情을 말한 것이다. '象'이란 이것을 형상화한 것이라는 글의 '이것'은
굳셈(剛)과 부드러움(柔)의 상호작용인 乾은 강건한 모습, 坤은 유순한 모습
을 본뜬 것을 말하는 것이다.

　研究者의 관점으로는 末尾文은 本經과 「上繫」에 '易字'와 '象曰'이라는
象字에 뜻을 再三 풀이한 文辭이며 本節의 맺는 말(結語辭)이 된다.

2) 易道의 應用論

　⑹ **彖者는 材也오.**; 彖이란 괘사는 재질이요,

　단(彖)은 괘사이며 재(材)는 재질이다. 이 彖字는 本經에 彖曰과 上繫에
爻象이라는 象字인데 이 '象'이라는 의미는 「易」에 그 卦(卦才)가 지니고 있
는 바 그 分義에 해당되는 才德의 義를 풀이하는데 命辭로 쓴 글자(字)이다.

　(本義) 彖은 言一卦之材라.
　(彖은 한 卦의 재질을 말한 것이다.)

　⑺ **爻也者는 效天下之動者也라.**; 효란 것은 천하의 움직임(動)을 본받은 것이니
爻라는 것은 天下의 변화무상(變化无常)한 움직임(動)을 본받은 것이다.

　(本義) 效는 放也라.
　(效는 똑같게 하는 것이다.)

⑻ **是故로 吉凶이 生而悔吝이 著也니라.**; 이러므로 길흉이 생기고 뉘우침과
　　안타까움(悔·吝)이 드러나는 것이다.

　이러므로 (天下의 움직임(動)이 无常한 것을 隨時로 본받음은) 吉함과 凶
함이 따라 生함으로서 뉘우칠(悔) 일과 안타까운(吝) 상태가 드러나느니라.
요컨대 인과응보의 자연법칙으로 자업자득이다.

　　(本義) 悔吝은 本微로되 因此而著라.
　　(悔·吝은 본래 미미하나 이로 인하여 드러나게 되는 것이다.)

2절의 요약

　爻(효)한 것은 천하의 변화무상한 움직임(動)을 본받은 것이다.
　研究者가 보건대 이 글은 사람이 자기가 하고자 하는 일에 「易」의 三百
八十四爻中에 그 取해서 行하는 것에 따라 善不善이 발생한다. 그러므로
本人이 본받아 행하는 것이 바로 본인의 運命이 결정 되는 것이다.
　이렇기 때문에 天下의 움직임(動)이 无常한 것을 우리 인간은 隨時로 본
(本)받기 때문에 吉·凶이 생겨 悔·吝이 상태가 드러나니 因果應報의 자연
법칙에 따라 자업자득이니 좋은 방향으로 지향점을 두고 항상 노력하고 살
아가야 한다.
　즉, 凶(흉)을 피하고 吉(길)을 피할 수 있다면 「易」을 공부한 효과를 최대
한 얻는 것이 된다.

3) 爻辭의 應用例

　⑼ **爻象은 動乎內하고**; 효와 상은 괘의 안에서 움직이고
　(즉 易을 제대로 공부한 사람은 다른 사람에게 공표하기 전에 내심 자기
마음속(內心)에 그 일에 어떻게 해야 하겠다고 결정하면, 그 결정한 내용에

서 어떤 卦나 爻가 나타나 있는 것을 말한다

(10) 吉凶은 見(현)乎外하고; 길과 흉은 밖에서 나타내 보이고,
하고자하는 믿음만이 효(爻)의 의의에 따라서 여기에 맞도록 실천에 옮기면 그 일의 결과에 따라 善·不善이 나타나므로 이를 일컬어서 吉·凶을 밖(外)에서 나타난다고 한 것이다.

(11) 功業은 見(현)乎變하고; 사업의 성공은 변에서 나타내 보이고,
공업(功業)의 變[變(고치고)更(바꾼다)의 뜻]에서 나타난다고 함은 사람이 어떤 일을 비상하게 하였을 경우에 그 공적이 나타나는(見)것을 말한다. 여기에서 공업(工業)은 공적사업을 말한다. 군자는 사회변화를 알아 차렸으면 잘 판단하여 그 변화를 이용하여 사회를 위해서 공적사업을 성취할 수 있다.

(12) 聖人之情은 見(현)乎辭니라.; 성인의 진정은 말씀에서 나타내 보이느니라.
성인의 정[聖人之情은 말씀(辭)에서 나타내 보인다.(見)]은 성인이 마음속(內心)으로 정성을 오로지 기울여서 천하의 모든 일을 추리에 의해서 미리 알 수 있도록 말씀으로 옮겨 놓은 것 그 자체를 말한다.

요컨대 易을 지은 文王의 괘사와 周公의 효사를 바탕으로 해서 공자께서 易의 효사의 응용예로 밝혀 놓은 곳이 다음에 보이는 11가지 효사의 설명이 바로 그러한 말씀(辭)의 일부이다.
研究者가 볼 때는 이 文辭는 義理를 전제(前提)로 한 글이라고 보고 싶다.
爻象은 '動乎內'라 함은 사람(人)이 天下의 諸般事를 자기 뜻대로 하고자 할 때에는 다른 사람이 알기 이전에 미리 內心으로 그 일을 어떻게 해야겠다고 결정을 내리면 그 결정한 내용에서 이미 象이나 爻가 생기는 것을 이름이고, '吉凶은 見乎外'라 함은 그 일을 이미 構想한대로 實踐에 옮기면 그제야 일에 結果에 따라 善. 不善이 나타난다.

이 점에 대하여 李光地 《周易折中》에서는 "효상은 변화하여도 형적이 없으므로 내라 하고 길흉은 행사에 나타나서 형적이 있으므로 외라 하였다." 고 하였다. 그러니 이 구절은 朱子의 관점처럼 단순히 시서(蓍筮)로 만 볼 수 없다. '功業은 見乎變'이라 함은 사람이 어떤 일을 특히 奇異하거나 非常하게 하였을 때에 나타나 보인 것을 이름이다.

'聖人之情은 見乎辭'라 함은 聖人이 精力을 기울여 天下萬事를 推理에 의하여 豫知할 수 있도록 文辭로 남겨 놓은 自體 즉 易經은 文王의 卦辭와 周公의 爻辭 또, 後人들에게는 孔子께서 述하신 바 彖辭와 象辭이며 또는 「繫辭」中에 '聖人之情 見(현)乎 辭'라는 本文下에 十一爻辭說이 바로 그 말씀(辭)의 一部分이며 易爻辭의 應用例로 제시한 글이다.

> (本義) 內는 謂蓍卦之中이요, 外는 謂蓍卦之外라. 變은 卽動乎內之變이요, 말씀(辭)은 卽見乎外之辭라.
> (內는 謂蓍卦之中이요, 外는 謂蓍卦之外라. 變은 卽動乎內之變이요 말씀(辭) 은 곧 밖에 나타나는 말이다.)

연구자가 거듭 강조하건대 이 卦는 인간의 행동준칙을 밝힌 것으로 이해된다.

爻와 象은 卦爻의 본질적인 역학구조 속(內)에서 발동하는 것이요, 吉凶은 爻象의 운동현상에서 그 결과로 밖(外)에 나타나는 것이요, 사업의 성공(功業)은 변통(變)을 경영하는 능력에서 나타나며 성인의 깊은 뜻(情)은 말씀(辭)에서 보이는 것이다.

요컨대 마음속(內)의 爻象에 따라서 吉하고 凶하는 운명이 밖(外)으로 나타나게 되고 변통(變)의 재능에 따라서 功業이 현실로 나타나는 것이며 성인의 진정은 곧 말씀(辭)에서 보이는 것이라는 것이다.

(13) **易日 憧憧往來면 朋從爾思라** 하니; 「역」에 이르기를, 분주하게 (뜻이 바로 잡히지 않은 상태에서) 왕래하면(왔다 갔다 하면)너희 벗만이 네 생각을 따르리라 하니

(14) **子曰 天下何思何慮리오 天下 同歸而殊途하며 一致而百慮하니 天下에 何思何慮리오;** 공자께서 말씀하기를, '천하가 무엇을 생각하며 무엇을 생각하겠는가. 천하는 돌아감이 같으나 길은 다르며 연구해야 할 일은 하나 이나(취지는 같으되) 생각은 백가지이니 천하가 무엇을 생각하고 무엇을 생각하리요'

「易」에 가로되 동동(憧憧)(뜻을 정하지 못하고 분주하게) 히 가고 오면 너와의 벗만 네 생각을 따르리라하니 孔子께서 말씀하기를, 天下가 무엇을 생각하며 무엇을 생각하리오. 天下가 한가지로 돌아가되 길은 다르며 연구는 하나이로되(취지는 같으되) 생각이 百이라 하니 天下가 무엇을 생각하며 무엇을 생각하리오.(同歸와 一致는 言皆歸於義理也)(天下는 온 세상을 말한다.)
　요컨대 천하의 만물은 오직 하나의 이치요 천하만인은 오직 하나의 마음이다.

　　※ 易日 "憧憧往來면 服從邇思"라 함은 「주역」 「함괘(咸卦)」九四爻의 효사(爻辭)이다.

　　(本義) 此는 引咸九四爻辭而釋之라. 言理本无二而殊途百慮가 莫非自然이니 何以思慮爲哉리오. 必思而從이면 則所從者 亦狹矣리라.
　　(이는 「함괘(咸卦)」 구사효(九四爻)의 말을 인용하여 해석한 것이다.

이치는 본래 두 가지가 없으나 길이 다르고(殊然) 생각이 백 가지인 것(白濾)이 자연 아님이 없으니 어찌 사려할 것이 있겠는가? 반드시 생각하고서 따르면 따르는 바가 또한 좁은 편협한 것이다.)

(15) 日往則月來하고 月往則日來하여; 해(日)가 가면 달(月)이 오고 달이 가면 해가 와서

(16) 日月이 相推而明生焉하며 寒往則暑來하고 暑往則寒來하여 寒暑 相推而歲成焉하니; 해와 달이 서로 미룸으로 하여 밝은 빛을 내며 차가운 것이 가면 더운 것이 오고, 더운 것이 가면 찬 것이 옴으로써 차가움과 더움이 서로 미룸[相推]으로 하여 한 해[歲]를 이루나니

(17) 往者는 屈也오 來者는 信也니; 가는 것은 움츠림(屈)이오, 오는 것은 폄(伸)이니

(18) 屈信이 相感而利生焉하니라.(信音申); 움츠리고(屈) 폄(伸)이 서로 느낌으로 하여 이로움(利)이 생기느니라.

생각해보건대 天地萬物의 자연의 변화는 일정불변의 법칙이 있다. 왕래교역(往來交易)하고 굴신변역(屈信變易)하는 것이 天下의 通義이다. 여기에서 추(推)는 차례대로 옮겨감이요, 신(信)은 신(伸)이며, 리(利)는 공리(公利)를 말한다.

이 글의 요지는 행위에 따라 보상이 있을 말한다. 추위와 더위(寒暑)의 왕래와 굽힘과 폄(屈信)이 저절로 감응하는 이치를 예를 들어 "천하가 돌아가는 곳은 같아도 길은 다르며 이르는 것은 하나이지만 길은 백(百)가지이다 (同歸而殊來하며 一致而百廬한다)는 논리를 해석한 것이다.

    (本義)言往來屈信이 皆感應自然之常理니 加憧憧焉이면 則入於私矣라 所以必思而後有從也라.
    (往·來와 屈·信이 모두 감응하는 자연의 떳떳한 이치이니, 憧憧을 가하면 私에 들어가는 것이다. 이 때문에 반드시 생각한 뒤에야 따름이 있는 것이다.)

(19) **尺蠖之屈은 以求信也오**; 자벌레의 구부림은 펴(信)기를 구함이오,

(20) **龍蛇之蟄은 以存身也오**; 龍이 될 뱀이 그 자체를 움츠림(이무기 노릇을 하는 것)은 몸을 보존하기 위함이오,

(21) **精義入神은 以致用也오**; 의리를 정미롭게 하여 신묘(心神)함에 들어감은 쓰는데 능통하게 이르고자 함이오,

(22) **利用安身은 以崇德也니(蟆紀縛反)** ; 쓰임새를 이롭게 하여 몸을 편안하게 함은 德을 崇尙함이니,

연구자가 생각해보면 天地의 자연법칙에 따라 동물의 세계나 人事에 있어서도 당연한 절도가 있는 것이다. 학문을 닦아 수양을 하고 지능을 개발하여 안전한 길을 모색하며 내일의 희망을 갖고 때를 맞추어 힘찬 발돋움으로 크게 공을 세우는 것이다.

위에서 '精義入神'은 정밀한 뜻에 정통하여 아주 신묘(神妙)하게 처리하는 솜씨이니 학문의 극치를 말한다. '以致用'은 현실에 가장 온전하게 적용하기 위함이요, '利用安身'은 利用厚生으로 事物을 활용하여 文明을 발달시켜 생활을 부유하게 하는 것이니 곧 科學을 발달시키는 것이다. '以崇德'을 널리 은혜를 베풀어 뭇사람을 구제하고 나아가서는 治國平天下를 위한 공덕을 세우는 일이다.

부연하건대 '精義入身 以致用也'라는 뜻은 사람이 誠通을 하면 모든 사물을 임할 때 두고 두고 생각하지 아니하여도 心神에서 그 사물을 耳目으로 보거나 듣는 순간에 事理를 自得하여 利用하게 되는 것을 이르는 것이다.

(本義) 因言屈信往來之理하여 而又推以言學亦有自然之機也라 精研其義하여 至於入神은 屈之至也라 然乃所以爲出而致用之本이요 利其施用하여 无適不安

은 信之極也라 然乃所以爲入而崇德之資니 內外交相養, 互相發也라.

(屈信과 往來의 이치를 말함으로 인하여 또 미루어서 학문도 말했고 자연의 기미가 있음을 말한 것이다. 그 義를 정하게 연구하여 신묘(神妙)한 경지에 들어감에 이름은 굽힘이 지극한 결과이다. 그러나 이는 바로 나와서 씀을 지극히 하는 근본이 되며 베풀어(施用)을 이롭게 하여 가는 곳마다 편안하지 않음이 없음은 폄이 지극한 것이다. 그러나 이는 바로 들어가서 德을 높이는 자료가 되는 것이니, 內·外가 서로 길러주고 서로 발전하는 것이다.)

(23) **過此以往은 未之或知也이어니와**; 이것(精義致)을 지나(過)야 옴(往)은 혹 알지 못하려니와,

「朱子語類」권76 '천하가 무엇을 생각하고 무엇을 걱정하겠는가'란 것은 자연스럽게 그러한 것을 말했고, "義를 정미롭게 하고 神에 들어감 (精義立神)이란 자연스럽게 치용(致用)하는 것이고, 6用(용)을 이롭게 하여 몸을 편안히 함(致用安神)'이란 자연스럽게 덕을 숭상한다는 것이다"

(24)**窮神知化는 德之盛也라(精義立身)**; 이를 지난 이후에는 혹 알지 못하겠거니와 신을 궁구하여 化함을 알음은 덕의 성함이니라.

「朱子語類」권76, 여기에서 '德'이란 글자는 윗 문장의 崇德의 德이다. 德이 盛大한 이후에 능히 神을 궁구하며 변화를 아는 것'이니 마치 '총명예지(聰明叡智)가 모두 이것으로부터 나왔다'는 것과 같고『중용(中庸)』에서 '誠으로 말미암아 明한다'고 한 것과 같다.

(本義) 下學之事는 盡力於精義利用하여 而交養互發之機가 自不能己하나니 自是以上은 則亦无所用其力矣라 至於窮神知化는 乃德盛仁熟而自致耳라. 然不知者는 往而屈也요 自致者는 來而信也니 是亦感應自然之理而已라. 張子曰 氣有陰陽하니 推行有漸이 爲化요 合一不測이 爲神이라 此上四節은 皆以釋咸九四爻義라.

(일반사람이 배우는 일(下學之事)은 義를 정하게 하고 씀을 이롭게 함에 힘을 다하여 서로 길러주고 서로 발명하는 기틀이 저절로 그칠 수 없으니, 이로부터 이상은 또한 그 힘을 쓸 곳이 없는 것이다. 神을 窮究하여 조화를 앎에 이름은 바로 德이 성하고 仁이 익숙하여 스스로 이룸은 와서 펴짐이니, 이 또한 感應하는 자연의 이치일 뿐이다.

張子가 말씀하였다. "氣에는 陰·陽이 있으니, 미루어 행함에 점점함이 있는 것이 化이고 하나로 합하여 측량할 수 없는 것이 神이다."

이상의 네 節은 모두 咸卦의 九四爻의 뜻을 해석한 것이다.)

(25) 易曰 困于石하며 據于蒺藜라.; 易에 이르기를, "돌(石)에 지치며 찔레와 명아주(질려 蒺藜)에 걸려 있는 지라.

(26) 入于其宮이라도 不見其妻니라. 凶이라 하니 ; "그 집에 들어가도 그 아내를 만나보지 못하리라."고 하니 흉하다고 하니

(27) 子曰 非所困而困焉하니 ; 공자께서 말씀하시기를, 곤궁할 바가 아닌데 곤궁하니,

(28) 名必辱하고 非所據而 據焉하니 身必危하리니 ; 이름이 반드시 욕될 것이요, 앉을 곳이 아닌데 앉았으니 몸이 반드시 위태로울 지이니.

(29) 旣辱且危하여 死期將至어니 ; 이미 욕되고 또 위태로워 죽을 시기가 장차 이르게 되거니,

(30) 妻其可得見耶아 ; 아내를 그가 얻어 볼 수 있으랴."

易에 가로되 '돌(石)에 困하며 찔레와 명아주(蒺藜)에 걸려(據)있는지라 그 宮에 들어가도 그 妻를 보지 못하리니 凶하다.'한데 대하며 孔子께서 말

씀하기를, '곤궁할 바 아닌데 困하니 이름(名)이 반드시 辱되고 의지(據)할 바 아닌데 의지(據)하니 몸(身)이 반드시 위태로우리니 이미 욕(辱)되고 또 위태하여 죽(死)을 期約이 장차 이르겠거니 아내(妻)를 볼 수 있겠는가.(이 글은 困卦 六三爻辭이다.)

연구자가 생각하건대 여기는 困卦 63爻에 나와 있는 爻義를 해석하여 天地의 大經大法인 義理를 저버리게 되면 인간세상에서 살 수 없음을 분명히 밝힌 것이다.

사람이 處身하는데 때와 處地를 맞추지 못하면 아무리 노력하여도 급기야는 어려운데 當하여 실패로 끝난다는 경고를 해주는 것이라고 생각된다. 또한 변절자는 다시 회생(回生)하기 어려움도 알아야 할 것이다.

　　(本義) 釋困六三爻義라.
　　(困卦 六三爻의 뜻을 해석한 것이다.)

　(31) 易曰 公用射隼于高墉之上하여; 「易」에 이르기를, "공(公)이 높은 담 위의 새를 쏘아,

　(32) 獲之니 无不利라 하니; 맞춤으로써 잡았으니 이롭지 않음이 없다"고 하니,

　(33) 子曰 隼者는 禽也; 공자께서 말씀하시기를, "隼은 새매이고,

　(34) 弓矢者는 器也오 射之者는 人也니; 궁시(사냥도구)는 기물이며 쏘아 맞히는 것은 사람이니,

　(35) 君子 藏器於身하여 待時而動이면 何不利之有이오; 군자가 기물을 몸에 남모르게 보관하여 때를 기다려 움직이면(動) 어찌 이롭지 않음이 있겠느냐.

(36) **動而不括이라.** ; 움직임(動)에 막히지 않는다.

(37) **是以出而有獲하나니** ;이 때문에 나아가면 얻음이 있는 것이니,

(38) **語成器而動者也라.(射 음은 석)(射食亦反隼恤尤反括古活反)**; 기물(도구)을 이루고서 움직이(動)는 자를 말한 것이다".

「易」에 가로되, 公이 높은 담 위에 있는 새매를 쏘아서 잡으니 이(利)롭지 않음이 없음이라 하니, 공자께서 말씀하시기를, 준(隼)은 날짐승이오 弓矢는 그릇(새잡는 도구)이오 쏘아 맞히는 것은 사람이니 군자가 용기를 몸에 간직하여 때를 기다려서 움직이(動)면 어찌 이롭지 아니함이 있으리오, 한 것은 여건을 잘 만들어서 行動을 하면 성취할 수 있음을 이름이니라.
요컨대 합리적인 사고와 과학적인 방법으로 치밀하게 대비하여 때를 맞추어 행동을 하면 반드시 목적을 달성할 수 있다는 것이다.
연구자가 거듭 강조하건데 무슨 일이든 事前에 만반의 준비를 철저히 잘해서 일이 성취될 수 있도록 여건이 갖추어지고 성숙된 뒤에 일을 시작하라는 뜻이라고 덧붙이고 싶다.

　　(本義) 括은 結礙也라. 此는 釋解上六爻義라.
　　(괄(括)은 매이는 것이다. 이는 해괘(解卦) 상육효(上六爻)의 뜻을 해석한 것이다.)

(39) **子曰 小人은 不恥不仁하며 不畏不義라.**; 공자께서 말씀하시기를, '소인은 어질지 못함(不仁)을 부끄러워하지 아니하며, 의롭지 못함(不義)을 두려워하지 않느니라.

(40) **不見利면 不勸하며**; 이로움을 보지 않고서는 권하지 아니하며,

(41) **不威면 不懲하나니 小懲而大誡誡 此 小人之福也라**. ; 위엄으로 대하지 아니하면 징계로 여기지 아니하나니 조금만 징계해서 크게 경계시키는 것이 이것이 소인의 福인지라.

(42) **易曰 屢校하여 滅趾니 无咎라 하니 此之謂也라**.; 「易」에 말하기를, '형틀을 신겨서(足鎖) 발꿈치를 없앰(잘라버림)이니 허물이 없으리라'고 하였으니 이를 두고 이름이라.'
이 구절은 「서합괘」의 初九 효사이다.

공자께서 말씀하시기를, 小人은 어질지 못함을 부끄러워하지 아니하며 의롭지 못함을 두렵게 여기지 아니하는 지라. 이로움[利]을 보지 못하면 권고하지 아니하며 위엄스럽지 않으면 懲戒치 못하나니, 적게 징계(懲戒)하여 크게 警戒하게 함이 小人의 福인지라.

易에 가로되 나무틀을 발에 신겨서 발뒤꿈치를 자름(滅)이니 허물(咎)이 없을 것이다라고 했으니 이를 이름이라.(서합괘(噬嗑卦) 初九爻辭應用例)

요컨대 우리 인간이 합리적인 사고와 과학적인 방법으로 만반의 대비를 갖추어야 성공할 수 있고 실리를 구할 수 있다는 것을 알려주고 있다.

(本義) 此는 釋噬嗑 初九爻義라.
(이는 서합괘(噬嗑卦)의 上九爻의 뜻을 해석한 것이다.)

(43) **善不積이면 不足以成名이오**; 善이 쌓이지 않으면 명성을 이룰 수 없고,

(44) **惡不積이면 不足以滅身이니**; 惡이 쌓이지 않으면 몸을 멸(滅)할 수 없으니,

(45) **小人이 以小善이로 爲无益而弗爲也하며**; 小人은 작은 善을 無益하다고

하여 행하지 않으며,

(46) 以小惡으로 爲无傷而弗去也라.; 작은 惡을 無妨하다고 하여 버리지 않는다.(즉 행한다(弗去)

(47) 故로 惡積而不可掩이며; 그러므로 惡이 쌓여서 가리울 수 없고,

(48) 罪大而不可解니; 罪가 커져 풀어 날 수 없으니,

(49) 易曰 何校하여 滅耳니 凶이라. 하니라.(何河可反去羌呂反); 易에 이르기를, '형틀(고창)을 메고서 귀를 없앰(滅)이니 凶하다'고 하였다.
(위에서 何는 '하'라고 읽고 去는 '거'라고 읽는다)
이 구절은 「서합괘」의 上九효사이다

착(善)함이 쌓이지 않으면 족히 명성을 이루지 못하고, 惡이 쌓이지 않으면 족히 몸을 滅亡케 못할 것이니 小人은 작은 선(善)이 잘해보아야 이익됨이 없다고 하여 행하지 아니하며 작게 악하게 함은 傷함이 없다고 하여 버리지 아니하는 지라. 그러므로 사나움(惡)이 쌓여서 가히 가리지 못하며 죄가 커져서 풀지 못하니 易에 가로되 고창을 채우고 어찌(何)하여 귀(耳)를 짤름(滅)이니 凶하다고 하니라.(噬嗑卦上九爻辭應用例)

세상 사람들이 어른이 옳게 타이름을 듣지 않은 죄를 뜻함이다. 또 경미(輕微)한 罪라 할지라도 죄는 짖지 말라는 뜻이 된다. 사람들이 어리석어서 사회정의와 인간의 윤리를 모르고 살면 이것이 쌓여서 종국에는 극악한 큰 죄를 범하게 된다. 모든 사람들에게 확고한 의지를 갖고 바르게 살 것을 충고한 것이다.

(本義) 此는 釋噬嗑上九爻義라.

(이는 서합괘(噬嗑卦)의 上九爻를 해석한 것이다.)

(50) 子曰 危者는 安其位者也오; 공자께서 말씀하시기를, "위태로운 자는 그 지위를 편안히 하게 하는 것이요, (그 지위에만 안주하는 자이고)

(51) 亡者는 保其存者也오 亂者는 有其治者也니; 망하는 자는 그 안존을 보존하는 것이요, 난을 일으키는 자는 그 다스림만(마음에)을 두게 하는 것이다.

(52) 是故로 君子 安而不忘危하며; 이 때문에 군자는 편안해도 위태로움을 잊지 않으며,

(53) 存而不忘亡하며 治而不忘亂이라; 생존하여도 그 망함을 잊지 않고 다스려져도 어지러움을 잊지 않는다.

(54) 是以身安而國家를 可保也니; 이 때문에 몸이 편안하고서도 국가를 가히 보존할 수 있는 것이니,

(55) 易曰 其亡其亡이라야 繫于包桑이라 하니라.; 「易」에 이르기를, 망할까망할까(其亡其亡) 근심하고 두려워하여야 더부룩하게 난 뽕나무 뿌리에 얽매이듯이 튼튼하다."고 하였다.

공자께서 말씀하시기를, 그 지위를 위태로워하는 자는 그 자리(位)를 편안히 하는 者요, 망할까 하고 걱정하는 者는 그 간직함(存)을 보존하는 者요, 어지러울까 하는 者는 그 다스림을 보존하는 者이니 이러므로 君子는 편안하여도 위태로움을 잊지 아니하며 安在하여도 망함을 잊지 아니하며 다스려져도 어지러움을 잊지 아니하는 지라.

이렇게 하므로 써 자신의 몸이 편안하고 國家를 保存할수 있다.

「易」에 이르기를, '그 亡할까 亡할까 함이라야 (걱정하여야) 포기진 뽕나무의 뿌리로 얽어매진 것과 같다' 하였다.(否卦九五爻辭 應用例)

사람이 살아가는데 있어서 작은 惡이 쌓여서 종래는 큰 죄가 될 수 있다. 사람은 일을 겪어 보아야 각심해서 행하게 된다. 항상 노력해야 안전을 기할 수 있다고 볼 수 있다.

(本義) 此는 釋否九五爻義라.
(이는 否卦 九五爻의 뜻을 해석한 것이다.)

(56) 子曰 德薄而位尊하며 知小而謀大하며; 공자께서 말씀하셨다.
"덕(德)이 적으면서 지위가 높으며 지혜(知)가 작으면서 꾀함이 크며, "

(57) 力小而任重하면 鮮不及矣나니; 힘(力)은 작지만 짐(임무)이 무거우면 잘하는데 미치지 못하리니(화가 미치지 않는 자가 드물다)

(58) 易曰 鼎이 折足하여 覆公餗하니; 「역」에 이르기를, 솥(鼎)의 발이 부러져서 어른에게 바칠 음식을 엎었으니,

'뽕나무에 얽어맴(于包桑繫)과 같다' 함은 그 형세가 아주 튼튼(盛)한데 연계(連繫)되어 있음을 뜻함이다.

(59) 其形이 渥이라 凶이라 하니 言不勝其任也라.(知音智鮮仙善反折之說反餗音速渥放角反勝音升); 그 형상(모양새)이 불그레(수치스러운 모양) 한지라. 凶하다고 하니 그 임무를 감당하지 못함을 말한 것이다."라고 하였다.

공자께서 말씀하시기를, 德이 얄팍(薄)하면서 地位가 높고 지혜(知慧)는 적고서 圖謀함은 크며 힘은 적고서 짐이 무거우면 잘하는데 거의 미치지 못

하리니

「易」에 가로되 솥의 발이 부러짐으로 하여 여러 사람이 먹을 곰국을 뒤집어 엎어버렸으니 그 모양이 초췌한지라. 凶이라 하니 그 所任을 이기지 못함을 이름이라.(鼎卦九四爻辭 應用例)

자기 분수를 모르고 행동하면 의리에 어긋나고 뜻한 사업은 성공하지 못한다. 사람은 德을 쌓고 잠재된 재능을 최대한 개발하여 실력을 길러서 성실하게 살면 주위의 公衆의 협력을 얻어 뜻한 사업을 무난히 성공할 수 있게 된다. 그러니 무엇부터 先行할 것인지를 먼저 알아야 한다.

(本義) 此는 釋鼎卦九四爻義라.
(이는「정괘(鼎卦)」의 九四爻의 뜻을 해석한 것이다.)

(60) 子曰 知幾其神乎인져; 공자께서 말씀하시기를, "기미(幾微)를 앎이 그 신묘한 져!"

(61) 君子 上交不諂하며 下交不瀆하나니 其知幾乎인져;

군자는 위로 사귀되 아첨하지를 않고 아래로 사귀되 모독하지 아니 하나니 그 기미를 앎인져! (아는 것이구나?)

여기에서 기(幾)는 음이 기(機)이고 '先見'의 見은 음이 현(見)이다.

(62) 幾者는 動之微니라 吉之先見者也니; 기미(幾)란 움직이는데(動) 은미한 조짐을 뜻함이라. 길흉이 한 데로 나아가는 것을 먼저 나타내 보인 것이니,

(63) 君子 見幾而作하여 不俟終日이니; 군자는 기미를 보고서 일어나므로 하여 하루가 마치기를 기다리지 않는다.

(64) 易曰 介于石이라. 不終日이니 貞코 吉타하니;「역」에 이르기를, 마음자리

생김이 단단하기가 돌[石]처럼 굳은지라. 하루를 마치지 않아도 곧바르고 길하다고 하였으니,

(65) **介如石焉커니 寧用終日이리오 斷可識矣로다.**; 단단하기가 돌과 같이 굳거니 어찌 하루를 다하도록 하리오. 결단함을 가히 알리로다.

(66) **君子 知微知彰 知柔知剛하나니**; 군자는 은미함도 알고 드러남(彰)도 알며 유(柔)함도 알고 강(剛)함도 아나니,

(67) **萬夫之望이라.(先見之見賢遍反)**; 만부(萬夫;온 천하의 남자들)의 바램이다(우러러봄)"라고 하였다. 즉, 만인(萬人)의 존경의 대상이다.

孔子께서 말씀하기를, 기미(幾微)를 앎이 그 神奇로운져! 기미를 아는 것이 아주 중요하다. 君子는 위로 사귀되 아첨(阿諂)하지 아니하며 아래로 사귀되 모독(瀆)이 하지 아니하나니 그 幾微를 알음인 져. 그 기미(幾微)라 함은 움직이는(動)데 극히 미미함이니 吉로 나아가는 데에 먼저(앞서) 나타나 보이는지라. 君子가 기미(幾微)를 보아서 일어남으로 하여 날이 마치도록(終) 기다리지 아니하나니 「易」에 말하기를, 성질이 단단한데 얽매인지라. 마치도록 아니하여도 貞코 吉하다고 하니 단단한데 얽매이기가 돌같이 굳거니 어찌 하루 종일을 쓰리요, 結斷할 時期를 가히 알리로다. 君子가 은미[微]할 줄도 알며 드러날[彰] 줄도 알며 부드러울[柔] 줄도 알고 강(剛)할 줄도 아나니 一萬丈夫에게 바람이니라.(抑望)(豫卦六二爻辭應用例)

(「주자어류」권76, '기미(幾微)는 은미한 것도 알고, 드러난 것(彰)을 알며, 유(柔)도 알며, 강(剛)도 안다.)

연구자가 보건대 사람은 사람을 사귀면서 상대방의 心術을 잘 알고 事物과 더불면서 그 理勢를 빨리 깨달아서 기미를 신묘하게 알아내야 한다. 그렇지 못하면 애써 한 일이 헛수고가 되고 잘못하면 흉악한 데까지 이른다.

따라서 인격에 큰 손상이 온다. 그러니 미리(豫) 기미를 알아채는 것이 성공의 관건이 된다. 기미를 미리 알아야 헛수고를 하지 않고 성공을 할 수 있으며 흉한 데로 이르지 않는다. 理勢를 깨달아 기미를 알고 행동해야 미혹되는 일이나 사악함이 없게 된다는 것이다.

> (本義) 此는 釋豫六二爻義라. 漢書에 吉之之間에 有凶字하니라.
> (이는 豫卦 六二爻의 뜻을 해석한 것이다. 『漢書』에는 '吉之'의 중간에 凶字가 있다고 말했다.)

(68) **子曰 顏氏之子 其殆庶幾乎인져**; 공자께서 말씀하시기를 "안씨(顏氏)의 아들(子)이 자못 거의 도에 가까울진져!

(69) **有不善이면 未嘗不知하며 知之면 未嘗復行也하나니** ; 착하지 않음[不善]이 있으면 일찍이 알지 못한 적이 없고 알면 일찍이 다시 행하지 않았으리니,

(70) **易曰 不遠復이라.**; (그래서) 「역」에 이르기를, 멀지 않아서 회복하리라.

(71) **无祗悔니 元吉이라 하니라.(復行之復扶又反)**; 삼가 뉘우침이 없으리니 크게 (선하고) 길하리라"고 하였다.

孔子께서 말씀하시기를, 顏氏의 아들은 그 거의 道를 아는 사람[知道人]에 가까운져! 不善이 있으면 일찍 알지 아니치 아니하며 알 때는 일찍 다시 행치 아니하나니, 「易」에 가로되 멀지 않아서 마음을 돌이켜 오는지라. 삼가 뉘우칠(悔) 일이 없으리니 크게 吉하다고 하였다(復卦初九爻辭 應用例)

사람이 처음부터 자신의 모든 일에 완전무결할 수는 없다. 다만 이를 극복할 수 있고 되돌아올 수 있는 길은 학문을 통해 도에 가깝게 가고 투철한 의지와 실천적 의지로 숙고하고 반성하고 더욱 분발 노력해야 한다. 이

일의 성취는 「復卦」에 나와 있는 안연(顏淵)의 학행(學行)으로 실증이 되고 있다.

> (本義) 殆는 危也라. 庶幾는 近意니 言近道也라. 此는 釋復初九爻義라.
> (殆는 危이다. 서기(庶幾)는 '거의 가깝다'는 뜻이니 도(道)에 가까움을 말한 것이 다. 이는 復卦 初九爻의 뜻을 해석한 것이다.)

(72) **天地 絪縕에 萬物이 化醇하고**; 天地 氣運이 쌓이고 쌓임에 萬物이 化하여 醇하고, 여기에서 안온(安穩)은 원기교밀(元氣巧密)의 뜻인데 즉 음양 변화를 의미한다.

(73) **男女 構精에 萬物이 化生하나니**; 男女가 精을 얽음에 萬物이 化하여 生하나니,

여기서 남녀구정(男女構精)은 남녀자웅이 정기(精氣)를 합하는 것을 말한다.

(74) **易曰 三人行엔 則損一人코 一人行엔 則得其友라** 하니; '易'에 가로되 세 사람(三人)이 걸어감에(行함) 한 사람을 잃고(損) 혼자 행함엔 그 벗을 얻는다고 하니,

손괘의 아래에 세효(兌卦)의 上進은 '三人行'이 되고 初九와 九二는 위 艮卦 六四, 六五와 상응하므로 六三은 자연히 제외된다. 그래서 '損一人'이고 제외된 上九와 相應하게 되니 그래서 '得其反'이라고 하였다.

(75) **言致一也니라.(醇粹精也)(絪音因縕紆云反)**; 하나의 지극(致)함을 이름이 니라.

天地의 도리는 둘[二]이면서 합하여 하나[一]되고 하나[一]가 나눠져서 둘[二]이 된다. '致一'은 이런 이치를 가리킨다.

(本義) 인온(絪縕)은 交密之狀이다. 醇은 謂厚而凝也이니 言氣化者也요 化生은 形化者라. 此는 釋損六三爻義라.

(인온(絪縕)은 사귀기를 치밀하게 하는 모양이다. 순은 두텁게 엉킴을 이르니 기화(氣化)를 말한 것이요, 화생(化生)은 형화(形化, 형태로 변화하는 것)는 것이다. 이는 「손괘」 육삼효(損卦 六三爻)의 뜻을 해석한 것이다.)

(「주자어류」권76 '천지가 서로 사귐(絪縕)]은 기화(氣化)를 말하고 남녀가 사귐(構精)은 형화(形化)를 말한다.

그 관계를 전일하게 하여 순일 무잡한 사이가 되어야만 비로소 의리를 온전하게 할 수 있음을 "損卦"의 六三爻를 해석하여 밝힌 것이다. 인온(絪縕)은 中和의 氣이고 화순(化醇)은 자연창조와 진화로 만물의 성질이 형성되는 것이요, 化生은 二氣가 교감하여 만물의 형색이 배태됨이니 氣化는 새로 창조되는 것이며 形化는 유질물로 진화되는 것이다. 대저 天地의 원기는 오직 하나이고 진정한 사람의 마음도 하나이기 때문에 그 만남이 순수하고도 전일(專一)하여야 완전히 화합할 수 있기 때문에 둘만의 만남은 화합할 수 있지만 셋의 만남은 하나(一)로 되기는 쉽지 않다(損卦六三爻辭應用例)는 것이다.

(76) 子曰 君子는 安其身而後에야 動하며; 공자께서 말씀하시기를, "군자는 그 몸(身)을 편안히 한 뒤에야 움직이며, '안기신(安其身)'은 '이용안신(利用安身)'은 같은 의미로 가장 모범적인 수덕군자의 처신이다. 그러니 '以後動'은 '利用安身以後'에 행동하라는 의미이다.

(77) 易其心而後에야 語하며; 그 마음(心)을 화평히 한 뒤에야 말하며, '易其心'은 곧 그마음이 안정된 뒤에 도리에 마땅한 말을 해야만 사람들이 그 말을 신용하게 된다.

(78) 定其交而後에야 求하나니; 그 사귐(交)을 정한 뒤에야 구하나니, '定其

交’는 교제를 고정한다는 의미이다.

(79) **君子 修此三者故로 全也**하나니; 군자는 이 세 가지를 닦으므로 온전한 것이다.

여기에서 세 가지는 ‘안기신(安其身)’, ‘易其心’, ‘定其交’를 칭한다.

(80) **危以動**하면 **則民不興也**코; 위태로운 상태에서 움직이면 백성들이 일어나지(더불어 주지) 않고,

‘위태로운 상태에서 움직임(危以動)’은 ‘자신의 몸을 편안히 한 뒤에야 움직이며(安其身而後動)의 반대이다.

(81) **懼以語**하면 **則民不應也**코; 두려워하면서 말하면 백성들이 응하지 않고, ‘두려워하면서 말하면(懼以語)’은 ‘자신의 마음을 평안히 다스린 후에야 말하며(易其心以後語)의 반대가 된다.

(82) **无交而求**하면 **則民不與也**하나니; 사귐이 없으면서 구하면 백성들이 좋아하지(더불어 주지) 아니하나니, ‘사귐이 없으면서 구하면(无交以求)’은 ‘사귐을 정해놓은 뒤에야 구함(定其交以後求)과 반대가 된다.

(83) **懼以語則民不應也**; 두려움으로 말하면 백성들이 호응하지 아니하며,

(84) **無交而求則民不礦也**; 사귀지도 않고서 구하면 백성들이 더불지 않을 것이니,

(85) **莫之與**하면 **則傷之者 至矣**나니 ; 더불어 좋아 할 이 없으면 해롭게 하는 자가 이를 것이니,

(86) 易曰 莫益之라. 或擊之리니 立心勿恒이니 凶이라 하니라.(易 音이) (危以動則民與也에 與字視興字爲正)(易其之易以豉反); "역"에 이르기를, 유익하게 해주는 이가 없는지라. 혹은 공격하리니 마음을 세우는데 마음가짐에 항상 급한 모양으로 하니 흉하다"고 하였다.

君子는 그 몸을 편안히 한 후에야 움직(動)이며 그 마음을 다스린 후에야 말(言)하며 그 사귐[交]을 익숙히 정한 후에야 求하나니 君子가 이 세 가지를 修身으로 하기 때문에 온전하나니 위태로울 때 움직(動)이면 百姓이 일어나지 아니하고 두려움[懼]으로써 말하면 百姓이 응(應)하지 아니하고 사귐 없이 구하면 百姓이 함께 해주지 아니 하나니 함께(與)하지 않으면 상해할 자가 많을 것이다.

「易」에 가로되 이익할 리 없는지라. 혹이 공격하려하리니 마음을 정하는데 항상 급하게 하리니 凶하다고 하니라.(益卦上九爻辭應用例)

(本義) 此는 釋益卦上九爻義라.
(이는 益卦 上九爻의 뜻을 해석한 것이다.)

연구자가 보건대 여기서는 몸(身)과 마음(心)을 닦고 사귐(交)을 튼 다음에 言行을 다듬어서 인간과의 교제를 하는데 갖출 예절을 말한 것이다. 이 세 가지를 닦았을 때에 인간이 온전하게 된다고 볼 수 있다.

3절의 요약
3절에서는 아래 爻辭에 대한 易道의 應用을 밝힌 것이다.
1) 咸卦九四爻辭
2) 困卦六三爻辭
3) 解卦上六爻辭
4) 噬嗑卦初九爻辭

5) 噬嗑卦上九爻辭

6) 否卦九五爻辭

7) 鼎卦九四爻辭

8) 豫卦六二爻辭

9) 復卦初九爻辭

10) 巽卦六三爻辭

11) 益卦上九爻辭

易은 擬議하고 또한 應用을 잘하면 大過없이 살아갈 수 있는 것이다.

3. 小 結

위에서 논의한 것을 간략하게 정리해 보려고 한다.

이 「下繫」二章에서는 이왕 本也에 있던 글('古者包犧氏之王'에서부터 本章末尾文 上古에 結繩而治云云'한데까지 總十三卦說 全部를 「上繫(改修篇)」第三章 三節 首題文 '極 天下之蹟者 存乎卦'라는 글에 후속문(後續文)으로 하였으며 그리고 이 二章에 首題文으로는 '夫乾確然'이라는 글로 하였다. '夫乾'이라는 글이 본래에는 第一章에 七번째 글이었다. 그리고 이 改修篇에서는 바로 '夫乾'이라는 文段에 連하여 '爻也者效此者也云云'한 글을 넣고 다음 글에 '是故로 易者는 象也니 象也者는 像也'로 一節을 마감하였다. 그런데 이 '象也者'라는 글이 이왕에는 三章의 首文이었다.

다음은 二章의 二節은 이왕 본야에 前文과 連해 있는대로 象者는 材야 또 다음 '爻也者는 效天下之動者也' 또 다음 '是故로 吉凶生而悔吝著也'이로서 二節을 삼았다.

다음 三章의 三節은 '爻象은 動乎內云云'한 글이 이왕에는 第一章末尾直

前文이었는데 改修篇에서는 이 '爻象動乎內로부터 末尾에 聖人之情은 見 乎辭'라는 글을 이 節의 首題文으로 하고 이 글의 文脈에 맞추어 已往의 第五章 에 있던 '易曰憧憧往來에서부터 下文에 子曰 君子安其身而後에 動'까지 總十一爻辭說로 本章을 마감하였는데, 이 글 역시 「上繫」에서와 같 이 孔子께서 易爻辭應用例로 제시한 것이다.

이상의 말은 본장의 구성에 대한 개수(改修) 내용을 논급한 것이다.

이 장의 구성내용은 이간(易簡)과 효상(爻象)의 응용례(應用例)를 설명한 것이다.

첫째로, 乾은 사람에게 쉬움[易]으로 보여주고 坤은 간략함[簡]과 정성으로 보여주고 있는데 爻는 易簡을 본받은 것이고, 象이란 剛柔(강유)를 형상화 한 것이다. 그래서 易은 象이고 象은 형상[像]이란 것이다.

둘째로, 爻(효)란 천하의 변화무상한 움직임[動]을 본받아서 어느 것을 선 택하여 행하느냐에 따라 善·不善이 생기는 것을 미리 알아내는 [豫知] 것이다. 그러니 역학은 인간생활에서 '趨吉避凶(추길피흉)' 의 학(學)이라 할 수 있다.

셋째로, 易經 中에 文王의 卦辭와 周公의 爻辭를 근거로 해서 공자께서 易의 爻辭의 응용예를 친히 밝혀 놓은 중요한 대목이다. 여기에 예시한 11爻辭는 그러한 孔子의 말씀[辭]중의 일부인 것이다.

[참고문헌]

『周易傳義大全』

孔穎達 周易正義

李鼎祚 周易集解

程頤   易傳

朱熹   周易本義

朴用載 周易繫辭傳 改修序次論(草)油印本

柳正基 周易新講,(弘道全書13) 서울, 1988, 亞細亞文化社

金益洙 周易繫辭傳研究 서울, 修德文化社 2001

金景芳 周易傳新編詳解 중국요해출판사, 1998

金敬琢 周易, 서울, 1978

徐正淇 새 시대를 위한 周易 上,下 서울, 글, 1992

金炳浩 周易講義(上, 中, 下) 부산 소강, 1999

金益洙 朱子易學的接受與退溪易學的形成, 漢學研究第1輯, 中國 和平出版社, 1997

金益洙 退溪의 『周易繫辭釋義』에 대한 계승발전을 위한 연구

『한국사상과 문화』 제30호, 한국사상문화학회, 2005

金益洙 退溪의 『周易繫辭釋義』에 대한 계승발전을 위한 연구

『한국사상과 문화』 제32호, 한국사상문화학회, 2006

한국에서 출간된 주역 및 주역에 관계된 도서목록

김 현 창

(서울대학교 명예교수, 학술원 회원)

　주역의 대가이신 약연 서정기 선생의 칠순을 기념하는 뜻에서 한국에서 주역의 번역 및 주역에 관한 논문 및 저서의 목록을 수집하여 한국에서의 주역에 관계된 모든 저서들을 일목요연하게 알아볼 수 있도록 그 명단을 만들어보았다.

　서정기 선생은 주역을 비롯한 삼경역주로써 성균 훈로상을 받았을 뿐 아니라 주역을 풀이하는 시각이 큰 독창성을 가지고 있는데, 옛날에는 임금을 중심으로 한 시각에서 주역을 풀이하였는바, 약연 선생은 민중의 시각으로 주역을 풀어 출판함으로써 주역 해설의 새로운 장을 이룩한 공로가 크다 하겠다. 이 글은 단순한 주역의 목록임을 밝혀두며, 이 목록으로 인하여 한국에서 주역에 관한 어떤 류의 책들이 씌어졌는가를 만천하에 알리려하는 데 그 목적이 있다.

도서명	저 자	출판사	출판년도
전(주역원전) 강독, 제1권, 주역 총론	양명학 지음	UUP	2006
주역천진: 도교의 주역풀이	유일명 지음; 임채우 옮김	청계출판사	2006
주 역	김인환 역해	고려대학교 출판부	2006
주역: 마음 속에 마르지 않는 우물을 파라	심의용 지음	살림출판사	2006
빛으로 화생한 성령의 역사: 주역, 성경, 불경, 고서의 분석	최중석 편저	유불선합일지도	2006
주 역	김인환 역해	고려대학교출판부	2006
주역: 왕필주	왕필 지음; 임채우 옮김	길	2006
심리로 풀어 쓴 주역	이규환 지음	미 토	2005
주역통해	신성수 저	대학서림	2005
주역의 맛	장영동 글	우리출판사	2005
주역: 신기묘산	윤상철	대유학당	2005
원전으로 읽는 주역	최영진 편저	민족문화문고	2005
주역해의	남동원 저	나남출판	2005
(쉽고 간편하게 배우는)주역원전 강독	양명학 지음	울산대학교출판부	2005
하늘의 뜻을 묻다: 주역	이기동 지음	열림원	2005
주역의 근본원리	한국주역학회 편	철학과현실사	2004
주역과 우주원리. 상, 하	정겨울 지음	한솜미디어	2004
(袖진본)구결 주역	전통문화연구회	전통문화연구원	2004
(새로풀어 다시 읽는) 주역	서대원 역해	이른아침	2004
(자세히 풀어 쓴)주역사전. 상, 하	정약용 저; 이영회 옮김	민창사	2004
(원문)주역사전. 상, 하	정양용 편	민창사	2004
주역해오 1-3권	김종영 풀음	봉우리	2004
(현토해설)주역	조규식 저	황종학회	2004
주역과 운명	심의용 지음	살림출판사	2004
(소동파의 주역풀이)동파역전	소식 저; 성상구 역	휴먼필드	2004

도서명	저 자	출판사	출판 년도
주역과 과학사상	한국주역학회 편	한국주역학회	2004
(새로운) 주역		무진미래	2004
주역과 철학	조혁해	한 빛	2004
(새시대의 주역)후천대역	김진혁 저	한누리미디어	2004
주역입문2	김수길, 윤상철 역	대유학당	2004
주역과 전쟁윤리	지앙꾸오쭈 지음; 국방사상사연구회 옮김	철학과현실사	2004
주역강해	김석진 강해; 홍역학회 편	대유학당	2004
(소동파의 주역풀이)동파역전	소식 지음; 성상구 옮김	청 계	2004
주역과 운명	심의용 지음	살 림	2004
(새로 풀어 다시 읽는)주역	서대원 역해	이른아침	2004
중국적 사유의 원형: 주역과 중용을 중심으로	박정근 지음	살 림	2004
주역과학교실, 2-4	주역과학아카데미 학술부 펴냄	수 연	2003 -2004
주역과학교실	주역과학아카데미 학술부 펴냄	수 연	2003
(알기 쉬운)역의 원리	강진원 지음	정신세계사	2003
주역강해, 1-2	김흥호 지음	사 색	2003
쉽게 푼 주역	정도명 지음	삼한출판사	2003
주역인해	윤상철, 기수길 공역	대유학당	2003
주역의 교육과정이론	박채형 저	성경재	2003
주역과 몸	김승호 백진웅	수 연	2003
다산의 '주역' 해석체계 석	김린철 저	경인문화사	2003
주역신구해. 상,하	이춘희 저	홍	2003
주역·오행 실예	이춘희 저	홍	2003
주역	박일봉 역저	육문사	2003
(알기 쉬운)역의 원리: 주역·음양오행·사주명리의 길잡이	강진원 지음	정신세계사	2003
주역강해	김흥호 지음	사색	2003

도서명	저 자	출판사	출판년도
주역의 교육과정이론	박채형 저	교육과학사	2003
주역과학교실	주역과학아카데미 학술부 펴냄	수 연	2003
(의역동원)역경	주춘재 글·그림; 김남일, 강태의 옮김	청 홍	2003
(삶의 의미를 찾는) 역경의 심리학: 어떤 인생에도 의미는 있다	정인석 지음	나노미디어	2003
주역해의. 1-3	남동원	나남출판	2002
청석주역요해	허희성 저	토우문원	2002
주역으로 보는 이제마의 사상체질	백승헌 지음	중앙생활사	2002
(정약용 역학)주역해석의 네가지 원리: 역리사법	박주병 저	기계관출판사	2002
역학의 비결	노영준 저	자연출판사	2002
주역반정: 정양용 주역을 중심으로	박주병 저	서문당	2002
고을은 바뀌어도 우물은 바뀌지 않는다: 주역	기세춘 지음	화 남	2002
주역의 과학과 도	이성환, 김기현 공저	정신세계사	2002
DNA와 주역	존슨 얀 지음; 인창식 옮김	몸과 마음	2002
역상운세와 명리일주론	서병은 저	토암역리학연구원	2001
(성태용의)주역과 21세기 1	성태용 지음	한국교육방송공사	2001
주역사회학	김재범 지음	예문서원	2001
천년지혜 제1권 주역의 비전	김명수	오거서	2001
주역계사전연구	김익수 저	수덕문화사	2001
비전 주역육효의 해설방법 상	원공선사 저	삼한출판사	2001
비전 주역육효의 해설방법 하	원공선사 저	삼한출판사	2001
(정본 정역)이것이 주역이다	엄윤문 편	동양서적	2001
스승의 길 주역의 길: 주역의 대가 대산 김석진의 주역인생 반세기	김석진 지음	한길사	2001

도서명	저 자	출판사	출판 년도
태극기의 정체: 제정 과정과 주역 원리를 통해 본 태극기 논의	김상섭 지음	동아시아	2001
주역·정역	한장경 저	삶과 꿈	2001
주역산책	주백곤 외지음; 김학 권 옮김	예문서원	2000
(누구나 쉽게 볼 수 있도록 풀어 쓴) 열린 주역	권오인 편저	예문당	2000
주역의 멋	장영동 지음	우리출판사	2000
송재국 교수의 주역 풀이	송재국 지음	예문서원	2000
주역입문	김수길, 윤상철 공저	대유학당	2000
주역의 생성 논리와 과정철학	박재주 지음	청 계	1999
(비지구해)원본주역. 건	명문당편집부 편	명문당	1999
(비지구해)원본주역. 곤	명문당편집부 편	명문당	1999
주역원론 2: 질서와 혼돈	김승호 지음	선영사	1999
주역원론 3: 자연의 대조직	김승호 지음	선영사	1999
주역원론 4: 신의 지혜	김승호 지음	선영사	1999
주역원론 5: 사물의 운명	김승호 지음	선영사	1999
주역원론 6: 무한을 넘어서	김승호 지음	선영사	1999
(수리오행을 주역괘로 풀이한)범위 수 비결. 상	이운정 저	한국역학시스템	1999
(수리오행을 주역괘로 풀이한)범위 수 비결. 하	이운정 저	한국역학시스템	1999
대산 주역강의 1: 상경	김석진 저; 홍역학회 정리	한길사	1999
대산 주역강의 2: 하경	김석진 저; 홍역학회 정리	한길사	1999
대산 주역강의 3: 계사전, 설괘전, 서괘전, 잡괘전	김석진 저; 홍역학회 정리	한길사	1999
주역의 세계	카나야 오사무 지음; 김상래 옮김	한 울	1999
(역주)주역본의	주자 원저; 백단기 역주	여강출판사	1999

도서명	저 자	출판사	출판 년도
(한권으로 읽는)주역	윤재근 편	동학사	1999
아산의 주역강의	김병호 강의; 김진규 구성	소 강	1999
(국역)삼경천견록: 시·서·주역	권근 지음, 이광호 외 역주	청명문화재단	1999
주역원론	김승호 지음	선영사	1999
주역을 읽으면 미래가 보인다	박태섭 지음	선 재	1999
나는 나의 미래를 본다: 에세 이로 읽는 주역	윤재근 지음	조선일보사	1999
주역 왕필주	왕필 지음, 임채우 옮김	길	1998
주역에서 얻는 지혜, 상	이기동 지음	동인서원	1998
주역에서 얻는 지혜, 하	이기동 지음	동인서원	1998
주 역	정진일 역해	서광사	1998
주역을 알면 인생이 즐겁다	이용훈 글.그림	아카데미북	1998
(점법 주해)주역점서법비전	정민현 편역	삼원문화사	1998
(만화)주역	단 샤오춘 글.그림	북하우스	1998
(현토완역)역전의, 상	성백효 역주	전통문화연구회	1998
역학원리 강설: 주역원리에 관 한 노소문답	한규성 지음	예문지	1998
새주역	김영수 저	명문당	1998
역경잡설	남회근 지음, 신원봉 옮김	문예출판사	1998
건강으로 가는 주역 탐구	김홍경 지음	신농백초	1997
주역강의	남회근 지음, 신원봉 옮김	문예출판사	1997
주 역	김인환 옮김	나남출판	1997
알기 쉬운 신 주역해설	이상기 해설	오성출판사	1997
주역강설	이기동 역해	성균관대학교출 판부	1997
오경의 명언: 시경, 서경, 역경, 춘추, 예기의 명언	고성중 엮음	한국문화사	1997
이것이 주역이다	정현우 지음	태학당출판사	1996
(문답식)주역과 한의학	정동렬 편역	성보사	1996
주역에 대한 46가지 질문과 대답	한규성 원저; 한필훈 엮음	동 녘	1996

도서명	저 자	출판사	출판년도
주역 강의	리하르트 빌렐름 씀; 진영준 옮김	소나무	1996
주역, 유가의 사상인가 도가의 사상인가	진고응 저; 최진석, 김갑수, 이석명 역	예문서원	1996
주역의 신비와 한국 구산역	심재식 저	세원	1996
주역과 한국역학	한국주역학회 편	범양사출판부	1996
(고형의)주역	고형주해;김상섭 역	예문서원	1996
주역신단	백운곡 저	명문당	1996
(기철학의 집대성)왕부지의 주역철학	김진근 지음	문예서원	1996
단학의최고경전)주역삼동계삼	위백양 저:최형수	자유문고	1995
주 역	이신 지음; 이주행 옮김	인간사랑	1995
주역으로 풀어보는 비즈니스 난제	캐롤 오스본 지음; 최진, 문영남 옮김	세종서적	1995
(미래를 여는)주역	김석진 저	대유학당	1995
(신역)주역	노태준 역해	흥신문화사	1995
원본주역	박병대 역해	일신서적출판사	1995
주역 철학의 이해	고회민 저; 정병석 역	문예출판사	1995
주역: 변화를 이용하는 지혜	서우선 저	문학아카데미	1995
주역 1	김승호 저	선영사	1994
주역 2	김승호 저	선영사	1994
주역 3	김승호 저	선영사	1994
주역 4	김승호 저	선영사	1994
주역 5	김승호 저	선영사	1994
주역철학사	요명춘, 강학위 양휘현 지음; 심경호 옮김	예문서원	1994
(소설) 주역 3	김화수 저	선영사	1994
(만화로 보는) 주역, 하	이기동, 최영진 지음; 변영우 그림	동아출판사	1994
주역과의 산책	유덕선 지음	동반인	1994

도서명	저 자	출판사	출판년도
주역: 신의 지혜와 자연의 신비	양학형 해역	자유문고	1994
21세기의 주역: 자연과학의 현황과 전망	서울대학교 자연과학대학; 한국일보 편	한국과학재단	1994
(대산)주역점해	김석진 점해	대유학당	1994
역은 과학이다: 주역의 원리와 현대과학	김준구 지음	열린세상	1994
(소설) 주역 1	김화수 저	선영사	1993
(소설) 주역 2	김화수 저	선영사	1993
(새 시대를 위한) 주역, 상: 하늘이 무슨 말을 하는가	서정기 역주	글	1993
(새 시대를 위한) 주역, 하: 길을 두고 어디로 가는가	서정기 역주	글	1993
주역과 중국의학 상	양력 지음; 김충렬 외 옮김	법인문화사	1993
주역과 중국의학 중	양력 지음; 김충렬 외 옮김	법인문화사	1993
역의 철학: 주역계사전	김경방, 여소강 저; 한국철학사상연구회 기철학분과 역	예문지	1993
주역이란 무엇인가	고전순 저; 이기동 역	여 강	1993
주역의 현대적 조명	한국주역학회 편	범양사 출판판부	1992
쉽게 푼 주역	정도명 저	삼한출판	1992
주역사전	여소강 주편	길림대출판	1992
주역미학	유강기 저	호남교육 출판사	1992
주역언해	선조 명찬	홍문각	1992
주 역	최완식	혜원출판사	1992
건강으로 가는 주역탐구	김홍경 지음	삼진기획	1991
보건계를 빛낸 주역: 성공한 명사들의 뒷이야기	보건신문사	보건신문사	1991
건강으로 가는 주역탐구: 도시에서 살아 남는 길	김홍경	삼진기획	1991
주역의 이해	곽신환 지음	서광사	1990

도서명	저 자	출판사	출판 년도
새주역	김영수	자유시대사	1990
주역의 이해: 주역의 자연관과 인간관	곽신환 지음	서광사	1990
역경의 열매: 절망은 신의 출발	최태섭 등 저	국민일보 출 판국	1990
주역야설	백운곡 편저	동환출판사	1988
주역연구	슈츠스키 지음; 오진탁 옮김	한겨례	1988
길흉판단 주역사주	엄윤문 역	동양서적	1988
주역정의	이정호 저	아세아문화사	1987
주역의 법철학적 조명	최창동 저	진영문화사	1987
(신역)주역	노태준 역해	홍신문화사	1985
(신완역)주역	김경탁 역저	명문당	1984
(최지우 장편소설) 주역살인사건 1	최지우	밝은세상	1984
(최지우 장편소설) 주역살인사건 2	최지우	밝은세상	1984
(고전경인 사서오경)주역	보경문화사 편	보경문화사	1983
(특수비전)당화주역 화	한중수 편저	명문당	1982
(현토역주)주역선해 1-3	김탄허 저	교 림	1982
주역집주	유봉장 선	예문인서관	1982
주역자구 색인	이정호 편	아세아문화사	1980
사서오경 3: 주역		경문사	1979
주역전	정신 저	예문인서관	1978
(완역)주역	김경탁 역주	명문당	1978
주 역	이민수 역	을유문화사	1978
주역 정의	이정호 저	국제대학 인문 사회과학연구소	1978
주 역	대중문화편집부	대중문화사	1976
주 역	남만성 역해	성균서관	1976
주역	이가원 역 면	평범사	1976
(신역)주역	이기석 역주	서문당	1975

도서명	저 자	출판사	출판 년도
주역의리사상	서정기 찬	동양문화연구소	1974
동양고전 7: 주역	김경탁 저	명문당	1973
주 역	남만성 역	현암사	1970
역 경	김창수, 김학주 공역	광문출판사	1965
주역자구 색인	이정호 편저	충남대학교	1963
(주역)해동제국기·	신숙단 저	부산대학교 한 일문화(연)	1962
(비지구해)원본주역 상,하	사편	주식회사	1923
(초간본)주역언해	다운샘 편	다운샘	
주역강의	정조 편	간자미상	정조 7년 (1783)
(정본)주역집주	세창서관 편	세창서관	불명
주역집해	김방한 저	간자미상	간년 미상
주역실의	이덕홍문, 이황답	간자미상	간년 미상

圜丘壇 儀式에 대하여

李 東 吉
(우리문화연구원 지도위원)

Ⅰ. 원구는 제천의식

원구의 엄격한 의미는 "하늘에 제사지내는 단(壇)"을 말하나 우리나라에서는 天祭(천제) 그 자체를 원구라고 한다.

대한제국 때 만들어진 『大韓禮典(대한예전)』에는 원구의 뜻을 다음과 같이 기록하고 있다.

"역대예전을 상고하면 원구단은 모두 남교에 있었는데 조선조에 와서는 서울 도성 안 회현방 경운궁의 동쪽에 두어 단지 그 예만 취하였지 장소나 위치에 구애되지 않았다. 그러므로 교사라 하지않고 원구라 한 것은 시대에 맞게 제정한 뜻이라 할 수 있다.

　(按歷代典禮 圓丘壇 皆在南郊 而本朝則 在皇城內 會賢坊 慶雲宮之東 只取 其禮 不拘其跡 故立文不曰郊 而曰 圓丘 蓋因時制宜之意也)"

이 기록을 통하여 우리나라의 원구는 곧 중국의 제천인 郊祀(교사)를 뜻 함을 알 수 있다. 이 교사는 유교의식의 하나로 하늘에 제사를 지내는 것이 다. 옛날 천자가 郊外(교외)에서 제사를 지냈는데, 冬至(동지)에는 천자가 남 쪽 교외에 가서 하늘에 제사를 지냈고, 夏至(하지)에는 북쪽 교외에 가서 땅 에 제사를 지냈다. 이때 단을 하늘모양을 따서 둥글게 모았으므로 '원구' 또 는 '원구단'이라 하였던 것이다.

교사에 대한 기원은 확실하지 않으나 중국의 상고시대부터 행하여진 것으 로 여겨진다. 문헌에 나타난 최초의 기록으로는 『書傳疏(서전소)』에 "이왕 (二王: 夏나라와 殷나라)의 후손이 교에서 하늘에 제사지내며 그의 조상을 배향하가 하였다.(二王之後得郊祭天 以其祖配之)." 라 한 것을 들 수 있다. 또한 『詩傳(시전)』의 「魯頌箋(노송전)」에는 "성왕이 주공의 공이 크므로, 노나라 교외에서 하늘에 제사지낼 것을 명하여 조상인 후직을 배향하게 하 였다.(成王以周公功大 命魯郊祭天亦配之君祖后稷)."라 하였다.

『孝經(효경)』의 「聖治章(성치장)」에는 "옛적 주공이 교사에서 후직을 하늘 에 배향하였다.(昔者 周公 郊祀后稷 以配天)"고 하였다.

이들 기록을 미루어 볼 때 夏(하), 殷(은), 周㈜ 시대에 이미 제천의식이 있었던 것을 짐작할 수 있다. 그러나 그때의 의식은 전하지 아니하고 후대 로 내려오면서 차차 禮文(예문)이 갖추어진 것으로 여겨진다. 그 변화된 과 정은 장을 달리하여 상세히 설명하기로 한다.

II. 원구의 歷史的(역사적) 변천

우리나라 고유의 제천의식은 시대가 내려오면서 유교가 널리 보급됨에 따라 새로운 양상을 띠게 되었다. 즉, 고유의 제천의식과 유교의 제천의식이 병행되어 왔으나 조선조에 와서는 고유의 제천의식은 민속적 전승에만 그치고 국가적인 행사는 유교적 의식만을 행하게 되었다. 유교적 의식인 '교사'의 기원은 확실히 알 수 없으나, 문헌으로는 고려 성종2년(983) 정월 辛未(신미)일의 기록이 효시가 된다. 그후 현종 22년 (1031) 정월과 정종2년 (1036) 2월과 인종5년(1127) 3월에는 方澤(방택)에서 지냈다고 한다. 특히 성종 때의 원구제는 『高麗史(고려사)』 및 洪如河(홍여하)의 문집인 『木齋集(목재집)』에 그 내용이 상세하게 기록되어 있어 조선조와 비교할 수 있는 좋은 자료가 된다.

조선조에 와서도 제천의식인 교사가 지속되지는 않았으나 『春官通考(춘관통고)』에는 천제에 대한 다음과 같은 기록이 있다.

> "동방에 단군이 영감으로 탄생하였으므로 하늘에 제사를 지내는 것은 근본에 보답함이다. 단은 강화도 마니산에 있다. 역대에는 모두가 인습하여 하늘에 제사를 지냈다.
>
> (東方 自檀君感生 祭天以報 壇在江華摩尼山 歷代皆因襲祭天)

이 기록과 같이 우리나라에서는 제천행사가 꾸준히 행하여저 민족의 구심체를 이루어 왔던 것이다.

조선시대의 원구에 대한 기록은 태조 때부터 보이고 있다. 태조 7년(1398)에 원구단에서 기우제를 지냈고, 태종 5년(1405)에 원구단에서 기우제를 지냈으며, 태종 6년에 원구단을 보수하고 守護人(수호인)을 두었다.

특히 태조 11년에는 남교에 원단을 수축하였다. 이 때 많은 신하들은 천자가 아니면 제천할 수 없으니 마땅히 원구단을 혁파해야 한다고 하였다. 그러나 어떤 신하가 秦(진)나라가 서쪽에 있어단지 白帝(백제)에 제사를 지냈듯이, 우리나라는 동쪽에 있으므로 靑帝(청제)에 제사를 지내도 상관이 없다고 주장하여 수축하게 된 것이다. 그러나 1년만인 태조 12년에 예조의 상소로 원구단이 혁파되었다. 그 때의 상소문의 일부를 살펴보자.

"삼가 예기를 상고하면 공자게서 말씀하시기를, '노나라의 교사와 체사가 예에 어긋난다. 주공의 예가 쇠하였도다'라고 하였고, 『春秋(춘추)』의 「호씨전」에 말하기를

'서인이 오사에 제사를 지낼 수 없으며, 대부가 사직에 지낼 수 없으며, 제후가 천지에 제사를 지낼 수 없는 것은 등급의 차별만 둔 것이 아니라 바꿀 수 없는 정리이므로 바라옵건대 원구단에 제사를 지내는 것은 중지하심이 만세의 법을 바로 잡는 것입니다.'라 하니 명하여 혁파하였다.

(謹按 禮記 孔子曰 魯之郊禘非禮也 周公其衰矣 春秋胡氏傳 曰庶人之不得祭五祀 大夫之 不得祭社稷 諸侯之不得祭天地 非故爲等衰 蓋不易之定理也 伏望革圜壇之祀 以正萬世之典 乃命罷之)

이는 실로 민족적 주체의식의 결여된 고루한 일부의 정치가들의 지나치게 비자주적인 경향에서 비롯된 혁파라고 하지 않을 수 없다.

그러나 태종 15년에 가뭄이 극심하여 영의정 柳廷顯(유정현)을 원구단에 보내어 기우제를 지냈다. 이 때에도 교사만은 예문에 의거하여 폐지되었다.

그 당시 藝文提學(예문제학)이었던 卞季良(변계량)은 충심어린 상소를 올렸다.

"제후로서 하늘에 제사를 지내는 것은 노나라, 기나라, 송나라입니다. 선유의 전(傳: 주석을 말함)인 『論語(논어)』에는 '무우에서 하늘에 제사를 지내며 비를 빈 곳이다.' 하였습니다. 옛사람이 비를 빌 때 반드시 하늘에 제사를 지냈다는 것은 명확한 사실입니다. 우리나라의 단군은 하늘에서 내려 왔으며, 천자(중국

왕)가 땅을 떼어주어 봉한 나라가 아니옵니다. 고황제[明 太祖]도 조서를 내주는데 우리나라의 얼을 역력히 말하였고, 또 제천하는 일도 틀림없이 아뢰었습니다. 그러므로 우리나라 풍속을 좇아서 옛 법을 지킨다는 뜻으로 그 의식을 허락한 것은 대개 해외(자기의 직속관할이 아니라는 뜻)의 나라이기 때문입니다.

우리나라는 처음부터 명을 하늘에서 받았으며, 하늘에 제사지내온 지 매우 오래되었으므로 변경할 수 없으니 제사를 남교에서 지내는 것이 마땅합니다

(諸侯而祭天者 魯杞宋也 先儒傳 魯謂舞雩祭天禱雨之處 則古人之禱雨 必祭天明矣 吾東方 檀君盖自天而降 非天子分封之也 高皇帝降초 歷言我國事 亦必知祭天之事 而乃許儀 從本俗法守舊章 其意盖謂 海外之邦始也 受命於天 其祀天之禮甚久 而不可變也 宜祭天於南郊)."

변계량의 이와 같은 상소문에는 민족의 자주적 독립의지가 깊이 있게 새겨져 있다. 이것은 곧 명분에 맞는 유학자의 義(의)이기도 하다. 그러나 후대에 내려오면서 민족적 자주성을 망각하고 집권 야욕에 사로잡혀 사대적 망국행위를 서슴치 않고 자행한 일부정치가들에 의해 나라는 망국의 비운을 맞게 되었다. 참다운 주체가 어디에 있으며 올바른 명분이 무엇인가를 알지 못한 채 명분과 의리사상을 남발한 그들이 후손에게 남겨준 것은 과연 무엇인가?

『中庸(중용)』에 보면 "국가가 장차 흥하려하면 반드시 정상함이 있고, 장차 망하려하면 반드시 요얼이 있다." 하였는데, 요얼이 따로 있는 것이 아니라 왜곡된 명분과 의리로써 국민을 현혹하여 정권을 유지하려는 무리가 속출하는 것을 두고 말한 것이리라.

여기에서 그 때 변계량이 지은 祈雨雩祀圜壇祭文(기우우사원단제문)』『東文選(동문선)』110권의 첫머리만을 소개하여 보자.

"아아! 황공하옵게도 하늘은 만물의 아버지이십니다. 그러므로 보통사람이 잘못되든지 급박한 일이 있으면 반드시 하늘을 향해 울부짖는데, 하물며 임금이 한나라를 다스리는 데 있어서이겠습니까?

(嗚呼 惟天萬物之父也 故匹夫失所 亦必呼天 況於 君臨一國者乎)."

이 짧은 글 속에는 속일 수 없는 우리 민족의 경천사상 및 천인일체감이 잘 나타나 있다. 우리 민족은 급박한 일을 당하면 자기도 모르게 '어머니' 또는 '하나님'을 찾는다. 이것은 누가 시켜서 하는 것도 아니고 또 누가 시킨다고 되는 일도 아니다. 수 천 년 역사의 흐름 속에 자연적으로 우러나는 민족적 신앙일 뿐이다. 어찌 누가 시킨다고 하여 '하나님'이라는 소리가 나올 것인가.

그 뒤 태종 18년에는 왕이 우의정 박언을 보내어 원구단에 제사를 지냈고, 세조 원년(1455)에 원구에 기우제를 지냈다. 세조 원년 2년 정월에는 제천의 예를 중국을 본떠 정하고, 15일 면복을 입고 임금이 친히 원구단에 제천하였다. 세조는 환궁하고 왕세자 및 백관의 하례를 받고 교서를 내렸다.

> "하늘에 지낸 예는 근세에 행하지 않은 일이다. 이제 비로소 예에 맞게 성하게 이루었으니 경사가 심히 크도다. 제사 지낸 다음날 군신이 함께 잔치를 베풀되, 다만 준비를 번거롭게 할까 걱정이 된다. 그러나 네가 일찍이 중국의 會禮宴(회례연)을 봄에 음식을 풍부히 장만하는 것이 아니라 단지 예를 이룰 뿐이었으니, 이제 중국의 일을 모방하여 간략하게 준비하라"

하고 또 각 도에는 명을 내려 3일 동안 술을 마시도록 하였다. 이 가운데 제천 후 전국적으로 3일 동안 잔치를 하였다는 것을 통하여 이 의식을 거국적인 경사로 삼았음을 알 수 있다.

이때 司藝(사예) 金守溫(김수온)은 제천 후의 잔치 때 君臣同宴樂章(군신동연악장)을 지어 올렸다.

> "하늘이 우리나라를 돌보사 성스러운 임금 나셨네. 덕은 백왕에 으뜸이며 공은 온 나라에 더 하였도다. 이제 원구에 제사를 엄숙하게 지냈으니 하나님께서 밝게 임하셨고, 비로소 예를 성하게 행하였으니 신과 인간이 즐겁고 기쁘도다. 공경히 조정에서 잔치 베푸니 술과 밥을 만끽하였고, 임금님의 시에 군신이 화답하니 하늘의 복록을 받으옵소서
> (天眷大東 聖神誕作 德冠百王 功加一國 有嚴圓丘上帝臨赫 肇擧殷禮 神人

闔辜 式宴于朝 需雲需澤 賡載明良 受天福祿)."

세조 3년 5월 임금은 친히 원구단에 가서 기우제를 지냈다. 세조 5년에는 태평성세를 누리고 대업을 안정시키는 것을 원구단에서 기원하고 종묘의 악을 연주하였다. 세조 7년 정월에는 친히 원구에서 제천하고 勤政殿(근정전)에 돌아와 백관의 하례를 받았다.

문헌상으로는 이밖에 천제를 지낸 기록을 찾아 볼 수 없다. 따라서 그 까닭을 상고할 길이 없으나, 이 때 역시 유학자 중 고루한 사람들의 반대로 말미암아 완전히 중지된 것으로 추정해 볼 수 있다. 그 후 이 원구단의식은 대한 제국이 들어선 고종34년(1897) 丁酉(정유)음력 9월 17일에 원구단에서 천자 등극할 때 기록이 있을 뿐이다.

Ⅲ. 원구단의 構成(구성)

원구단은 시대에 따라 그 구성에 있어 차이를 보이고 있다. 『春官通考(춘관통고)』를 보면 송나라 초기의 것과 그 이전의 제도, 송나라 紹興(소흥) 13년(1143)의 것, 『文獻通考周太祖郊壇(문헌통고주태조교단)』의 것, 『상정고금례』의 것 등 많은 예를 들어서 절충하여 세조 2년에 새로운 원구단의 예를 만들었다는 기록이 있다.

그러나 어떤 식으로 하였는지는 알 수가 없다. 그러나, 고려사의 것은 『상정고금례』의 그것과 동일하다. 그 구조를 소개하면

  "주위는 6장 3척, 높이는 5척 12승 3유가 있고, 유마다 25보이며, 주위 담장에 4문이 있다. 요단은 신단남쪽에 있으며 광 1장 높이 1장 3척이며, 호는

방6척으로 위로 열고 남쪽으로 나온다.

(周六丈三尺 高五尺十有二階 三壝每壝二十五步 周垣 四門燎壇在神壇南廣
一丈 高一丈二尺戶方六尺開上南出)."

라고 하였다. 도한 고종 때의 원구단은 황제가 지내는 것이었으므로 『고려
사』의 것보다 규모가 훨씬 더 크며, 『대한예전』에 그 그림이 수록되어 있
다.[도1] 참조

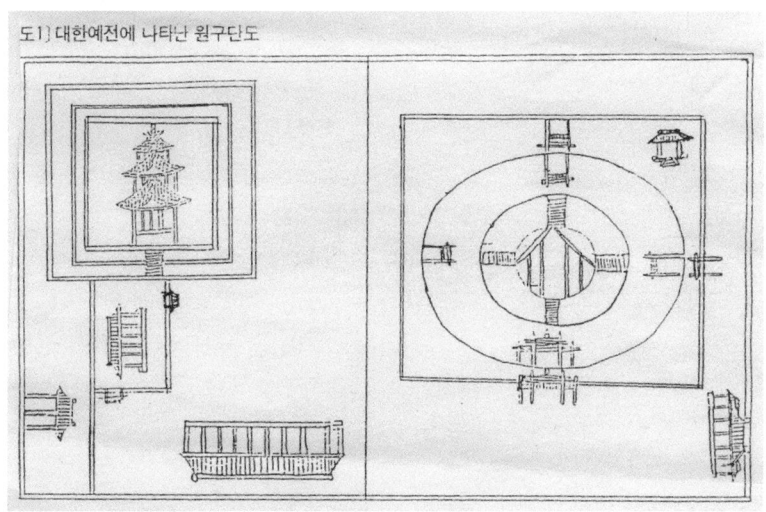

[도1] 대한예전의 원구단

Ⅳ. 禮饌(예찬)의 陳設(진설)

진설은 예찬인 제물을 신위 앞에 차려 놓는 법이다. 『饌神樽罍圖說(찬실

준뢰도설)』에 "대개 앞에 있다는 것은 모두 남쪽을 말하는 것이나 사직은 곧 북쪽을 말한다.(凡言在傳者 皆謂南也 社稷則謂北也)."하였다. 이와 같이 일반진설과 남북을 서로 달리한 까닭은, 사직은 토지의 신으로 북방에 설치되므로 북쪽을 앞으로 하였기 때문이다.

제사에는 大祀와 中祀와 小祀가 있는데, 대사는 12籩(변) 12豆(두)이며 중사는 10변 10두, 소사는 8변 8두이다.

제사의 전일에 告由(고유)할 때는 1변 1두를 사용하였고, 7사에는 2변 2두, 府郡社稷(부군사직)에는 4변 4두이며, 대사 중사, 소사에도 배향위는 2변 2두를 감하여 진설하였다. 예를 들어 소사의 배향위는 6변 6두가 된다. 여기서 진설도를 첨부하고, 이해를 돕기 위해 饌品(찬품)의 하나하나에 대해 주석을 붙이면 다음과 같다.

左(좌) 12籩(변)

1) 白餠(백병): 흰 쌀가루로 만든 떡.
2) 黑餠(흑병): 메밀가루로 만든 검은 빛깔의 떡.
3) 糗餌(구이): 멥쌀가루를 막걸리에 반죽하여 익힌 떡.
4) 粉餈(분자): 쌀을 익혀 찧어서 팥고물을 묻힌 인절미.
5) 榛子(진자): 개암(잣 대용).
6) 菱仁(능인): 마름(은행 대용).
7) 芡仁(검인): 가시연밥의 열매(호두 대용).
8) 鹿脯(녹포): 사슴고기(소고기 대용).
9) 栗黃(율황): 누르고 굵은 생밤.
10) 乾棗(건조): 마른 대추.
11) 藁魚(고어): 말린 물고기(대구포).
12) 形鹽(형염): 마른소금.

右(우) 12豆(두)

1) 脾析(비석): 소의 천엽(가늘게 썬 것).

2) 豚拍(돈박): 돼지 겨드랑이 살(가늘게 썬 것).

3) 酏食(이식): 쌀가루를 묽게 반죽하여 잘게 쓸고 둥글게 뭉쳐 고물을 묻힌 것.

4) 糝食(삼식): 소, 양, 돼지고기 세 가지를 똑같이 썰고 쌀가루에 묻혀서 떡처럼 만들어 기름에 지진 것.

5) 芹菹(근저): 생 미나리를 아래와 위를 잘라 버리고 4치(寸) 크기로 만듦.

6) 兎醢(토해): 말린 토끼고기를 얇게 썰어 누룩과 소금을 넣은 좋은 술에 담가 항아리에서 100일 동안 발효시켜 만듦.

7) 筍菹(순저): 생 죽순을 아래와 위를 잘라 버리고 4치로 만듦.

8) 魚醢(어해): 조기를 소금에 절여 생선젓을 만듦.

9) 韭菹(구저): 생 부추를 아래와 위를 잘라 버리고 4치로 잘라 만듦.

10) 醓醢(탐해): 소고기를 간장에 절인 장조림.

11) 靑菹(청저): 생 무를 네모지게 4치 크기로 만듦.

12) 鹿醢(녹해): 말린 노루고기를 얇게 썰어 누룩과 소금을 넣은 좋은 술에 담가 항아리에서 100일 동안 발효시켜 만듦.

左(좌) 2簠(보)

1) 稻(도): 벼(쌀)

2) 簗(양): 기장(조)

右(우) 2簋(궤)

1) 黍(서): 수수

2) 稷(직): 피

◎ 大羹(대갱): 登(등)에 담는 것으로 태고의 국으로 고기국물에 간을 하지

않음.(*여기는 和羹(화갱)은 없으나 일반적으로 대갱이 세 그릇, 화갱이
세 그릇으로 되어 있는데, 여기에 생략되고 대갱하나만 기록된 것은 아
마 필사하는데 빠뜨린 것이 아니면 대갱이라 하면 자동적으로 화갱까지
겸하여 생각하고 한 것인지 알 수없다. 화갱에 대하여서 기록을 첨부하
면 , 화갱은 鉶(형)에 담는다. 五味(오미)를 섞어서 익혀 만들며 여기에
芼滑(모활)을 넣는다. 모활은 화갱을 만들 때 맛을 내기 위하여 타던 나
물로 옛날에 씀바귀 고비나물을 썼으나 조선조에는 아욱을 많이 썼음.)

◎ 醴齊(예제): 술이 다되어 술과 찌꺼기가 서로 어우러지는 것.(醴(예)는
　　體(체)와 같은 뜻이다.) 즉 덜 익은 술
◎ 盎齊(앙제): 술이 다 되어 蔥白色(총백색)이 된 것, 즉 다 익은 술
◎ 鬱鬯(울창): 鬱金香(울금향)을 넣어 빚은 술, 제사의 강신에 쓰이는데
　　향기가 매우 남.
◎ 淸酒(청주): 겨울에 빚어 여름에 익은 술 *齊(제)와 酒(주)는 모두 찹쌀
　　과 누룩으로 만드는데, 주는 맛이 진한 것으로 사람이 마시는 것이요,
　　제는 맛이 엷기 때문에 제사에 쓰는 것이다. 鬯酒(창주)는 黑黍(흑서)
　　로 만드는것으로 이와는 다름.
◎ 明水(명수): 그늘진 곳에서 뜨는 것으로, 달빛 아래의 물은 달에서 나
　　기 때문에 明(명)이라 하는 것이며, 그 새롭고깨끗한 것을 귀하게 여기
　　는 것이다.
◎ 玄酒(현주): 태고 때에는 술이 없어서 물을 가지고 행례를 하였는데,
　　뒤의 왕이 옛 것을 소중히 여겼기 때문에 높여현주라 하였음(물의 빛
　　이 검게 보이므로 현이라 함).

이상은 진설의 설명이나 현재 성균관에서 행하는 釋奠(석전) 때의 진설과
그 위치가 바뀌어 진 것도 있다. 앞으로 더 연구할 과제라고 생각하여 원구
정위찬실준뢰도 [도2]와 성균관 석전 진설도[도3]를 여기에 참고로 첨부한다.

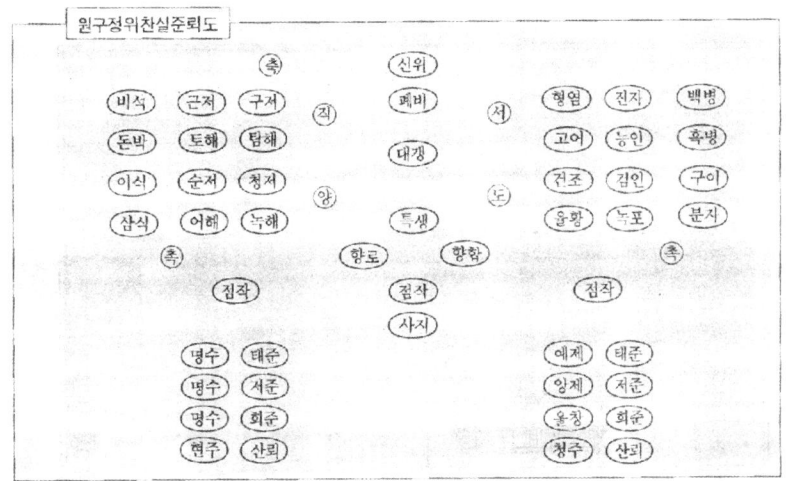

[도2] 원구정위찬실준뢰도

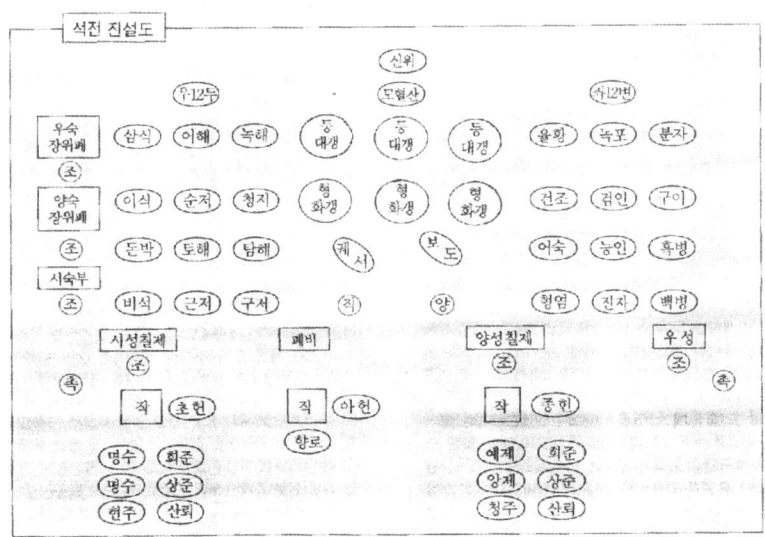

[도3] 석전진설도

V. 원구단 儀式節次(의식절차)

원구의 의식은 冬至(동지) 정월 상신(上辛(상신):첫째 辛자가 든 날)에 행하는데, 전기 三朔(삼삭)에 掌禮院(장례원)에서 임금에게 아뢰고 中外(중외)에 공포하며 각 제관을 직급에 따라 정한다. 먼저 원구제를 지내는데 수반하는 각종 의식을 간단히 설명하고, 다음에 의식을 서술하고자 한다.

1. 傳香祝(전향축)

제사를 지내기 하루 전날 임금이 친히 향과 축을 전하는 것으로 이 때 祝版(축판)은 가래나무[楸木(추목)]를 사용하며 길이는 한 자 한 푼(一尺一分), 넓이는 여덟치(8寸), 두께는 두 푼(二分)이다. 香室官(향실관)이 축판을 관장한다.

2. 省牲器(성생기)

제사 하루 전날 內壝(내유) 동문 밖에다 서향으로 소, 양, 돼지를 차례로 놓으면 임금이 친히 와서 살펴보고, 다시 주방을 돌아본 다음 奉常司提調(봉상사제조)가 정결한 것을 아뢴 뒤에 비로소 재인(宰人:백정)을 시켜 소, 양 등의 희생을 배게 한다.

3. 八佾舞(팔일무)

팔일무는 천자의 악무이다. 여기에는 文舞(문무)와 武舞(무무)가 있다. 문무는 왼쪽에 피리를 잡고 바른쪽에 꿩 깃[翟]을 잡으며, 纛(독):깃대) 2員:사람)이 南上에서 춤을 인도하며, 위치는 宮架(궁가)의 남쪽이다. 무무는 왼쪽에 방패[干]를 잡고 바른쪽에 도끼[戚]를 잡으며, 旌(정);깃대) 2원이 남상에서 무무를 인도하며 위치는 문무와 같은 곳이다.

4. 登歌(등가)와 궁가

등가는 단상에 설치하는 악기로 좌우로 나누어 설치하며 導唱(도창): 창을 지도하는 사람)과 歌人(가인):노래하는 사람) 각 2인이 좌우로 나누어서 지도한다. 궁가는 당하에 설치하며, 궁가의 도창과 가인은 등가의 경우와 같다.

5. 神位(신위)의 배치

신단은 三層(삼층)으로 하는데, 상층인 제1층은 동쪽에 남향하여 皇天上帝位(황천상제위)를, 서쪽에 남향하여 皇地祇位(황지지위)를 모신다. 중간인 제 2층에는 동쪽에 大明位(대명위)를, 서쪽에 夜明位(야명위)를 모신다. 하단인 제3층에는 동쪽에 북두칠성위 오성위 28수위 周天星辰位(주천성신위), 五嶽位(오악위), 四海位(사해위)를 모시고 서쪽에는 雲師位(운사위), 雨師位(우사위), 風伯位(풍백위), 雷師位(뇌사위), 五鎭位(오진위), 四瀆位(사독위)를 모신다.

6. 齊官(제관)

원구에서 임금이 친히 천제를 지낼 때는 황제가 직접 三獻(3헌)을 하기 때문에 奠幣瓚爵官(전폐찬작관)은 따로 두지 않는다. 그러나 進俎官(진조관) 외에 각 집사가 약 40여명에 이른다. 집사의 명칭은 생략한다.

7. 樂詞(악사)

교사에 있어서 상고에 樂(악)은 있었으나 악사는 보이지 않는다. 그러나 종묘의 제사에는 악사가 있었으니 이것이 『詩傳(시전)』의 頌(송)이다.

교사의 악사에 관한 최초의 문헌인 漢書禮樂志(한서예악지)에 "문제 때에 이르러 교사의 예를 정하고 태일 신을 감천에서 제사 지낸 다음 천자의 위에 올랐다. 후토신을 분수 남쪽 택중방구에서 제사를 지내고 이에 악부를 설치하여 시를 채집한 뒤 밤에 외우게 하였는데, 조나라 진나라 초나라의 말들이었다.

李延年(이연년)으로 협률도위를 삼아 司馬相如(사마상여) 등 수십인을 천거하여 시와 賦(부)를 짓게 하고, 대략 율려에 맞추고 팔음의 곡조에 맞게 하여 19장의 가사를 지었다.

> [至武帝定 郊社之禮 祠太一神於甘泉 就乾位也 祭后土於汾陰澤中方丘也 乃立樂府 采詩後夜誦 有趙代秦楚之語 以李延年 爲協律都尉 多擧司馬相如等數十人 造爲詩賦 略論律呂 以合八音之調 作十九章之歌].

라고 한 것을 보면, 교사악은 한무제 때 비로소 제작된 것으로 여겨진다.

우리나라에서는 고려 성종 때 처음으로 교사가 행하여졌다. 그러나 악에 대해서만 『고려사』에 실려 있을 뿐 악사는 없었던 것으로 되어 있다. 조선 시대에 이르러, 종묘에는 악사가 있는데 원구에 악사가 없는 것이 결함이라는 예조의 장계에 의거하여 악사를 지었으며, 세조 5년에 保太平定大業(보태평정대업)이라하여 교사의 악사를 다시 지었다.

그러나 『雅部樂章(아부악장)』에

"오례의에 아부악을 제정하는데 헌가에 가사가 없으므로 숙종17년 문묘악장을 보찬할 때 비로소 헌가를 두었다. 현재 원구제의 궁가에 가사가 있는 것도 이 때의 제정에 기인한 것이다.

(五禮儀 制雅部樂 軒架無詞 肅宗十七年 補撰文廟樂章 始置於軒架 今圓丘祭 宮架有詞 因比制也).

라고 한 것으로 보아 헌가와 궁가 및 악사가 완비된 것은 이때에 비롯된 것으로 여겨진다.

그러나 악은 고려 때부터 헌가와 궁가가 있었던 것으로 숙종 17년 때에 궁가에 詞(사)가 있었다고 단정할 수는 없다. 『春官通考(춘관통고)』에도 상술한 것과 같이 악사가 기록되어 있어 『雅部樂章(아부악장)』의 많은 제고의 여지가 있다.

여기서 원구제의 악사만 『大韓禮典』에 기록된 것을 소개하고자 한다.

迎神(영신): 中和之曲(중화지곡)을 연주한다. 사는 다음과 같다.

"청명 광대하신 하나님은 빛남이 있어 만물을 생성하는 조화의 근원입니다. 계절에 따라 제사지내니, 높은 은혜 보답하려고 원구단을 높고 크게 쌓았습니다. 무엇을 바치오리까? 황종과 창벽이 오며 옛 법에 따라 의식을 갖추었습니다. 억만년의 상서로움을 나타내어 우리 종묘 도우소서

(淸明廣大 神祇有赫 品物生成 化樞闔闢 秩祀崇報 靈壇孔碩 用薦維何 黃琮蒼璧 禮儀旣備 式遵古昔 萬祀垂休 佑我宗祐)."

奠幣(전폐): 肅和之曲(숙화지곡)을 연주한다. 사는 다음과 같다.

"원구단은 엄숙하며, 아름다운 향기가 하늘로 오릅니다. 강신제를 올리고 예찬을 바치오니 광주리의 옥빛은 검고 누릅니다. 목욕제계하여 좋은 날 받았으니 상서로움을 보이옵소서. 하나님의 돌보심에 나라를 세웠으니 억만년 무강하기 바라옵니다.

(穹壇肅肅 苾芬升香 祼瓚用侑 篚厥玄黃 齊明吉蠲 昭垂嘉祥 其命宥密 萬億無疆)."

陳饌(진찬): 凝和之曲(응화지곡)을 연주한다. 사는 누렇고 뿔 바른 송아지를 잡았으며, 국과 제물은 깨끗하고 향기롭습니다. 오르고 내리시며 흠향하시니 하나님 모습 성대하옵니다.

初獻(초헌): 壽和之曲(수화지곡)을 연주한다. 사는 "공순히 조심하여 깨끗한 술을 바치며 정성껏 축문을 고하나이다. 풍악을 아홉 번 바꾸어 연주하니 상서로운 바람으로 앞을 인도하소서.

亞獻(아헌): 豫和之曲(예화지곡)을 연주한다. 사는 "금판에 바치오며 죽궁사(한무제 때 궁사)를 노래하고 연주하옵니다. 아헌을 받드니 노래소리 사방으로 퍼집니다.

終獻(종헌): 熙和之曲(희화지곡)을 연주한다. 사는 "집은 높고 넓어 밝은 영께서 편히 오시어 누릴 수 있었습니다. 삼헌의 예를 마치오니 공손히 정성을 드렸습니다.

徹籩豆(철변두): 雍和之曲(옹화지곡)을 연주한다. 사는 "받친 제사음식을 빨리 철상하옵니다. 어여삐 돌아보시고 묵묵히 도우시와 나라 기틀 반석같이 이루게 하여 주시옵소서."

送神(송신): 安和之曲(안화지곡)을 연주한다. 사는 "북과 종을 쳐서 구름몰아 수레타고 하늘나라 가심을 전송합니다. 원구단은 광활하여 잡귀는 범접 못할 것입니다."

望燎(망요): 安和之曲(안화지곡)을 연주한다. 사는 "태우고 묻는 것이 절차가 있으나 예는 정성과 공경이 으뜸입니다. 깨끗이 제사를 마치오니 거듭 아름다움 주시옵소서."

8. 祝文(축문)

여기에서는 동지 때 초헌관이 드리는 축문만 소개한다.

"삼가 융희 2년 세차 갑진년 정월 임진삭 초 3일 신묘 사천자 신 성희(임금의 성과 이름자, 대행할 때는 성휘 밑에 삼가 신 모관을 보내옵니다. 라고 씀)
감히
황천상제와
황지지께 밝게 아뢰옵니다.
일양이 처음 회복하니 육기(陰, 陽, 風, 雨, 晦, 明)가 이에 형통합니다. 이 날이 동지이오며 하늘의 큰 덕은 생생하는 것이옵니다. 삼가 예전에 따라 정결히 제사를 지내옵니다. 공손히 폐백을 드리오며 희생과 술과 곡식을 담아 여러 물건을 바치오니 흠향하소서."

[維年號幾年 歲次 某甲某月某朔某日某甲 嗣天子臣姓諱
(攝事則 姓諱下 當日 謹遣臣 某官某下倣此)敢昭告于
皇天上帝
皇地祇曰
一陽初復 六氣乃享 是日南至 大德曰生 謹遵禮典 備玆禋燎 恭以 玉帛犧齊
粢盛庶品 式陳明薦 尙饗]

이밖에도 祈穀(기곡) 祈雨(기우) 등 여러 종류의 원구제가 행하여졌으며 또 그때그때의 악사와 축문이 상이하나 자세한 내용의 소개는 생략한다.

9) 冬至祀圜丘儀(동지사원구의)

원구단의 의식은 여러 가지가 있지만 모두가 동지 때 행하는 원구의 의식 속에 내포되며 ,행사를 할 때 그 하나하나가 그대로 적용되는 것이다. 동지 때 행하는 의식가운데 중요한 것을 순서에 따라 명목만 들어 서술하면 燔柴儀(번시의), 晨祼禮(신나례), 進幣儀(진폐의), 三上香(삼상향), 進熟儀(진숙의),

초헌의, 아헌의, 종헌의, 분헌의, 음복의, 망요의 등의 차례로 행하게 되어 있다. 그리고 각 의식이 복잡하여 하나하나 소개할 수 없어 초헌의만을 대략적으로 소개하고자 한다. 그러나 기타 여러 의식은 초헌의와 비슷하므로 생략하며, 초헌의도 상세히 설명하려면 도리어 혼란을 갖게 되므로 간단한 설명만을 하고자 한다.

항상 집례가 홀기에 따라 창을 하면 禮儀使(예의사)가 임금을 인도하여 예의 순서에 따라 행한다. 그 때 협률랑이 부복하여 기[麾(휘)]를 들면 壽和之曲(수화지곡)을 아뢴다. 이리하여 황천상제 신위에 가서 헌작을 한 다음 俯伏(부복)하고 일어나며, 다시 황지지왈 신위에 가서 헌작 부복하고 일어나 약간 물러서서 꿇어앉으면 악이 중지되며, 대축이 신위의 바른 쪽에서 동향하여 축문을 읽는다. 축문이 끝나면 악이 연주되고 부복하여 일어나서 본 위치로 돌아온다. 그때 황태자 이하 모든 제관도 부복하고 일어난다.

여기서 부언할 것은 飮福(음복)의 의식이 끝나고 황제가 복위를 한 뒤에 비로소 四拜(4배)를 한다. 그리고 황태자 이하 집례들도 4배를 하게 된다. 그리고 찬인이나 악사 文武舞員(문무무원)은 망요례가 끝난 뒤에 4배를 한다. 이로써 예가 끝나면 典祀官(전사관)과 壇司(단사)는 각각 그의 관속을 거느리고 철상을 하며, 神坐(신좌)를 皇穹宇(황궁우) 위에 봉안하고 황궁우의 문을 닫고 나오면 임금은 환궁한다. 이로써 원구제는 끝난다.

입학도설(入學圖説) 혹문(或問) 소고(小考)

權 五 興

(성균관 석전교육원 원장)

1. 서(序)

입학도설은 양촌(陽村)선생의 저술이다.

책이름이 뜻하듯 학문에 뜻을 둔 젊은이들이 알아야 할 기본적 소양(素養)을 대학(大學)과 중용(中庸) 또는 천인심성합일설(天人心性合一説)을 알기 쉽게 그림으로 풀이한 책이다.

주로 주돈이(周敦頤)의 태극도설을 근본으로 하고 주희(朱熹)의 중용장구(中庸章句)를 참고 하였다고 서문에서 설명이다.

양촌의 입학도설은 후세에 퇴계의 성학십도(聖學十圖)나 정추만(鄭秋巒)의 천명도설(天命圖説)에 지침(指針)을 주었으며, 뒤에 사단칠정(四端七情) 논쟁의 발단을 미루어 보아도 그 영향이 큼을 짐작할 수 있다.

1. 천인심성합일지도(天人心性合一之圖)

주자(朱子)가 이르기를 「하늘은 음양(陰陽)·오행(五行)으로 만물(萬物)을 화생(化生)시키고, 기(氣)로써 형체(形體)를 이루니 이(理)가 또한 거기에 주어진다」라고 하였다. 이제 여기에 근거하여 이 그림을 그렸다.

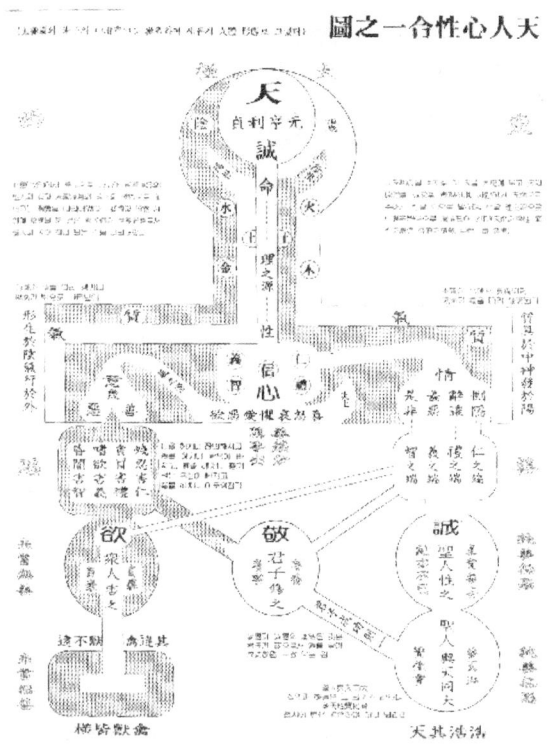

위 그림은 삼가 주자(朱子)의 태극도(太極圖)와 주자(朱子)의 <中庸章句>의 설에 의거해서, 인간의 심성상(心性上)에다가 이기·선악의 차이를 분명히 밝혀서 학생들에게 보인 것이다. 그러므로 만물이 화생하는 형상까지는 설명하지 못하였으나, 사람이나 물건이나 그 나는 이치로 말하면 같은 것이어

서 기(氣)가 통하였는가 막혔는가, 치우쳤는가 바른가의 차이가 있을 뿐이다.

기가 바르고 통하였으면 사람이 되고, 치우치거나 막히면 물건이 되니, 이 그림에 의해서 볼 것 같으면, 성자권(誠字圈)이 가장 바르고 가장 잘 통하였기 때문에 성인(聖人)이 되었고, 경자권(敬字圈)은 그 다음으로 바르고 통하여 중인(衆人)이 되었으며, 욕자권(欲字圈)은 치우치고 막히었으므로 물건이 된 것인데, 그 밑으로 금수(禽獸)처럼 옆으로 된 것이 한층 더 치우치고 막히게 되면 초목(草木)이 되는 것이다.

만물이 화생되는 형상이 또한 그 속에 모두 갖추어져 있다고 하겠다. 대저 천지의 조화는 생생(生生) 무궁(無窮)한 것이니, 가버린 자는 쉬고, 다시 오는 자가 이어서, 사람과 짐승, 풀과 나무, 천만가지 형상이 각기 성명(性命)으로 태어나는 것이 모두 하나의 태극에서 유출(流出)된 것이다. 그러므로 만물은 각기 하나의 이를 구비해 있는 것이고, 만물의 이는 다 같이 하나의 근원으로부터 나왔으니, 한 포기의 풀, 한 그루의 나무라도 다 각기 하나의 태극을 가지고 있는 것이며, 천하에 성(性)밖에 다른 물건이 있을 수는 없는 것이다.

그러므로 <중용>에 이르기를, 「능히 자기의 본성을 극진하게 할 수 있으면 능히 중인의 본성을 극진히 할 수 있고, 능히 만물의 본성을 다할 수가 있어서 가히 천지의 화육에 찬조할 수가 있게 된다」하였으니 아! 얼마나 극진한 말인가!

2. 「人」이란 「仁」한 것이다. 인이란 것은 천지가 만물을 내는 원리이다

사람이 이것을 타고나서 마음이 되는 것이다. 그러므로 사람이 만물의 영장이 되는 것이며, 인(仁)은 모든 선(善)의 으뜸이 되니, 합쳐서 이것을 도

(道)라고 말한다. 성인은 성(誠)이 지극하여 도가 하늘과 같고, 군자는 능히 경으로써 그 도를 닦으며, 일반 사람들은 욕심에 가려 혼미해서 오직 악(惡)을 좇는 것이다. 그러므로 사람이란 그 원리는 하나이지만, 타고나는 기질과 행하는 일에 있어서는 선악의 차이가 있다. 그런 까닭에 그 글자가 둘로 갈려 경계하는 뜻을 보이고 있는 것이다.

人者 仁也   仁則天地所以生物之理 凡人得以生而爲心者也   (玉子 卷二 15 丁, 原註)

사람인 仁(인)이어서. 인은 천지가 만물을 내놓는 원리(가)라 사람이 이것을 얻어 나서 마음(인)으로 삼는다.

人者 其人也(地)之變 陰陽之交 鬼神之會 五行之秀氣(지)라 (禮記오 卷九 부 體運 편 참조)

사람이란 천지의 (사귀며, 음양의 結合(결)이며, 귀신 神의 만나는 곳이며, 오행의 빼어난 기운된 것이다.

인간으로서 능히 「仁」을 체득하여 심덕을 온전하게 하고, 그 타고난 원리가 늘 존재해서 잃지 않도록 해야만 사람으로서의 명분에 부끄러움이 없으며, 그 공(功)으로서 비로소 수(壽)하게 된다. 그렇지 못하고 타고난 원리가 손상될 때에는 사람이라 할 것이 못된다. 그러므로 공자가 이르기를, 「어진 자는 수(壽)한다」하였고, 또 이르기를, 「사람이 태어날 때에는 본래 정직한 것인데, 정직하지 못한 사람도 살아가는 것은 다만 요행수로 화(禍)를 면(免)하였을 따름이다」라고 한 것이다.

3. 마음이란 사람이 하늘에서 타고난 것이고, 신체(身體)를 주관하는 것이다

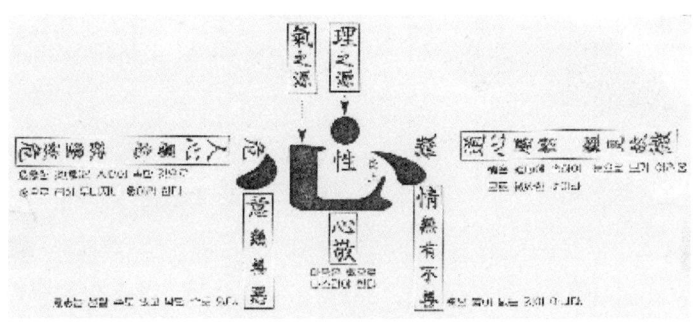

이(理)와 기(氣)가 묘(妙)하게 합쳐졌으니 비어 있으면서도 신령스럽고 통철하여 신명이 머무는 집이 되고, 성정을 거느리게 되니, 이른바 밝은 덕으로써 온갖 이를 구비하여 만사에 대응하는 것이다. 기품에 구애가 되고 물욕에 가려져서, 그 작용의 나타남은 때로는 혼매하게 되니, 학자들은 마땅히 경(敬)으로써 마음속을 바르게 하여 혼매함을 물리치고, 다시 밝음을 회복시켜야 할 것이다.

그 글자 모양이 네모진 것은 사방 한 치 되는 곳의 중앙에 있음을 본뜬 것이요, 중앙의 한 점은 성리의 근원을 본뜬 것이니, 지극히 둥글고 지극히 발라서 한쪽으로 치우치거나 기운바가 없는 마음의 본체가 된다. 그 밑으로 오목 파인 것은 그 속이 허(虛)한 것을 본뜬 것이니 텅 비어 있기 때문에 모든 이(理)를 갖출 수가 있는 것이다.

그 머리끝이 위에서부터 아래로 내려온 것은 기(氣)의 근원을 나타내고 있는데, 묘(妙)가 합쳐 마음을 이루는 것을 말해주고 있으며, 그 꼬리가 날카로워 밑으로부터 위로 삐친 것은 마음이 오행(五行)으로는 불에 속하는바, 그 불꽃이 피어오름을 본뜬 것이다. 그러므로 능히 광명(光明)이 발하고 동하여 만사에 대응하게 되는 것이다.

그 오른쪽의 한 점은 성(性)이 발하여 정(情)이 됨을 본뜬다. 이것 역시 마음의 작용인 것은 매일반이다. 그 본체는 하나이고 작용은 둘이 있으니, 성명(性命)에서 발원한 것은 도심(道心)이라 하여 정(情)에 귀속하는데, 그 시초(始初)에 있어서는 「不善」이 있을 수 없으나 그 발단이 미묘하여 보기가 어렵기 때문에 이르기를, 도심은 오직 미묘하다 한 것이니 이는 반드시 「敬」으로 주관하여 확충시켜 나가야 되는 것이다.

한편 형기에서 나온 것은 인심이라 하여 「意」에 귀속시키는데, 그 기미는 선한 것도 있고 악한 것도 있어서, 그 형세가 위태롭고 멀어질 듯하다. 이르기를, 인심은 오직 위태로운 것이라고 말하는 것이나, 더욱 특별히 「敬」으로써 주장하여 다스려야 하며, 욕심이 싹트는 것을 막고 천리를 정상으로 확충시켜서 도심이 주가 되고 인심이 거기에 좇도록 해야만 위태로운 것이 안정되고, 세미한 것이 드러나서 동하고 정하며, 말하는 것이다 스스로 잘못이 없게 되어서, 비로소 성현(聖賢)들과 더불어 천지의 조화에 참여케 되는 것이니, 차차로 그런 목적에 도달하도록 노력을 기울여야 할 것이다. 그렇지 못하면 사람의 욕심은 날로 자라고, 천리는 날로 시들어서, 그러한 마음의 작용은 정욕(情欲)과 이해관계에 지나지 못하게 되니, 비록 사람의 형상을 하고 있다 하더라도 금수와 별로 다를 것이 없으니, 감히 「不敬」을 해서 되겠는가 하였다.

4. 「性」이란 하늘이 명(命)하고 사람이 그생명(生命)을 받는바, 이치로써 내 마음 속에 구비되어 있는 것이다

그러므로 그 글자가 「心」과 「生」으로 구성되었다. 사람이 태어나는 것과 만물이 태어나는 것이 그 이치는 한가지인데, 타고나는 기질이 다를 뿐이다. 고자(告子)가 이르기를 「생하는 것을 성(性)이라고 한다」하였고, 한퇴지는 이르기를, 「사람이 태어날 때 함께 생하는 것이다」하였고, 석가모니는 「작용하니 이것이 성이다」하였으니, 모두가 기(氣)를 말했을 뿐이요 이(理)를 빠뜨리고 있다. <중용>에 이르기를, 「하늘이 명(命)한 것을 성(性)이라 한다」하였고, 맹자는 「그 마음을 다하는 자는 그 성을 알고 그 성을 알면 하늘을 안다」라고 하였다.

性

**性이란 하늘이 命하고 사람이 받은 생명의
이치로써 내 마음에 구비되어 있다.**

위의 그림은 초학자들을 위하여 만든 것이기 때문에 천·인·심·성(天·人·心·性)의 의의를 해석한 것이나, 점획의 분석이 너무 파쇄적(破碎的)이다. 선생과 어른들께는 응당 죄를 짓는 것이 되겠지만, 초학자가 볼 때에는 한 번 보아서 그 대체적인 뜻을 알 수가 있을 것이다. 그 의의는 모두가 정·주(程·朱)의 격언에 근거한 것이고, 나의 억설(臆說)은 아니다.

「경심(敬心)」에 있어 존양(存養)을 말하지 않은 것은 초학자로 하여금 동처(動處)로부터 공부하도록 하기 위한 것이지, 존양(存養)이 결코 경(敬)밖에 있어서가 아니다. 뜻이 같은 학자들이 더욱 바르게 해서 학자들에게 혜택이 된다면 더 없이 다행이겠다.

초학자들의 질문: 「합일도(合一圖)」는 삼가 주염계의 <태극도>에 의거한 것이라고 선생께서는 말하였는데, <태극도>에는 소위 「무극」이라는 것이 있고, 이 그림에는 없으니 어찌된 것인가.

대답:「무극」이란 태극 속의 이(理)를 가리켜 한 말이고, 태극 위에 달리 또 무극이 있는 것은 아니다. 즉 이 그림 중의 천자(天字) 일권(一圈)이 그것이다.

질문: <주역>에서는 건(乾)의 사덕(四德) 원·형·이·정(元·亨·利·貞)을 말했을 뿐인데, 선생께서는 성(誠)을 더 추가하였으니 무엇 때문인가.

대답: 하늘의 명은 오직 깊고 멀다고 하였거니와 사덕의 유행 순환이 시종 한 번도 쉬는 일이 없는 것은 이(理)가 실(實)된 때문이다. 그러므로 <중용>에 이르기를, 「성(誠)이란 하늘의 도다」라고 한 것은 대개 사덕 순환의 실을 말한 것이라 하겠으니, 사덕 밖에서 무슨 성(誠)이 또 있는 것은 아니다.

　　그러므로 주자가 일찍이 오상(五常)의 신(信)에 배당하여 합쳐서 말하였던 것이니, 내가 감히 마음대로 추가한 것이 아니다.

질문: 명(命)을 이(理)의 근원이라 하여 성(性)을 위에다 놓은 것은 무엇 때문인가

대답: <중용>에 이르기를 「하늘의 명(命)을 성(性)이라 한다」하였고, 주자는 해석하기를, 「하늘이 음양·오행으로 만물을 화생(化生)시키고, 기로써 형상을 이루고 이가 또한 거기에 부여되니 마치 명령과 같다」라고 하였다. 그러므로 소위 명(命)이라 하는 것은 사람이나 동물이 처음 태어날 때에는 하늘이 부여하는 이(理)이니, 음양 속에 있으나 음양 속에 뒤섞인 것이 아니므로 성리의 근원으로 생각이 되는 것이다. 성·탕(成·湯)의 이른바,「충심을 내려주는 떳떳한 성」과 이윤(伊尹)의 소위「하늘의 밝은 명(命)」, 그리고 유향(劉向)의 이른바「천지의 중(中)」과, 공자의 이른바,「이어가는 것은 선(善)이고 이룬 것은 성(性)이다」라고 한 것이 모두가 이것을 말하는 것이다. <중용>의 말은 대개 여기에 근거한 것으로 순수 지선하여 만 가지 이치가 모두 완비되었으니 하늘

이 곧 사람이요, 사람은 곧 하늘인 것이다.

질문: 상천(上天)은 소리도 없고 냄새도 없는 것으로 주염계의 <태극도>에서
는 원(圓)으로 그 모양을 그렸고, 그 속은 비어 있으며 무극이라 이름 하
였는데, 지금 선생은 천자(天字)를 쓴 것으로 이미 충분하거늘 다시 사
덕을 쓰고 성(誠)과 명(命)을 더 썼으니 명의(名義)가 그리 많은 이유는
무엇이며, 어찌 하나의 근본에서 나오는 묘(妙)를 다하지 못하였는가.

대답: 하늘이란 막막하여 비록 소리나 냄새라고 할 만한 것은 없으나, 조화
(造化)의 중심이 되고 만물의 근저(根柢)가 되는 것이 하늘인데, 어찌
아무 이유 없이 그러할 수가 있겠는가. 혼연한 하나의 이가 끊임없이
유행하여 이기·오행(理氣·五行)과 사시·백물(四時·百物)이 모두 여
기에서부터 나오고 있다. 그러므로 원(元)의 이(理)는 봄에 만물을 내
며 사람에 있어서는 인(仁)이 되고, 형(亨)의 이(理)는 여름에 만물을
성장시키고 사람으로는 예(禮)를 하게하며, 이(利)의 이(理)는 가을에
만물을 성숙하게하고 사람에게는 의(義)롭게 하며, 정(貞)의 이(理)는
겨울에 물건을 거두게 하고 사람에게는 지혜가 있게 하나니, 이 네가
지 덕은 모두 일원(一元)의 유행으로 되는 것이다. 그러므로 원(元)은
사덕을 포함하고 인(仁)은 오상을 거느리는 것이다. 순환의 실(實)이라
말하는 것은, 말하자면 성(誠)을 이름인데, 사람으로는 신(信)이 되고,
물건에 부여되었다고 하는 것은 명(命)을 이름이니, 사람으로는 성(性)
이 된다. 그러므로 비록 명의가 많다고 하나 각기 해당한 바가 있어서
모두가 혼연한 것으로부터 유출되어 나오는 것이니, 어찌 한 근본의
묘(妙)를 해친다고 하겠는가. 더구나 이 그림은 다만 초학자들을 위하
여 그린 것이므로, 만약 이렇게 그리지를 않고 직접적으로 하늘이라
말한다면, 혹은 그 뜻이 명막(冥漠) 공허(空虛)하여 아무것도 주재하는
것이 없다고 생각해서 만 가지 이치의 근원이 되는 사실을 모를 것이
며, 혹은 창망(蒼茫)하게 사방을 덮고 있어 기의 조화가 행하여지는

사실에 구애되어 한 근원에서 나오는 묘리를 모르게 될 것이며, 더구나 또 내가 말하는 성(性)의 그 근원이 모두 하늘에서 나오니, 그 이(理)는 모두 나 자신에 갖추어진 것임을 모르고, 혹은 불가(佛家)의 공허에 빠지거나, 양웅(楊雄)의 혼돈에 빠지고 말 것이기 때문이다.

질문: 주염계의 <태극도>에서는 양의(陽儀)가 왼편에 있고 음의(陰儀)가 오른편에 있어, 음양의 방위가 각기 바른 자리에 있는데, 지금 선생의 이 그림에서는 양이 오른쪽에, 음이 왼쪽에 있어서, 오른쪽이 동이 되고 왼쪽이 서가 되었으니 어찌된 것인가

대답: 주염계의 <태극도>는 나를 위주로 해서 그림을 상대하매, 나는 북쪽에 있고 그림이 남쪽에 있기 때문에, 왼쪽이 동이 되어 양의가 위치하고, 오른쪽이 서가 되어 음의가 있게 되지만, 이 그림은 그림이 위주요 내가 보는 입장이기 때문에 그림이 북이요 내가 남쪽이 된다. 그러므로 동이 오른쪽이 되고, 서가 왼쪽이 되는 것이니, 빈주가 마주 대하는 차이가 있을 뿐이고, 음양의 방위에 변동이 있는 것은 아니다.

질문: 주염계의 <태극도>에서는 수화금목(水火金木)이 다 이의(二儀)밑에 있고, 토(土)가 그 중간에 있는데, 지금 선생의 그림에서는 수가 음속의 양근(陽根)에 들어가 있고, 화(火)는 양 속의 음근(陰根)에 있으며, 또 토(土)를 둘로 나누어 사행(四行)사이에 끼어놓았으니 어찌된 것인가.

대답: 주염계의 <태극도>에서 비록 오행(五行)을 이의(二儀) 밑에다 배열하였지만, 말하기를 오행 일음양(一陰陽)이라 하였으니, 음양이 오행 밖에 있는 것이 아닌데, 보는 사람이 혹 살피지를 못하는 것이다. 대저 수(水)는 자(子)의 방위에 있고, 양(陽)은 자(子)에서 생기기 때문에, 물이란 음(陰)의 극(極)이면서 양(陽)이 이미 생겼으니, 즉 음 속의 양이 된다. 그러므로 음 속에 들어가서 양근이 있는 것이고, 화(火)는 오(午)의 자리에 있는데, 음이 오에서 생기므로 불이란 양이 성한 것이

나, 음이 이미 움터 있으므로 양속의 음이다. 그러므로 양 속에 음근이 있는 것이다. 목(木)은 양이 어리고 순수하므로 동쪽에 위치하고, 금(金)은 음이 어리면서 순수하므로 서쪽에 있게 된다. 그런데 토(土)로 말하면 정한 자리가 없고, 사행(四行)에 붙어 성하기 때문에 둘로 나누어 그 사이에 낀 것인데, 그 권이 사행만큼 똑같이 크지 못한 것은 그 중앙에 있는 체가 은연중에 사행과 똑같이 크게 하지 못한 것이다. 거기에 항차 하늘이 명한 이(理)가 그 속에 부연된 것이 이미 그 안에서 주장이 되고 있으니, 또한 어찌 토(土)를 섞을 수가 있겠는가. 그러므로 그 형세 또한 불가불 나누지 않을 수가 없는 것이다.

질문: 사람과 동물이 생기는 것은 이기가 모여서 그 형질을 이루는 것인데 지금 선생은 기(氣)와 질(質)을 좌우로 나누었으니, 이는 기와 질을 판연히 둘로 나눈 것이다. 기질이 합치지 않고 형체를 이룬 것은 어찌된 것인가.

대답: 물(物)이 형상을 이루는 것은 실로 이기가 모여서 되는 것이므로 결코 둘로 나룰 수 없다. 그러나 그 시초를 살펴볼 때, 형(形)은 음에서 생기고 신(神)은 양에서 발하므로 역시 나누지 않을 수도 없다. 지금 좌우로 나누는 것은 결코 이것을 두 가지로 보고자 하는 것이 아니라, 학자들로 하여금 양과 음을 분간하게 하여 그 유래를 분명히 알도록 하자는 것뿐이다. 그래서 기(氣)가 비록 오른편에 있으나 질(質)이 그 속에 구비되어 있고, 질이 왼편에 있으면서 기가 그 속에 유행하고 있은 즉, 합쳐 하나가 아니 되는 것이 아니다. 또한 나누었다가 다시 합친 뒤에 또다시 기를 밖으로 놓은 이 역시 기가 질에 기우(寄寓)하면서 밖으로 발양되는 것을 보이기 위한 것이다.

질문: 마음은 허허(虛虛)하여 모든 이를 갖추고 있어 마사에 대응한다면 이와 기를 합해서 본 것이 되니 이는 어찌된 것인가.

대답: 이는 원래 무위한 것이고, 능히 허하고서도 작용을 하는 것은 기(氣)

다. 순(舜)임금의 우(禹)에 대한 명(命)에 「인심은 오직 위태롭고 도심은 오직 미묘하다」하였으니, 분명히 이 기를 나누어서 한 말이다. 무릇 심지발(心之發)에 있어 그 기미에 선악의 차이가 있으니 만약 이가 순수해서 기각 섞이지 않았다면 그 발함에 어찌 불선이 있을 수 있겠는가. 또한 오장(五臟) 중의 하나로써 화(火)에 속한 즉, 이 역시 기를 받아 형상이 되었음을 알 수 있는 터이다.

질문: 심체(心體)는 본래 허하고 그 지각되는 것은 한가지일 따름이다. 그러므로 그 미발에 있어서는 지극히 정허(靜虛)하여 이름붙일 만한 것이 아무것도 없다가, 그것이 발함에 있어서는 사물의 이는 감촉되는 바에 따라 하나로 일관되어 통하지 않음이 없는데, 지금 선생의 그림에 있어서는 기위 성심과 정의의 점획을 나누고, 또 오상사단칠정과 이기를 각기 그 밑에 귀속시켰으니, 명의는 번다하고 지각은 한결같지 아니해서, 착잡하고 분요(紛擾)하여 정허한 체가 확립되지 못하고 치우치고 막혀서 관통되는 작용이 주도하지 못한 것 같으니 이는 어찌된 일인가.

대답: 마음은 허허하고 지각은 오직 하나뿐이라고 하였다. 그러나 허허한 것의 체로 말하면, 오상의 성에 불과하여 일만 가지 사물의 이를 거느리지 않음이 없고, 지각의 작용으로서 말하면 사단칠정의 느낌에 불과하니, 일만 가지 사물의 변화를 관할하지 않음이 없는 것이다. 오직 정허하다는 것만을 알고 오상의 성이 체가 되고 있는 사실을 모른다면 그 마음이 막연하고 실질이 없어서 노자(老子)의 허와 불가(佛家)의 공적(空寂)에 빠지고 말 것이니, 대체적인 근본이 확립되지 못할 것이고, 한편 지각이 있음을 알뿐 사단칠정이 발하는 것과 그 기미에 선악의 구분이 있다는 것을 자세히 살피지 못한다면 마음은 사물의 부림이 되고, 욕심이 동하고 정이 이겨서 달도(達道)는 행해지지 못할 것이다. 그러므로 반드시 학자들로 하여금 이 체가 지정(至靜)한 속에 머물러 본연의 정(正)을 지키고 있다는 것과, 그 작용이 사물에 대응하는 실제

를 살펴서, 타오르는 욕심을 막아야 한다는 것을 알도록 해야만, 비로소 체용이 겸전하고 내외가 교양(交養)해서 학문의 도를 얻게 될 것이다.

질문: 옛날에 성(性)을 말하는 자 반드시 인의예지(仁義禮智)라 하였는데 지금 선생은 인의예지(仁義禮智)라고 하였으니 이는 어찌된 일인가.

대답: 옛날 사람들은 상대되는 자리를 엇갈려 불렀으니 예를 들면 동서남북(東西南北) 같은 따위이고, 지금은 천지(天地) 따위와 같이 나누어 말한 것이니 예를 들면 춘하추동으로 나누는 것과 같은 것이다.

질문: 옛날 당나라 때 한자(韓子)는 원성(原性)에서 예에 근거하여 희노애락애오욕(喜怒哀樂愛惡欲)의 일곱 가지를 성(性)이 발하는 정(情)이라 하였고, 정자(程子) 역시 이것을 취하여 말하였는데, 지금 선생은 사단을 성발(性發)에 귀속시키고, 칠정은 심 아래에 배열하였으니 어찌된 것인가.

대답: 희·노·애·락·애·오·욕의 일곱 가지 작용은 인간에게는 본래 당연한 법이라 하겠으나, 그것이 발하여 절도에 맞으면 <중용>에서 말하는 달도(達道))의 화(和)가 되는 것이니 어찌 성의 발이 아니라 하겠는가. 그러나 그 중에서 발하여 절도에 맞지 않는 것이 있으니, 이것을 바로 성발이라 하여 사단과 똑같이 정 속에 배열할 수 없는 것이다. 그러므로 심 아래에 나열하여 그 발함에 있어 중절(中節)과 부중절(不中節)이 있다는 것을 학자들이 충분히 살필 수 있도록 한 것이다. 항차 정자(程子)는 외물(外物)에 감촉이 되어 중심이 동(動)하고 그 중(中)이 동(動)해서 칠정(七情)이 나오며, 정이 왕성하게 타오르면 성(性)은 탈이 난다고 생각하였음에 있어서랴. 그러니 성이 발하는 것이 아니라고 하는 것은 충분히 알 수 있지 아니한가.

질문: 측은·사양·수오·시비는 곧 인·의·예·지의 단이요, 두 가지가 다른 것이 아닌데, 지금 선생은 이미 네 가지를 정 밑에 나열하고, 다시 그

사단을 밖에 써서 달리 하나의 권을 만들었으니 어찌된 것인가,

대답: 사자(四者)의 성은 혼연히 중심에 있고 그 작용이 행해질 때 느낌을
좇아 통하여서 측은·사양·수오·시비의 마음이 되는 것이니, 마음이
곧 네 가지 단이요, 실로 둘이 있는 것이 아니다. 그러나 중심에서 발
함을 심이라 하고 밖으로 나타남을 단이라 한 것이니 맹자가 이 두
가지를 말하기도 하고 혹은 단을 말하기도 하고, 혹은 단을 말하지 않
기도 하였으며, 주자가 단을 말할 때, 마치 물건이 안에 있으면 그 단
서가 밖으로 나타나는 것과 같은 것이라고 하였던 것이다. 그러므로
그 의의는 매우 분명한 것이며, 나누지 않을 수가 없는 것이다.

질문: 사람의 신체가 기로써 형성된 것은 성인이나 어리석은 사람, 어진 사
람, 막힌 사람 할 것 없이 모두가 일반이기 때문에 주자(朱子)도 이르
기를 「사람이라면 이 형상 아닌 사람이 없다」라고 한 것이다. 그러므
로 상지(上智)라 하여도 인심이 없을 수는 없다. 지금 선생은 성자권
에 있어서 전적으로 이를 말하고 기에는 언급이 없으니, 성인은 형기
도 없고 본래 인심이 없다는 것인가.

대답: 그렇지 않다. 사람이 태어나는 것은 다 같이 기를 얻어 모양을 이루고,
또한 이를 얻어 성이 됨은 매일반이다. 그러므로 태극 밑에 기전을 가
지고 밖으로 형을 이루었고, 또 안으로 이기를 가지고 마음이 된 것은
성우현비(聖愚賢否)가 다 한가지로 같은 것이다. 성(誠)·경(敬)·욕(欲)
의 삼권은 단지 마음에서 발생되고 일에서 지어짐에 있어서 선악과 고
하(高下)에 좇아 세 가지 등급이 있을 뿐이고 성인의 몸에 형기가 없
거나 인심이 없다는 것은 아니다.

또 이른바 인심이라는 것도 곧 나쁘다는 것은 아니다. 인심이 그 바
른 도를 얻기만 하면 이는 곧 도심의 유행이니, 그러므로 성인의 마음
은 천리에 순수해서 사사로운 인욕이 털끝만치도 없음을 말한다.

질문: 오경과 <논어>·<맹자> 등 모든 서적이 다분히 성인의 덕을 찬미하고 있는데, 선생은 성자권 안에다 성인의 덕을 표시했을 뿐이고, 다른 곳에서는 취급하지 않고 다만 진실무망(眞實無妄)이라고만 썼으니 어찌 된 것인가.

대답: 성인의 덕은 넓고 크기가 하늘과 같아서 갖추지 못한 것이 없기 때문에 칭송하고 찬미하는 말이 각기 지극하고 대단하지만, 하늘의 실질로 말하면 지성하여 끊임이 없는 것 그것이다. 그러므로 성자를 큰 글씨로 써서 드러낸 것이고, 그 밑으로 만약에 다른 설명을 해 놓는다면 극도로 찬미하는 말을 다한다 하더라도 미비한 학자들이 거의 바라보지 못할 것으로 여기고, 추향(趨向)하는 마음을 게을리 할 수도 있을 것이다. 그러므로 단지 진실무망이라고만 해서, 성자를 해석한 것이니, 말은 지극히 가깝지만 넓고 크기가 하늘의 덕과 같아서 그 속에 머물지 않은 곳이 없는 것이다. 더구나 학자들이 볼 때에도 너무 높아서 행하기기 어렵다고 여겨지지 않을 것이며, 성(誠) 배우기를 생각하게 되고 성(聖)의 공을 바라게 될 것이니, 가히 스스로 힘써야 할 것이다.

질문: 주염계의 도서에서 이르기를, 「군자는 수신하니 길하고, 소인은 거슬리니 흉하다」 하였는데, 지금 선생은 여기에 근거하여 경자 밑에다 「군자수지(君子修之)」라 하고 욕자에는 「소인(小人)」이라 하지 않고 중인(衆人)이라 한 것은 무엇 때문인가.

대답: 사람은 비록 불초(不肖)하지만 모두들 스스로 생각하기를 현명하고 지혜롭다 하며 자기의 소행이 소인스러운 것을 알지 못한다. 만약 여기에 소인이라 써 놓으면 보는 자들이 절로 자포자기하여 타인의 일로 여기고 살피려 하지 않을 것이다. 그래서 중인이라 하였으니 사람마다 보고서 각자 스스로 살피고 힘써서 감발(感發)하는 바가 있을 것이다.

질문: 선생은 이 그림을 그려 주자(周子) 염계선생과 견주려 하는가.

대답: 아니다. 그 무슨 말인가, 주염계의 <태극도>는 정심(精深) 광대(廣大)
하고, 비극무여(備極無餘)하여 처음 학문을 하는 선비로서는 미처 알
기 어려운 바가 있고, 주자의 <중용장구>의 설은 명백 간절하여 이 또
한 초학자로서는 살피지 못할 데가 있으니, 이것은 의리의 근본을 말
했기 때문이다. 그리하여 초학자로서 모를 데가 있다면, 배움에 있어
모두가 구애가 될 것이고, 그 손실이 또한 매우 클 것이다. 이에 염계
의 그림에 근거하고 주자(朱子)의 설을 참작하여 이 그림을 그려서 학
생들에게 보이는 것으로써 학문에 초입에 있는 자들에게 향방을 알
수 있도록 했을 뿐이다. 어찌 감히 선철(先哲)을 바라겠는가.

질문: 천·인·심·성의 뜻을 해석하고 점획까지도 분파(分破)하여 꼬치꼬치
캐었는데, 이는 무엇에 근거하였는가.

대답: 파쇄 천착한 죄는 나 자신 피할 수 없음을 잘 알고 있다. 다만 초학자
들이 즐겁게 보고 쉽게 그 뜻을 이해할 수 있도록 하였을 뿐이다. 그
러나 옛 사람들이 문자를 제작함에는 회의라 하는 것도 있으니 일대
(一大)＝천(天), 토야(土也)＝지(地) 따위가 그것이요, 「산(山)」이나「정
(鼎)」 따위의 상형자가 있으며, 중심(中心)＝충(忠), 여심(如心)＝서(恕)
따위와 같이 뜻을 분석하여 글자를 분해한 것도 있으니 대의를 살리고
큰 잘못을 저지르지 않았다면 큰 것을 취하고 작은 것을 용서함도 가
할 것이다.

5. 대학지학지도(大學指學之圖)

<대학>은 강령이 갖추어 있고, 절목이 상세하다. 문장은 간략하여 알기
쉽고, 이치도 절실하여 알기가 쉽다. 학문을 하는 순서와 공부하는 방법이
지극히 정밀하게 나타나 있으므로 초학자에 있어 당연히 우선적으로 힘써야

할 책이다. 그러나 아무래도 초학자들은 그 채용·본말과 지행·공효를 살피지 못하며, 아무리 부지런히 일깨워 주어도 쉽게 알 수 있는 것이 아니다. 이제 이 도표를 그려서 <대학> 전체를 먼저 살피어 한눈에 분명히 볼 수 있게 한 다음에 책을 읽어나가면, 애써 가르치지 아니해도 절로 그 절차를 알게 될 것이며, 늘 이것을 눈여겨 보면서 마음 속 깊이 고찰해 볼 것 같으면, 한 권의 <대학>이 절로 마음속에 자리를 잡게 될 것이다.

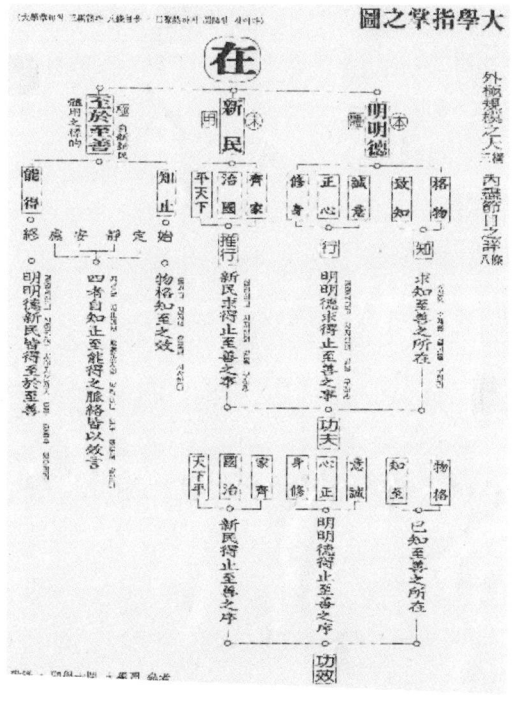

학자들의 질문: 선현 중에 동공(董公)은, <대학>중에서 「지지이후유정(知止以後有定)」에서 「즉근도의(則近道矣)」까지의 양절을 「격물치지」의 전(傳)으로 삼았고 황씨 역시 이것을 취하고 있으니, 이것이야말로 주자(朱子)가 미처 깨닫지 못한 점을 터득한 것이 아닌가.

대답: 나는 이것을 볼 때마다 그 용의(用意) 심오함과 소견의 탁월함에 탄복하여 늘 잊지 않고 마음속에 간직하기 수년인데, 지금 와서 이것을 볼 때에, 미안한 바가 있으니, 즉 이른바 「지지(知止)」라고 하는 것은, 사물의 도리를 궁진하여 지식이 지극한 경지에 이른 뒤에 오는 효과인데, 격물치지(格物致知)는 <대학>에 있어서 최초로 용력(用力)하는 것이고, 여러 전(傳)은 성의장(誠意章) 이하로 모두가 공부하는 과정을 말함이니, 여기에서 갑자기 공효를 가지고 먼저 말한다고 할 것 같으면 이것은 타당한 일이 되지 못할 것이다. 이른바 「능득(能得)」이라 하는 것은, 「명명덕(明明德)」하고 「신민(新民)」하여서 모두가 「지어지선(止於至善)」하는 일을 말한 것인데, 여기에서 갑자기 「치지(致知)」의 전(傳)에 대하여 언급한다는 것은 온당치 않다. 더구나 이 구절을 치지의 전으로 친다면 청송장(聽訟章)은 어디에 낙착이 될 것인가, 주자가 어찌 이것을 소홀히 하였겠는가, 또 격물이란 사물의 이치를 궁진하는 것이지, 외물을 서로 가로막아서 가까이 하지 못하게 하는 것이 아니니, 다른 말로 증명을 할 것도 없이, 바로 이 구절의 문장 형세로 미루어 보아서도 알 수 있는 일이다. 기위 말하기를, 어떤 물건이든지 본말(本末)이 있고, 어떤 일이나 시종(始終)이 있으니, 일의 선후를 아는 것은 곧 <대학>에서 말하는 도리에 접근하게 되는 것이다 하였고 또 말하기를, 자기의 지식을 증진시키는 일은 즉물(卽物)궁리하는 데에 있다라고 하였으니, 물은 외물이 될 수 없고, 격은 간격이 될 수 없으며, 격물과 치지가 서로 다른 두가지 일이 아니라고 하는 뜻이 분명하다. 비록 격물치지에 전(傳)이 빠지고 없기는 하지만 경문(經文)에서 보면 스스로 윗글이 나올 만한 단서를 찾을 수 있다고 하겠다.

질문: 지선(至善)의 경계에 머무는 것을 아는 일, 즉 「지지」를, 사물의 도리를 궁진하여 지식이 지극한 경지에 이른 다음에 오는 공효(功效)로 보고, 「격물치치」보다 앞에 오지 마아야 한다고 하는 것이 옳을 듯하기는 하나, 전(傳)의 결어(結語)로 미루어 생각할 때, 「차위지지지야(此謂

知之至也)」라 하였으니, 그 위에 빠진 궐문은 「知止」의 공효를 말한 것임에 틀림이 없을 것이다. 경문에서도 또한 이 구절을 여덟 가지 공부과정의 앞에다 놓았으니 그 순서가 틀린 것이 아니겠는가.

대답: 전(傳)의 결어가 효과를 가지고 말하고 있으니, 그 위에 궐문(闕文)은 필시 「지지(知止)」의 효과를 가지고 말하였을 것이다. 그러나 기필코 그 공을 먼저 말하고 효과를 나중에 말하는 것은 주자가 <보전(補傳)>에서 말한 내용과 같은 뜻이 있는 것이다. 결코 공을 말하지 않고 갑자기 그 효과부터 말한 것은 아니다.

그러므로 비록 이 구절이 전(傳)이 된다고 하더라도 「지지」위에 응당 또 달리 궐문이 있어야 할 것이다. 정문에서는 이 구절이 여덟 가지 항목 앞에 있지만 이는 장수(章首)에 있는 강령에 대한 공부를 이어받아 「지지(知止)」의 효과를 말한 것으로, 「명명덕」하고 「신민」하여 「지어지선」할 수 있게 됨을 말한 것이다.

그러므로 경 1장은 공부와 공효를 서로 엇갈려 가며 말하고 있다. 세 가지 강령은 공을 가지고 말했고, 이 구절은 효(效)로써 말한 것이며, 「물유본말(物有本末)」일절은 공과 효를 겸해서 말했고, 八目前의 일절은 공을 말했으며, 뒤의 일절은 효(效)를 말하였다. 「자천자(自天子)」일절은 공으로 맺었고, 「본란(本亂)」일절은 효과로써 돌이켜 맺고 있다. 이것으로 보면 「지지」일절이 비록 팔목(八目) 공부의 앞에 있다 하더라도 그 입언(立言)의 근거는 순서에 맞는 것이다.

더구나 세 강령 중에서 명덕이 비록 중요하기는 하나 「지어지선」 또한 그 요체가 되고 있다. 팔목(八目)에 「명덕」과 「친민」은 모두 해석하면서 여기에 대해서는 한 구절도 없다면 「지선」이 비록 두 가지를 다 겸하는 것으로서 해당되지 않는 곳이 없다고는 하나, 한마디로 해석이 없을 수가 있는가, 만약 강령 세 마디의 순서에 좇아 「지선」의 해석을 八목의 뒤에 놓는다 할 것 같으면 「지어지선」이 「평천하」의 뒤에 와서 별도로 다른 일같이 되어 버릴 것이다. 그러므로 강령의 다음으로 계속되어서 八목의 앞으로 오는 것이 타당할 것이다. 대저 그 공으로 말하면 먼저 본말을 나눈 다음에 그 체요(體要)에 언급이 될 것이고, 그 효과로 말하면, 오로지 체요를 들어서 그 본말을 함께 통괄해야만 그 입언이 가위 법에 맞는다고 할 것이 아니겠는가,

<대학>에 전(傳)을 세우고 문구를 바꾸어, 지행(知行)과 본말(本末)·후박(厚薄)의 삼절을 나누는데 대한 의론, 성의장은 왜 하나의 전(傳)으로 독립시켰는가, 위로 「치지장」에 있지 아니한 것은 지(知)와 행(行)을 나누는 때문이고, 아래로 「정심수신장(正心修身章)」에 접하지 아니한 것은, 자수(自修)의 첫머리에 있어 그 공력은 정심에만 그치는 것이 아니고, 성의가 따로 있어야 하기 때문이다. 선현은 이미 명확한 분별이 있었던 것이다.

「수신제가장(修身齊家章)」의 결어에, 「집을 다스리는 것은 그 몸을 닦는데에 있다」이라 하지 아니하고 글을 바꾸어서, 「몸을 닦지 않으면 집을 다스릴 수 없다」라고 한 이유는 무엇인가.

생각건대 이는 경문의 결어를 이어받아 본말을 나누기 때문일 것이다. 경에 말하기를, 「천자로부터 서인에 이르기까지 한결같이 수신으로서 근본을 삼는다. 그 근본이 어지럽고 말단이 더 잘 다스려지는 일은 없다」라고 하였다. 그러므로 전은 이것을 이러받아 「그래서 몸을 닦지 않으면 집을 다스릴 수 없다」라고 한 것이다.

「제가치국장(齊家治國章)」의 발단에, 「치국선제기가(治國先齊其家)」라 하지 않고 글을 바꾸어 「나라를 다스리는 이른 반드시 그 집에 먼저 다스려야하나니, 그 집안사람을 가르치지 못하고, 능히 남을 가르친 사람은 없기 때문이다」라고 한 이유는 무언인가, 생각건대 이것도 역시 경문의 결어를 이어받아 후박을 나눈 것이다. 경에 이르기를, 「후하게 할 곳에 박하게 하면서 박하게 할 곳에 후하게 한 사람은 없다」라고 하였다. 이 두 구절은 반드시 경문의 결어를 이어받아서 보아야만 전을 쓴 사람의 글 쓴 뜻을 알 수가 있다.

학자들의 질문: 성의장은 스스로 전을 만들어 지행을 나누고 있으면서, 본말·후

박은 달리 전을 하지 않고, 글을 바꾸어 뜻만을 보인 것은 무엇 때문인가.

대답: 지(知)와 행(行) 두 가지는 마치 수레의 두 바퀴와 같아서 학자들이 응당 그 힘을 합쳐서 함께 나아가야 할 것이니, 분명히 이것은 두 가지의 공부다. 본말로 말하면, 비록 채용의 차이는 있으나 크게 말하면 사실은 한 가지 물건이고, 후박도 친소의 구별은 있으나 미루어 나가면 한 가지 일이라고 할 수 있을 것이다.

질문: 「제가치국장」에서 효(孝)·제(悌)·자(慈)를 말하면서 그 다음에는 강고(康誥)의 글을 인용하여 단지 자유(慈幼)만으로써, 결론을 맺고 있는 것은 무슨 까닭인가.

대답: 이는 가장 절실하고 중요한 것을 들어 말한 것이다. 가정을 두고 말할 때, 효제는 혹 근실하게 못하는 사람이라도 어린이를 사랑하는 마음은 간절히 하지 않는 사람은 없다. 이는 선현이 일찍이 한 말이다. 국가를 두고 말한다 하면, 임금을 섬기고 어른을 섬기는 일은 모두가 근실하게 하면서도 민중을 부리는 도리는 흔히 소홀히 하게 된다. 만약 어린이를 사랑하는 마음가짐으로 임금을 섬긴다면 효제를 못하는 사람이 없을 것이고, 어린이를 사랑하는 마음으로 민중을 부려 나간다면 민중을 부리는 데 삼갈 바를 알게 될 것이다.

질문: 그대가 경문을 이끌어서 전八·九장의 변문(變文)의 뜻을 증거하고, 본말과 후박을 나눈다고 생각하는 것은 그럴듯하기는 하다. 그러나 본전(本傳)에 좇아 볼 때에 八장의 윗부분에 친애하는 사람에 대한 편견 등을 이미 말한 바 있고, 또 속담을 인용하여 자기자식의 결정은 모른다는 말을 하고 있다. 그러므로 그 결어에, 「차위신불수(此謂身不修), 불가이제기가(不可以齊其家)」라고 한 것은, 그 전문의 윗부분의 말을 이어받은 것도 또한 八장의 결어를 이어받고 있는 것이지 이 역시 멀

리 정문에서 이끌어온 것이 아니다. 지금 그대의 말은 견강부회가 너무 심하지 않은가.

대답: 그대가 본전(本傳)의 문세(文勢)에 근거하여 말하는 것은 절실하다고 할 만하다. 그러나 제七장에서도 「정심수신(正心修身)」을 말함에 있어 역시 마음에 분노함이 있을 때 「부득기정(不得其正)」하는 예 따위를 말하였고, 나아가 「심불재언(心不在焉)」의 병폐도 말하고 있으면서 그 결어에는 「마음이 바르지 못하면 그 몸을 닦을 수가 없다」이라 아니 하고 직접 「수신재정기심(修身在正其心)」이라 하였다. 이 두 장구의 글과 뜻이 대개 비슷함에도 불구하고 오직 그 결어에 있어 같지 아니 함은 거기에 특별한 의미가 있을 것이 아니겠는가, 대저 경에서 八目 을 들어 말하고 다시금 「신(新)」과 「가(家)」를 제기하여 결어를 맺고 있는 것은, 몸은 명덕의 극이며 천하의 근본이 되는 것이고, 집은 신 민의 시작이면 천하의 법이 되는 것이기 때문이다. 전(傳)을 쓴 사람 이 어찌 그 의의를 다하지 아니하였겠는가.

질문: 이 책의 저작에 대해서 주자(朱子)는 서(序)에서 말하기를, 공자가 외 어 전(傳)하던 것을 증자가 그 뜻을 전(傳)으로 만들었다고 하고서, 경 문의 뒤에는 개(蓋)라는 말을 써서 공자의 말임을 확증하지는 아니하 였고, 그전에 대해서는 증자의 뜻을 제자가 기록하였다고 하였다. 그 말이 앞뒤로 다르니 그 이유는 무언인가.

대답: 주자는 경에 있는 말을 성인(聖人)이 아니면 할 수 없는 것으로 생각 하기 때문에 그것을 공자의 말로 본 것이다. 한편 좌험(左驗)이 없어 혹 옛날의 선민(先民)의 말인가 하는 생각도 있기 때문에 의문을 가지 고 감히 확언을 못한 것이다. 내 어리석은 생각으로 부자(夫子)는 시 세를 걱정하는 탄식에 흔히 칭고(稱古)하여 말하곤 하였다. 예를 들면, 「고지학자위기(古之學者爲己)」, 「고지우야직(古之愚也直)」, 「고자언지 불출(古者言之不出)」 따위가 그것이다. <대학>에서도 역시, 「고지욕명

명덕어천하(古之欲明明德於天下)」라고 하여 「古」를 말함으로써 오늘
날의 옛과 같지 않음을 탄식하였다. 부자(夫子) 이전에 성인으로서 천
자의 자리에 앉지 않은 사람이 없으니, 옛일을 말하여 금일을 탄식함
은 바로 우리 부자(夫子)의 일을 말함이 증명되고 있다. 그러므로 공
자의 말이라고 생각하는 것이다.

그 전(傳)十장에서 인용하고 있는 <시서(詩書)>의 문구나, 전(傳)에서 해석
하고 있는 경(經)의 뜻이 모두가 증자가 평상시에 문인들에게 하던 말들이다.
다만 전문(傳文) 중에서 「증자왈」이라 한 구절은 물론 증자의 수필(手筆)이
아니다. 그러므로 그 문인이 기록한 것으로 생각된다. 비록 문인이 기록하였
으나 그 문인 자신의 말이 아닌즉 이것은 증자가 지은 것과 다름이 없다.
여러 전이 모두 증자의 말이지만 유독 제十목의 한 구절에 특별히 「증자
왈」이라고 더 추가한 것은, 제전(諸傳)이 모두 직접적으로 경문의 뜻을 해석
하고 있는데, 오직 이 한 구절은 증자가 「신독(愼獨)」이란 말을 인연하여 특
별히 본장의 언외(言外)의 뜻을 발양함으로써 문인들을 경계하고 있는 것이
다. 그러므로 문인들도 또한 특별히 「증자왈」이라 칭하며 표를 해서 이후
천만세(千萬世) 학자들의 경책(警策)으로 삼는 것이다. 지금에 와서 읽어볼
때 송연(悚然)히 절로 황송하고 부끄러워지는 바가 있으니, <중용>에서 말
하는 「막현호은(莫顯乎隱), 막현호미(莫顯乎微)」의 뜻과 더불어 상호 발명이
되고 있다. 이점은 바로 자사(子思)가 증자로부터 영향을 받은 것으로서, 학
자들이 마땅히 깊이 생각하고 깊이 살펴야 할 바이다.

6. 중용수장분석도(中庸首章分釋圖)

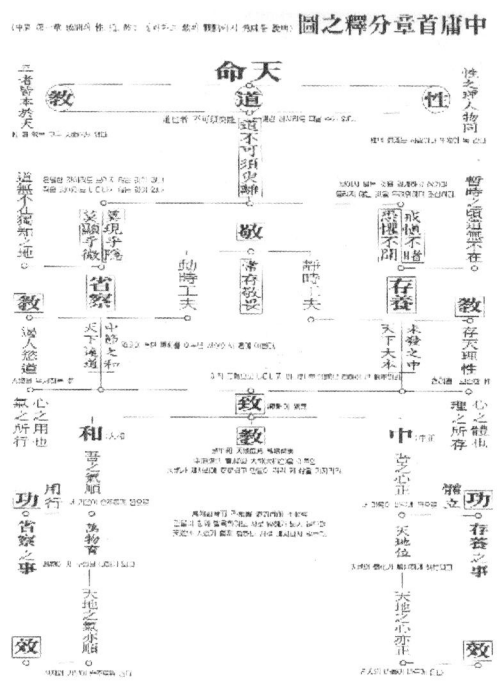

생각건대 <중용>은 도(道)를 전하는 책이라 하겠는데, 가르치는 사람의 일인 동시에 배움이 바로 그 안에 있다. 도란 하늘을 근본한 것인데, 내가 받아가지고 있는바에 모두 갖추어 있고 「교(敎)」라고 하는 것은 도를 닦아 나의 가지고 있는 바를 가르치는 것이다. 그러므로 <중용장>의 머리에 「명(命)」·「성(性)」·「도(道)」·「교(敎)」를 들어 일일이 말한 다음에 단독으로 「도(道)」자를 제기하여 도의 체(體)가 무소부재(無所不在)임을 밝힌 것이다.

비록 보이지 아니하고 들리지도 아니하나, 잠시 사이에도 그윽히 깊고 세미하여 혼자만 아는 곳에서 모두가 이 도(道)가 머무는 바이니 가볍게 생각해서는 아니 된다. 그러므로 군자가 존심양성(存心養性)하고 성찰을 하기 위한 학문이라 하겠다. 교학자가 경계하고 조심하여 천리를 마음속에 두어서 그「중 (中)」을 극진히 하고, 홀로 있을 때 더욱 삼가서 사람의 욕심을 막음으로써 그「화(和)」를 이루도록 하는 것이다. 잠시도 이 도에서 떠나서는 아니 된다. 그러므로 이 <장구>의 대체적인 뜻은 도는 내포하지 않음이 없으며,「교(敎)」 가 그 사이에서 행하여지면 배움이 자연 그 속에 있는 것이다. 학자들이 만 약 이「교(敎)」에 말미암아서 배움의 공을 달성하게 되면「교」는 장차 나로 인하여 천지가 제자리에 바로 서고, 만물이 육성되는 극치의 효과를 달성할 수 있도록 할 것이다.

학자들의 질문: 주자의 <장구>의 중에「계구(戒懼)」·「신독(愼獨)」두 구절에 서는 오직 군자의 공경하고 삼가는 마음에 대해서만 말하였고,「교」를 가지고는 말하지 아니하였는데, 지금 그대의 도표를 보면「교」에 대한 것을 겸해서 말하였으니 이는 필요 없는 것이 아닌가.

대답: 주자 <장구>는 본문을 직접적으로 해석한 것이기 때문에 그 말이 간 단하고 절실하다. 그러므로 비록「교」에 대해서는 언급이 없지만「혹 문」중에는 말이 있다. 즉「그래서 분명히 처음 교로부터 들어가는 자 가 그 시작은 마땅히 이러해야 된다」라고 하였다. 학자들이 혹 이것을 보지 못할까 해서 내가 감히 이것을 들어 보인 것이다. 이 책은 도를 전하는 책이고, 그 첫머리에「교」를 가지고 말을 하였다. 그러므로 무 릇 배우는 자의 일을 말한 것이 모두가 바로 가르침 아닌 것이 없다. 더구나「신독」은 <대학>에서도 말하고 있는바, 배우는 자로서 해야 할 일이다.

　그러므로 특별히 그 위에「필(必)」자를 더해서 경계를 하였다. <중 용>은 직접적으로 군자의 일을 말하며 가르치고 있으므로 구태여 필 (必)이라 강조하지 아니하였다. 말 한마디와 글자 하나 놓는 것을 결 코 함부로 하지 않음이 이와 같이 엄격하다.

질문: <장구>에서는 중화(中和)를 성정의 덕으로 보았다. 그런데 지금 그대는 화(和)를 도(道)로 보았고, 정을 말하지 아니하였으며, 또 말하기를, 마음의 작용이요 기의 행하는 바라고 하였으니 이는 어찌된 말인가.

대답: 중화가 실로 성정의 덕임에는 틀림이 없다. 이제 화(和)를 도(道)라고 한 것은 원래에 이른바 「달도(達道)」에 근거하여 말을 함으로써, <장구>머리에 나오는 「성(性)·도(道)·교(教)」가 내포하는 바를 밝힌 것뿐이다. 그 밖에 또 「심지용(心之用)」이니, 「기지행(氣之行)」이니 한 것은 마음의 체(體)와 용(用)을 나누어서 <장구>에서 말한 마음이 바르면 기(氣)가 순하고 요체(要體)가 서면 작용이 제대로 된다. (心正氣順, 體立用行)의 뜻을 밝힌 것이다. 명칭이 서로 다를 뿐이지 내용은 다른 것이 없다.

　이상 양촌(陽村) 권근(權近) 선생의 입학도설(入學圖說) 혹문(或問) 소고(小考)를 마친다.

효도는 인류평화의 구심점이자 원심력

李 相 萬
(동양문화연구소 이사장)

<목 차>

Ⅰ. 序言-가정과 孝 그 섬김의 지혜-

家庭은 가족이 함께 사는 국가사회의 최소한의 단위요, 요람에서 무덤까지 일생을 보장하는 안식처이다. 예로부터 우리나라는 부모는 자애롭고 자식은 효도한다는 父慈子孝의 정신이 건전 가정을 이끌어 왔다. 기본적으로 할아버지 아버지 자식 三代가 한 가정을 이루면서 자식은 아버지를 섬기고 아버지는 할아버지를 섬기고 할아버지는 조상을 섬기면서 대를 이어 살아 왔다. 이 가운데에 자연스럽게 형성된 것이 바로 섬김의 지혜인 인간의 孝心인 것이다.

俛仰(면앙) 宋純(송순. 1493~1583)선생은 그의 대표작 「五倫歌」에서 이렇게 노래하였다.

아버지 날 낳으시고 어머니 날 기르시니
두 분 곳 아니시면 이 몸이 살았을까?
하늘같은 가없는 은덕 어디 다 갚사오리

이른바 國家라는 현대사회의 명칭도 國과 家의 조합으로 나라와 가정이 "둘이면서 하나"라는 밀접한 관계가 있음을 내포하고 있다. 그래서 자고로 훌륭한 인물은 朝廷에 나아가 임금을 섬기며 충성심을 발휘하기 앞서서 家庭에서 부모를 섬기는 효성심으로 인격을 수양하여왔던 것이다.

이처럼 섬김의 지혜로써 忠孝정신은 우리 한민족의 근본 가치관으로써 대대로 전승하여 온 숭고한 마음의 발로인 것이다. 여기서 구체적인 행동양식인 예절이 나오는데 그것이 바로 忠孝의 禮節이라 할 수 있으며 오랜 전통문화를 계승 발전시켜 온 원동력이라 하겠다.

北岳(북악) 徐正淇(서정기. 동양문화연구소장)선생은 『세계 속의 한국예절』에서 충효의 예절을 강조하기를 "오늘날의 스승과 어버이들이 한갓 충효의 정신과 가치만을 논하고 그 실천적 예의범절을 가르치지 아니 한다면 이것은 후생을 교육하는 태도가 아니라 구차하게 어린애들에게 충효를 호소하는 것이 될 터인 즉, 이는 스승이나 부모의 바른 자세가 아니다. 충성은 효도의 연장이고, 예법은 충효를 실천하는 모범적 절차이다. 그러므로 효도의 본의를 인식하는 것이 도덕학의 기본이다."[1]라고 하여 忠과 孝와 禮의 상관관계를 논하고 이론과 실천이 조화되는 孝道가 도덕의 근본임을 明瞭하게 밝혔다.

이처럼 섬김의 지혜는 또한 반만년을 굳건히 지켜온 한민족의 힘찬 맥박과도 같은 것이다. 오늘날 民主時代에도 官과 民이 각각 본무에 힘쓰며 상호간에 正義와 愛國心으로 국민을 섬기고 나라를 지킨다는 것은 변함없는 眞理인 것이다.

연전에 필자는 경기도 안산시내 효 시범초등학교에서 "효와 가정과 실천방안"의 주제로 특강요청을 받고 행사에 참석하였다. 우선 놀라운 것은 교정에서 만난 학생들의 인사가 머리를 숙이면서 "효도하겠습니다"라고 하는 것이었다.

그리고 행사장에서 "가정에서의 학생들이 효 실천 사례"를 발표하는 시간에 몇 몇 학생이 자신의 효행 사례를 발표하여 박수를 받았다. 그런데 마지막으로 6학년 여학생 순서였다. 여느 학생들처럼 자기가 한 사례를 말하다가 마지막에 이런 말을 던졌다.

"저는 부모에 대해서 잘 모르겠어요." "같은 집에서 살고 있지만 아버지는 어떤 사람인지, 어머니는 어떤 사람인지요." "그래서 가끔은 내가 누구인지 답답할 때가 있어요." 이 말은 충격적이었다. 장내가 금방 숙연한 듯 조용하였다.

특강 차례가 와서 연단 앞으로 나아갔다. 그 어린 여학생의 말을 인용 반복하면서 오늘의 급변화하는 경쟁사회에서 부모와 교사, 교육자의 역할과 자기반성을 되새겼다. 한마디로 삶의 基本을 잊고 살고 있음을 토로하지 않을 수 없었다. 그리고서야 강좌의 개요인 현대사회의 최소단위로 가정에서의 효 정신 발양과 사회정화를 위한 실천방안을 제시한 적이 있었다.

---

1) 서정기,『세계 속의 한국예절』, 살림터, 2004, p.177

이미 세계굴지의 문명비평가들이 산업사회이후로 물질문명이 肥大해지자 사회가 각박해지면서 人間疎外 현상이 나타나고 급기야는 인간성 喪失시대로 간다고 진단한 것이 이제는 사회적 현상만이 아니라 개개인의 家庭에 까지 미치고 있음을 직감하니 큰일이 아닐 수 없다는 생각이 든다. 基本 倫理의 회복이 급선무인 것이다.

이제 孝와 관련된 주요 개념에 대하여 먼저 근본적인 이해를 하면서 진실로 우리 조상들이 대대로 섬겨왔던 父母에 대한 孝의 기본 정신이 무엇인지, 그 바탕 위에서 오늘날 가정과 사회 그리고 세계인류 속에서 孝의 정신을 어떻게 재확립시켜가야 할지를 모색하기로 한다.

Ⅱ. 父[아버지]는 누구인가?

가정의 한 구성원으로써 아버지는 누구인가? 전통사회에서 현대사회에로 넘어와서 가장 두드러진 변화가 바로 아버지에 대한 位相이다. 잘 살아보자고 치열한 생존경쟁의 현장에서 불철주야 근로하며 가정을 이끌어 온 것이 대부분 선량한 우리의 아버지이다.

세상이 뜻대로 살기 편해지고 보람을 느낄 수만 있다면 이보다 더한 幸福이 어디 있겠는가? 그러나 사회는 우리 아버지들이 노력한 만큼의 안정된 사회가 되지 못하는 데에 문제가 있다. 그 원인은 무엇인가? 그것은 구한말부터 나타난 외래문물과의 마찰과 갈등, 그리고 정치적 극한 대립을 부르는 독재와 민주화 운동, 세대 간에 발생하는 保守와 進步라는 이념논쟁 등이다.

그것은 바로 지도자의 哲學 빈곤에서 말미암는 것이다. 정치란 孔子의 말씀대로 政은 正也[2])라 바르게 해야 함에도 불구하고 정치인들이 서로 권력을 잡기 위하여 정경유착 등 이해타산에 빠지면 그때부터 不正腐敗와 不條理에 함몰되어 혼란을 야기한다. 그 가운데 가장 피해를 보는 것이 백성이고 국민인 것이다. 그래서 이를 계기로 민중봉기, 반정, 데모, 쿠데타, 혁명 등이 돌발하고 개혁을 명분으로 장미 빛 청사진을 제시하여 왔지만 결과적으로 오늘날 총체적인 위기는 계속 우리를 不安으로 몰아넣고 있다.

그렇다면 더 이상 망설일 것이 없는 것이다. 聖賢의 가르침에서 핵심사항을 파악하여 신속하게 대처해야 할 것이다. 성현의 가르침이란 다른 것이 아니다. 우리 조상들이 배우고 살아 온 전통사상에서 가장 영향력을 끼친 것이다. 그것을 매우 단순하면서도 집약적으로 표현하면 바로 忠, 孝, 禮, 석자로 말할 수 있다. 가정에서 孝道하고 나라에 忠誠하고 사회에서 禮節바르게 행동하는 것이다.

광복이후 선진국을 따라가야 살수 있다는 절박감에 우리의 아버지들은 忠孝禮가 걸림돌이 된다고 생각하고 대신 삽과 곡괭이를 들고 산과 들을 개발하기 시작한 이래 오늘날 經濟를 일구어내기도 하였다. 그 결과 산업기술의 발달로 살림은 전보다 좋아졌으나 사회는 범죄가 증가하며 점점 혼란해지고 政府는 흔들리고 민심은 각박해지는 것이다. 그리고 기업에서는 구조조정이라는 명목으로 해고나 권고사직을 시키고 거리로 내몬다. 집과 사회와 산업현장에서 소외 받는 우리의 아버지는 權威를 상실하고 무기력해진다. 이것이 오늘날 우리 6, 70대 아버지의 자화상이다.

이것이 물질적 가치를 추구하고 앞만 보고 달려온 결과임을 볼 때 우리의 아버지들이 겪는 고통은 너무도 당연한 지도 모른다. 충효례를 과감히 차버린 분이 바로 우리 아버지 자신이었기 때문이다. 자고로 정신과 물질의 調和를 위하여 지나치거나 모자람이 없는 中庸之爲德3)를 강조한 聖賢의 가르침이 옳다는 것이 여실히 증명된다.

이제라도 이 시대를 사는 우리는 反省의 자세로 정신의 基本을 다시 찾

---

2) 『論語』「顏淵 17章」季康子 問政於孔子 孔子對曰 政者正也 子帥以正 孰敢不正.

3) 『論語』「雍也」27章 子曰 中庸之爲德也 其至矣乎 民鮮久矣.

아서 지난 시대의 어리석음을 극복하는 슬기를 발휘해야 할 것이다. 이제 전통적인 우리 아버지 像이 무엇인지, 漢字 발명 당시 아버지에 대한 생각을 담아 만든 아버지 父자를 풀어가며 眞意를 살펴본다.

父자는 왜, '아버지 부(父)' 자라고 하였는가? 아버지 부(父)는 여덟 팔(八)자와 다스릴 예(乂)자의 합자이다. 여덟 팔(八)자는 '사람이 하늘에 祭를 올릴 때 두 팔을 높이 들어 올린 형상'에서 "높다"는 속뜻이 있다. 다스릴 예(乂)자는 두 사람이 서로 챰[乀]과 챰[丿]으로 겨누는 형상이며 무기를 잘 쓰는 사람이 그 씨족이나 부족을 다스려 왔음을 암시하고 있다.

따라서 父자는 하늘의 높은[八] 뜻을 받아 스스로 갈고 닦아서 주변을 다스리는[乂] 역할을 하는 아버지[父]를 의미한다. 원시적 母系사회가 끝나고 활동적인 父系사회로 접어들면서 가족을 위한 아버지의 기능과 역할이 강화됨을 알 수 있다.[4]

20C 산업화 시대에는 아버지들이 일에 얽매이게 되고, 가족은 핵가족화하고 父權이 약화되면서 상대적으로 여성의 활동이 증대하였는데 21C 지식정보화 시대에는 父子間, 男女間의 문제가 더욱 심해질 전망이다. 부모와 자식 간에 세대 차이는 더욱 멀어지고 부부사이에는 더욱 밀접해지는 형세지만 이에 따른 가치관은 전통적 관념과 서구적 이해상관이 범벅이 되어 혼란만 가중되고 있는 실정이다.

지금도 평소에 부모와 자식 간에 절친하다가도 금전문제와 학업문제, 이성문제가 잘못 개입하면 엄청난 사건이 발생하며 순식간에 父子間의 情理가 깨어진다. 分家로 새 가정을 꾸리면서 가까운 夫婦사이도 단순한 문제로 싸우다가 쉽게 離婚하는 경우가 증가하고 있다.

이점에서 우리는 교육적으로 소홀히 해 왔던 縱的인 父子有親, 橫的인 夫婦有別 등 인간관계를 중시해온 五倫정신을 오늘에 되살려서 縱橫으로 불

---

4) 拙著 『漢字大統領』 전통문화사, 2005, p.14

거지고 있는 사회불안 요소에 적극 대비해야 하는 것이다. 여기에 바로 가치관으로서 忠, 孝, 禮정신의 復興이 필연적이라 하겠다.

이제 "父父 子子"[5]라 하여 어버이가 어버이다워야 하고 자식이 자식다워야 한다"는 지극히 평범한 孔子의 말씀을 새삼 음미하지 않을 수 없다. 어버이가 되어서 하늘 두려운지 모르고 눈앞의 이익과 유혹에 빠져 非理를 범하고, 자식이 분수도 모르고 제멋대로 생각하고 부모를 가벼이 대하면 그 가정은 그로 인하여 파탄의 길로 가고 마는 것이다.

"父父 子子"란 天倫이기 때문에 어떤 경우라도 아버지[父]는 하늘처럼 높은[八] 뜻을 가지고 마음을 잘 다스려서[乂] 조상을 잘 섬기고 주변을 이끌어 가는 자세를 잃지 않아야 하고, 자식[子]은 文字 그대로 生을 마칠 때[了]까지 한결같은[一] 마음으로 자신을 낳아주고 길러주신 부모의 은혜를 저버리지 않고 잘 섬겨서 자식의 도리를 다해야 하는 것이다.

"父父 子子"라는 쉽고 간단한 공자말씀은 古今東西를 막론하고 해당하는 것으로서 부모의 기본자세와 부모에 대한 자식의 기본 道理를 명확히 밝히고 있는 것이다. 이처럼 儒敎文化는 부모와 자식 간의 관계를 중시한 전통이 있었기에 '孝子 집안에서 忠臣 난다'는 정설이 있으며 나아가서 國家라는 개념에서 보듯이 家[孝]와 國[忠]이 나란히 조화를 이루고 있는 것이다. 현대 社會[禮]생활에 있어서도 國內外 어디를 가더라도 禮義廉恥를 지키며 살도록 부모와 자식이 각각 깊이 되새겨 보고 실천해 가야 할 중요한 말씀이라 생각한다.

---

5) 『論語』 [顔淵11章] 齊景公 問政於孔子 孔子對曰 君君臣臣 父父 子子 公曰 善哉 信如君不君 臣不臣 父不父 子不子 雖有粟 吾得而食諸.

Ⅲ. 母[어머니]는 누구인가?

오늘날 남자인 아버지들이 제 역할을 하지 못하므로 일부 여성운동가가 社會改革에 앞장서서 목소리를 높이고 있다. 우선 男女平等조건부터 확립해야 본격적인 사회참여가 될 것이라 생각하고 이른바 家族法 개정 등 여권신장에 관한 다양한 주장이 수면에 떠올랐다. 이로 인하여 다방면에서 양성평등의식으로 점차 변화하고 있는 현실이다.

근대화의 바람으로 남녀 공히 교육을 받은 당연한 결과이지만 여성운동가의 主張과 논리가 法을 기본으로 하는 서구사상에 기초함으로서 전통문화의 復興을 모색하는 儒林 측 견해와 상충하고 있는 실정이다.

戶主制 폐지라는 문제를 생각해보아도 여성운동 측 입장에서는 末端枝葉的으로 발생한 여성의 不利益문제를 시정하고자 하는 정도가 아니라 근본적으로 호주제를 폐지하고자 하는 데에 無理數가 따르는 것이다. 유림은 이 땅의 전통문화를 지키는 마지막 보루라는 책임을 지는 입장에 서있기 때문에 문제가 있으면 법적으로 수정 보완하여 고쳐 나아가면 되는데 왜 다수가 잘 지키고 있는 호주제를 근본적으로 폐지하느냐하고 決死反對하고 있다. 다시 말하자면 여성운동 측은 末端현상을 직시하고 해결하려 하고 유림은 根本을 중시하고 폐지까지는 안 된다고 하기 때문에 양측이 팽팽하게 맞설 수밖에 없는 것이다.

바로 여기에 우리가 함께 생각할 格言이 있다. 예로부터 聖賢의 가르침은 사물을 볼 때 나무만 보거나 숲만 보지 말고 나무와 숲을 같이 보는 眼目이 중요하다고 하였다. 本과 末이 어느 것 중요치 않은 것은 없다. 그러나 뿌리가 튼튼해야 가지가 잘 뻗어가듯이 聖賢은 하나같이 德本才末로 가치관을 정립하여 교육하여 온 것이다.

識者들은 오늘의 시대상황을 本末이 顚倒된 사회라고 하여 도덕이 땅에 떨어짐을 한탄한다. 정신적 가치보다 물질적 가치가 앞서는 현실을 단적으로 지적한 표현이다. 아무리 현실이 그렇다하여도 말단 지엽적인 문제를 해결하기 위하여 根本을 무시해도 된다는 思考는 도덕을 파괴하는 위험천만한 것이다.

일찍이 孔子의 제자 有子는 君子는 근본에 힘쓰니 本立이 道生6)이라 하여 근본이 서야 진리가 나온다하여 어진 삶의 중요성을 갈파한 바가 있다. 호주제를 일시에 폐지하자는 강력한 주장은 마치 발등에 떨어진 불을 끄기 위해서 도끼로 발등을 찍자는 어리석음과 같은 것이다. 이는 마치 민주제도가 다소 문제가 있다고 해서 민주제를 뿌리째 포기하자는 것과 마찬가지로 무모한 일이다.

뿌리 깊은 나무는 바람에 쓰러지지 않는다고 하였듯이 말단가지가 문제가 있으면 愛情과 정성으로 또는 법으로 고치고 다스려 가면 될 것이다. 바로 여성운동가가 이점을 고려하여 道德과 윤리를 토대로 전통문화를 지켜 가는 유림의 뜻을 이해하고 여권신장에 힘써야 한다. 호주제 폐지는 유림에게는 傳統文化를 두 번 죽이는 일이나 다름없다. 따라서 국가와 민족적 차원에서 전통문화를 보존하고 발전시키기 위하여도 호주제는 존속해야 하고 다시금 원상 복원해야 마땅하다.

설사 일부의 여성인 어머니가 현실에 급급하여 소기의 뜻을 실현하였다고 가정을 해보자, 얻는 것이 무엇이고 잃는 것이 무엇일까? 신중히 생각해보아야 할 것이다. 그런 면에서 역시 우리의 섬김의 대상인 어머니의 肖像을 어머니 母자를 풀어서 근본적으로 살펴본다.

母자는 왜, '어머니 모' 자라고 하였는가? 어머니 모(母)는 여자 녀(女)자와 한 일(一), '모이다'는 뜻의 불똥 주(丶)자 두 개를 합한 자이다. 여자[女]가 때가 되면 한[一] 남자를 만나 백년가약을 맺고 사랑하여 뱃속에 아기씨[丶]

---

6) 『論語』 [學而2章] 有子曰 其爲人也孝弟 而好犯上者鮮矣 不好犯上 而好作亂者 未之有也 君子務本 本立而道生 其爲仁之本與.

를 잉태하면서 비로소 어머니[母]가 된다.7)

母자를 잘 推理해보면 여자의 숙명 같은 것을 알 수 있다. 母자 안의 점 두개는 생리적으로는 精子와 卵子의 만남을 상징하고, 생태적으로 보면 자식을 낳아 물리는 乳房을 상징한다. 또한 인생철학적으로 보면 한 점은 "피"를 또 한 점은 "눈물"을 나타낸다고 하겠다.

어머니의 상대자인 아버지[父]는 다스릴 乂(예)자에서 보듯이 창, 칼 등 무기를 앞세워 권력을 휘두르며 피도 눈물도 없이 戰場에서 숱한 생명을 희생시키며 인간을 悲劇의 역사로 몰아가기도 하였다. 하지만 우리의 어머니 [母]는 스스로 매달 몸에서 피를 내다가 지극한 사랑으로 새 생명이 잉태되면 그치고 10개월을 온갖 정성 다해 키우고 출산 시 피눈물 나는 고통을 이겨내어 "우리"를 탄생시켜 왔다. 가지 많은 나무에 바람 잘날 없어도 미우나 고우나 사랑으로 키우는 그 母性愛야말로 우리 인간을 인간답게 만드는 위대한 人類愛정신의 소산이 아닐 수 없는 것이다.

매양 每(매)자도 하늘처럼 높은[亠] 어머니[母]의 은혜가 매양[每] 같다는 뜻이다. 바다 海(해)자도 역시 물[氵]은 물인데 어머니 은혜와 같이 매양[每] 많은 것을 포용하는 큰물이 바다[海]라는 뜻이다. 어머니와 바다를 연관 지어서 저 광활한 바다를 바라보며 우리의 "어머니[母]"를 떠올릴 수 있다면 모두가 한마음이 될 수 있을 것이다. 이는 인류가 어머니[母性]를 진정으로 깨달으면 언젠가는 저 茫茫大海와 같이 하나로 만날 수 있음을 암시하고 있다.

여기서 우리는 어머니 母자에 깃든 조상의 뜻이 얼마나 사려 깊은지를 알 수 있다. 男과 女라는 대칭을 넘어선 세계적 人類愛를 지닌 어머니 像을 잘 나타내고 있다. 父母라는 문자를 보아도 알 수 있듯이 아버지와 어머니의 역할분담이 아주 명쾌하게 구분되어 있다.

父母라는 문자는 그냥 그렇게 만들어진 것이 아니라 그 속에는 부모와 자

---

7) 拙著 『漢字大統領』전통문화사, 2005, p.15

식 간의 무수한 역사적 이야기와 문화사랑에 대한 열망이 깃들어져 발명한 것이다. 그러므로 부모가 누군지, 자식이 무얼 하는지 대화 없는 가정, 사랑 없는 가정에서 심각한 가정문제, 사회문제를 낳고 있음을 알 수 있는 것이다.

Ⅳ. 孝[효도]란 무엇이며 어떻게 하는가?

어버이는 자식을 먹여 기르고 자식은 어버이를 섬겨 따르고 형제자매간에 서로 우애하고 공경함은 인간사회의 基本鐵則이다. 문자발명 이전인 原始가 족생활에서도 이 마음은 다름이 없다. 그러나 상황에 따라서는 부모와 자식 간에 또는 형제와 자매사이에 갈등과 대립이라는 불청객이 나타나 매우 심란한 처지가 되기도 한다. 그러다가 다행히 다시 화합하고 본래의 마음으로 돌아가기도 하나 어떤 경우는 원수처럼 갈라지는 불행한 사태가 벌어지기도 한다.

바로 이러한 인간적 不幸을 막기 위하여 先覺者가 文字를 발명하여 끊임없이 敎育을 시키면서 五倫과 같은 倫理와 道德을 확립하여 왔던 것이다.

孝란 무엇인가? 왜, 孝자를 '섬길 효'자, '효도 효'자라고 하는가? 섬길 효(孝)자는 흙 토(土)와 쟁기를 상징하는 삐칠 별(丿)자와 자식 자(子)자의 합자이다. 흙 토(土)와 쟁기[丿]가 합친 것은 늙을 노(耂)자 머리가 된다. 그래서 평생 논밭[土]을 쟁기[丿]로 일구며 농작물을 수확하여 자식을 먹여 살리고 공부시키느라 허리와 등이 비수[匕]처럼 굽은 분이 바로 우리의 늙으신 [老] 어른이라는 뜻이다.[8]

---

8) 拙著 『漢字大統領』 전통문화사, 2005, p.52

자식[子]이란 누구인가? 자식 子는 마칠 료(了)자와 한결같다는 뜻의 한 일 (一)자가 합친 것이다. 즉 자식(子)이란 자기의 생을 마칠 때[了]까지 어릴 적에 부모를 따르던 마음으로 한결같이[一] 부모를 섬겨야 한다는 뜻이다.[9]

사춘기가 되면 異性에 관심을 갖게 되고 장성해서는 자칫 부모에 소홀히 하는 잘못된 경우를 사전에 啓蒙하는 뜻이 있다. 따라서 孝 字는 평생 자식 위해 산 늙은[老] 부모를 마땅히 報恩의 마음으로 내가 죽을 때까지 섬겨야 자식[子]의 道理를 다한다는 뜻이다. 이는 세계인 누구에게도 적용된다. 孔子는 다섯 가지 큰 벌을 받을 만한 죄가 3, 000가지나 되지만 不孝만큼 더 큰 죄가 없다고 가르쳤다.[10] 그만큼 孝道가 인간에게 필수적 행동지침이라는 뜻이다.

孝를 어떻게 하는가? 효를 하는 방법은 간단하다. 『孝經』을 참고하면 위로 천자로부터 서민에 이르기까지 효도하는 방법이 구분되어 있다.

천자[대통령]가 효도하는 방법은 사랑과 공경을 다하여 어버이를 섬기면 덕과 가르침이 국민에게 퍼져 온 세상의 모범이 된다. 경대부[장관급]는 옛 聖君이 하였던 법도에 맞는 말과 행동을 가려서 함으로써 원망을 사거나 미움을 받지 않는다.

선비 [공무원, 지식인]는 충성과 공손한 마음을 잃지 않고 윗사람을 섬김으로서 재물과 지위를 보전하고 祭祀를 지킬 수 있다. 백성[일반국민]은 만물을 낳는 하늘의 理致를 잘 활용하고 만물을 길러주는 땅의 유익함을 잘 분별하여 몸을 삼가고 재물을 절약하여 부모를 奉養한다고 하였다.[11]

『小學』에 보면 청소년[학생]의 효도방법은 집과 학교에서 人事를 잘하고 부모를 안심시키고 학업에 힘쓰며 좋은 교우관계를 유지하는 것이다.[12]

---

9) 拙著 『漢字大統領』 전통문화사, 2005, p.15
10) 『孝經』제11장 子曰 五刑之屬三千 而莫大於不孝. 五刑은 얼굴에 먹칠하는 묵형(墨刑), 코를 베는 의형(劓刑), 다리를 자르는 비형(剕刑), 남자의 생식기를 제거하는 궁형(宮刑), 사형시키는 대벽(大辟)을 말함.
11) 『孝經』제2장~제6장
12) 『小學』「立教」 9장 溫柔孝弟, 毋驕恃力. 志毋虛邪, 行必正直, 游居有常, 必就有德

살아생전에 부모에게 효도하는 것이 중요함을 깨달은 松江(송강) 鄭澈(정철, 1536-1593)선생은 『訓民歌』에서 이렇게 노래하였다.

　　어버이 살아 신 제 섬길 일란 다 하여라
　　지나간 후이면 애달프다 어이하랴
　　평생에 고쳐 못할 일이 이뿐인가 하노라.

　　오늘날 나날이 증가하는 청소년 범죄율을 줄일 수 있는 묘안은 있다. 다름 아닌 『孝經』을 가르쳐서 부모와 어른을 섬길 줄 아는 孝誠心을 키우는 일이다.

　　일제 강점기에 수많은 항일독립투사의 희생이 있었고 이후 조선총독부의 한민족말살정책에 의하여 오도되고 왜곡된 전통 유교문화에 대한 잘못된 인식을 하루빨리 바로잡아 회복시켜야 한다. 이것이야말로 5, 000년 문화의 정통성을 계승하는 것이며 전통적으로 수행하여 온 국가사회와 인류의 안녕을 재확립하는 지름길이라 하겠다.

V. 孝의 실천방안 - 어떻게 回復해 갈 것인가?

　　자식이란 무엇인가? 부모 없이는 못살 것 같이 귀염부리며 따르던 아이가 학교에 갈 무렵이 되면 부모의 잔소리에 거부반응을 나타내고, 思春期가 되면 부모보다 異性에 관심을 보이며, 20대 전후가 되면 부모말씀을 가볍게 알고 금전문제로 불미스러운 관계가 되기도 한다.

　　이것은 일종의 獨立心의 발로로써 어떤 상황으로부터 벗어나고 싶은 衝動은 누구나 성장과정에서 몇 차례씩 경험할 수 있는 것이다. 중요한 것은 이 때 혹시 부모와의 갈등이 있었다 해도 곧바로 잘못을 反省하고 자기 본래대로 돌아가서 용서를 구함으로써 자식의 道理를 지킨다. 그러므로 "자식 子" 字의 본뜻은 어릴 적 부모에게 사랑 받고 의지하던 절친한 관계로 돌아가 마땅히 공경하는 자세로 一貫하라는 뜻이다.

섬길 孝자는 간단히 "효도 孝!"자라고 외우기만 하고 넘길 문제가 아니다. 따라서 孝자는 평생 자식 위해 산 늙은[耂] 부모를 마땅히 報恩의 마음으로 내가 죽을 때까지 섬겨야 자식[子]의 道理를 다한다는 뜻이다. 또한 "늙을 老"자도 가볍게 넘어가서는 안 된다.

왜, 우리의 부모가 늙으셨는지, 어떻게 섬겨야 恩惠에 보답하는 길인지 깊이 있게 생각하지 않으면 안 되는 것이다. 참교육의 基本이 바로 여기에 있음을 깨달아야 한다.

동물은 적당히 커서 어미로부터 떠나 버리면 그만이다. 인간사회는 그렇지가 않다. 부모는 자식이 성년이 되면 冠禮를 치러 成人으로 대접하고 婚禮를 치러주어 새 家庭을 꾸며준다.

그 夫婦는 다시 자식을 낳고 기르며 代를 잇고, 낳아주신 부모가 돌아가시면 슬픔과 정성을 다해 喪禮를 치르고 때마다 祭禮를 올려 자식 된 도리를 다 한다. 이른바 冠婚喪祭라 하여 인생에 있어서 누구나 맞이하는 通過儀禮를 치르는 것이다.

Ⅵ. 세상에서 제일 큰 孝子 舜임금은 누구인가?

옛날부터 孝는 百行의 根本이라고 하였다. 사람이 성장하여 아무리 큰일이나 좋은 일을 한다고 하여도 孝心을 망각하면 결국에는 모든 일을 그르친다는 말씀이다. 반대로 효심을 바탕으로 하는 일은 대소 간에 美談이 되어 역사와 문화 창조의 원동력이 되는 것이다.

인류 역사상 舜임금은 大孝로 기록되어 널리 膾炙되고 있다. 어린 소년시절 계모와 친부로부터 여러 번 죽임을 당할뻔하였지만 슬기롭게 극복하여 목숨을 보전하였다. 보통사람 같으면 그러한 부모를 원망하거나 저주할 것이나 소년 舜은 그런 일이 없었다. 오히려 자신의 孝心이 부족하다고 반성하며 분발하였고 후에 王이 되어서도 부모의 은혜를 갚는 데에 한치의 소홀함이 없게 하였다.

일반인이 천하의 큰 효자인 순임금처럼 하지 못한다하더라도 낳아주고 길러주신 자신의 부모의 은혜를 저버리지 않으려면 어릴 적에 잠시도 부모 곁을 떠나서는 못 견디었던 생각을 수시로 회상하는 것도 좋은 방법이라 하겠다.

舜임금은 누구인가? 孟子가 밝힌 東夷之人[13] 인 것이다. 東夷는 우리의 한민족의 원류를 가리킨다. 우리 민족은 자고로 孝誠이 지극한 민족임을 알 수 있다.

朝鮮시대에 최대의 功德을 남긴 세종대왕과 충무공 이순신 장군, 수원에 화성을 축조한 정조대왕 역시 孝子로서 정평이 나 있다. 세종대왕은 우리나라와 중국의 효자, 충신, 열녀에 관한 기록을 정리하여 『三綱行實』을 엮어 백성을 교화시켰고, 이순신장군은 亂中日記에 있듯이 나라에 대한 忠誠心과 義理精神, 孝心은 많은 사람에게 감동을 주었다. 그뿐 아니라, 우리의 역사와 문화 저변에 흐르는 忠孝烈傳의 내용은 무궁무진하다. 각 지방마다 고을마다 孝婦, 孝子, 孝女가 넘쳐 나서 전통을 잇고 인심 좋고 살기 좋은 고장을 만들어 왔다. 우리나라의 대표적 古典소설인 『沈淸傳』에서도 淸이의 갸특한 효심에 아버지 심봉사의 눈이 떠지는 기적이 일어나기도 하였다.

특히 수원에 華城을 축성한 正祖大王의 효심은 세계인의 심금을 울려 華城이 유네스코가 지정한 세계문화유산으로 등재되어 인류에 널리 회자되고

---

13) 『孟子』 離婁章句 下 舜生章1

있다.

이 모든 것이 고대 동이족인 순임금으로 대표하여 끊임없이 내려오는 우리 민족의 심성에 잠재하고 있는 효심의 발로임을 깊이 깨달을 필요가 있는 것이다.

Ⅶ. 『孝經』을 가르쳐야 나라가 바로 선다

『孝經』은 孔子가 제자들에게 가르친 말씀을 증자와 제자들이 엮은 經書이다. 기록에 의하면 『孝經』은 『論語』와 함께 三國시대에 太學 또는 國學의 필수 교과목이었으며, 고려시대 國子監의 교과목으로 이어지고 조선시대에는 儒學을 건국이념으로 채택하고 孝의 정신을 강화하여 '백성을 깨우치고 풍속을 아름답게[化民成俗]'하는 데 제일 德目으로 삼았다.

『孝經』 제1장을 보면 "身體髮膚(신체발부)는 受之父母(수지부모)라 不敢毀傷(불감훼상)이 孝之始也(효지시야)요 立身行道(입신행도)하여 揚名於後世(양명어후세)하니 以顯父母(이현부모)로 孝之終也(효지종야)니라"하여 "우리의 몸은 부모로부터 받은 것이니 함부로 다치게 하지 않고 道德을 실천하여 후세에까지 덕망을 알려 부모를 빛나게 한다."하여 부모의 恩惠에 대한 철저한 깨달음에서 효의 시작과 마침을 분명히 말씀하였다.

이와 같이 우리 민족은 王室과 士大夫 및 百姓에 이르기까지 오랫동안 『孝經』을 중시하여 교육함으로써 안으로 밝은 민족정서를 함양시켰으며 밖으로 강인한 民族魂을 발휘하여 왔다.

"孝立則忠遂(효립즉충수)[14] 즉 孝와 忠은 일치되는 것이며 孝道를 다하

---

14) 『文中子』楊元感問孝子 曰 始於事親 終於立身 問忠 子曰 孝立則忠遂矣

면 忠義도 자연스럽게 행하여진다" 는 공자말씀대로 옛날부터 "효자 집안에 충신 난다"하여 인재를 등용할 때나 혼사를 맺을 때도 반드시 집안을 살피고 신중히 선택하였다.

三國統一의 대업도 世俗五戒의 事君以忠, 事親以孝의 忠孝를 연마한 花郞정신의 발로이며, 조선조 500년의 찬란한 문화창조의 주체도 三綱五倫의 孝忠으로 단련한 義理와 예의염치의 선비정신이었다. 孝는 이처럼 忠孝禮義로 확충되어 우리의 민족문화를 꽃피운 원동력이었다.

孝란 단순히 敬老孝親이라는 말로 강조해서 만 되는 것이 아니다. 과거 삼국시대를 전후하여 시행해 왔던 『孝經』과목을 오늘날에도 初, 中, 高의 필수교과목으로 채택하여 우리의 전통을 회복하고 계승해야 한다. 교육행정 수뇌부가 이 점을 놓치면 주체적 全人敎育을 스스로 포기하는 千秋의 恨을 역사 위에 남길 것이다.

文化가 위에서 아래로 전파되듯이 동양의 정신문화가 서양세계로 전파되어 갈 때가 서서히 오고 있다. 아직은 미국을 중심으로 富國强兵의 논리가 세계를 주도하고 있기 때문에 一般民衆들은 잘 모를 수도 있지만 이미 세계적 碩學들은 富國强兵이라는 지배논리의 한계를 깊이 예견한바 있고 동양사상에서 現代文明의 위기를 극복해 갈 해답을 찾고 있다.

그 한 예가 바로 영국의 저명한 역사가인 「아놀드. J. 토인비」교수가 80년대 초에 남긴 명언이 있다. "한국의 아름다운 풍습인 孝사상, 敬老사상을 西歐에 전해주시오, 정신문화 운동을 벌여 주시오, 나도 적극 돕겠소." 이에 대하여 양심 있는 현대의 지성인이라면 화답해야만 한다.

이제 光復(1945년) 이후 급히 도입했던 서구교육사상의 한계를 진단하고, 人性교육의 중요성을 파악한 만큼, 우리 전통교육사상을 채택하기 위해서는 在野에서 새 시대를 준비해온 유수한 동양학 관련 연구학자를 찾아서 諮問을 받아 敎育制度改革에 박차를 가해야 한다.

21세기 "세계는 하나"라는 새로운 패러다임에 발맞추어 올바른 人材를 양성하고자 하면 바로 우리의 敎師가 東洋과 西洋의 교과목을 정신과 물질 양면에서 均衡있게 지도할 수 있도록 재교육의 기회를 부여하고 기본 인성 교과목의 보완적 혁신이 先行되어야 할 것이다.

바로 이러한 제반 문제를 1,600여 년의 학문적 전통이 있는 成均館을 종전의 종교단체로 분류하여 방치할 것이 아니라, 국가적 차원에서 관리 운영하였던 역사적 맥락을 회복시켜 전국234개 향교와 함께 공교육기관으로 승격하고 적극 지원하여 人材 배출의 산실과 美風良俗의 道場으로 십분 활용하여야 할 것이다.

한국의 精神文化가 동방에서 차지하는 위치는 실로 심원하고 광대하다고 아니 할 수 없다. 역사적으로 재인식하고 있는 東夷族으로부터 文字發明과 많은 儒學者가 나와 文化傳播를 한 덕으로 대륙의 동방문화를 儒敎文化圈으로 발전시켰다.

중국의 程子와 朱子사상이 한국의 退溪 李滉선생과 栗谷 李珥선생에 의해 더욱 활발한 학문적 경지를 열었고 尤菴 宋時烈선생이 萬折必東[많은 곡절이 있어도 끝내 본래대로 돌아온다]의 정신으로 道統東來[도덕의 계통이 한국으로 왔다]를 밝히는 쾌거를 이룩하였다. 그리하여 이 땅에는 많은 선비들이 배출되어 민족문화와 도덕윤리를 현창하여 지금에 이르기까지 반만년의 오랜 歷史와 傳統을 누리고 있는 것이다.

일생을 儒道復興에 전념하고 있는 北岳 徐正淇선생은 그의 명저 『道學統論』結語에서 선비의 행실과 자세에 대하여 다음같이 제시하였다.

"人類의 最高理想을 敎示하는 學問은 무엇인가? 완전한 인간이 되어 和睦한 가정에서 살면서 잘 다스려진 나라와 平和로운 世界를 건설하는 것이 마침내 인류의 所望이라면 그것은 聖賢의 학문이다. 또한 인간의 완전한 모습을 보여주는 行實은 무엇인가? 私慾을 버리고 天理의 大公을 自覺하여 어버이에게 孝道하고 나라에 忠誠하며 인류를 사랑하는 것이 모름지기 국가의 기대라면 이것은 中正한 행실이다.

선비가 聖賢의 학문을 배우고 中正한 행실을 갖추기 위해서는 다음의 몇 가지 자세가 필요하다.

첫　째, 眞理探究의 讀書生活이 平生 계속될 것,
둘　째, 理想追求의 의지와 노력을 그치지 말 것,
셋　째, 公明正大한 理性으로 是非善惡을 정확히 분별하고 良心과 國法
　　　　을 끝까지 守護할 것,
넷　째, 자기의 分數를 지켜 使命과 責任을 다할 것,
다섯째, 일상생활이 淸潔, 整齊, 嚴肅하여 懈惰하지 말 것,

　선비는 이와 같은 美德을 모두 갖추어야 하지만 意志의 程度와 能力의
限界가 사람마다 다르므로 水準에 따라 부득이 鄕士, 國士, 天下士로 나누
어지게 된다."15)
　이러한 論旨는 선비의 行實이야말로 國家의 元氣이며 인간완성의 尺度임
을 밝히면서 道統東來의 先進的 계승을 闡明한 것으로 이 땅의 모든 學者
와 靑年儒林들이 實踐躬行해야 할 德目이라고 생각한다.

　이 모든 것이 우리 민족 고유의 天地人 三才를 섬기는 숭고한 精神文化
의 역사적 소산인 것이다. 그 섬김의 마음 씀이 구체적으로 발로한 것이 바
로 부모를 섬기는 孝이며 가정에서 생활화하고 국가사회로 나아감으로써 유
구한 역사와 선비문화를 창조하는 원동력이 되었던 것이다. 이것이 재확립
하면 그 氣運이 세계로 뻗어가서 문명의 그늘에서 신음하는 많은 人類에게
平和와 希望의 빛을 선사할 것이다.

---

15) 서정기, 『道學統論』, 「結語」 p.448, 한국학술정보㈜, 2005

Ⅷ. 세계적인 孝의 王國으로 거듭나는 길

현재 孝의 고장인 水原을 중심으로 경기도 문화재단과 효 실천운동본부 등이 활발히 사업활동을 전개하고 있지만 國家的 次元에서 교육인적자원부와 문화관광부가 적극 나서서 전국적으로 효 실천운동이 물결쳐서 아름다운 우리 풍속을 순화하여 살기 좋은 나라를 만드는데 뒷받침하고 세계 속의 韓國文化를 전파하는 데 앞장서야 한다.

京畿(경기)는 옛날부터 왕 터를 의미한다. 경기도는 왕 터의 기상과 지혜를 바탕으로 이미 21C 孝 文化의 중심지로 발돋움하였다. 다년간 관내의 유수한 교사를 위한 硏修敎育을 실시하여 孝와 관련한 모든 정보와 자료를 종합하고 청소년 人性교육에 만반의 준비를 하였다. 경기도를 시범지역으로 이제까지 구비한 이론과 방법론을 구체적으로 한 단계씩 실천하는 길이 남았다.

첫째, 전국 시도단위로 지방자치제도를 십분 활용하여 관내의 지역별 유적지(효자, 효녀, 충신, 열녀, 기타)를 세세히 파악하기 위하여 발굴조사단을 구성한다.

참여자는 관내 신망 있는 유지, 향교 및 서원 유림대표단, 각급 학교교장, 담당교사, 공직 은퇴자, 명예퇴직자, 사회사업가, 예술인 등으로 조직하여 발굴조사와 유적지관리, 문화재신청등록업무 등을 적극 추진하는 장기적인 위원회를 만들어 孝 문화창달에 항구적인 기여를 할 수 있는 풍토를 조성한다.

둘째, 2차로 각종 발굴조사 자료를 인쇄물로 제작 배포하여 홍보활동을 계획한다. 각 지역의 특성에 맞게 흥미를 끌 수 있는 유익한 프로를 선정하고 이에 참여하는 자원봉사대를 결성하여 많은 시민이 동

참할 수 있는 기회를 부여함으로써 각 각 관내 시민의식의 고양과
활력의 場을 마련한다.

셋째, 효 문화 실천운동의 주체로서 각 급 학교 교사들이 솔선하여 각종
遺蹟地와 박물관 등 시설물에 대한 정보와 지식을 습득하고, 학생
들을 위한 자체적인 見學프로그램을 충실히 함으로써 공교육의 활
성화를 기할 수 있도록 제도적 장치를 추진하고 후원과 지원을 아
끼지 않는다.

넷째, 각 사회단체 및 기관장이 주최하는 효 선양 문화행사[백일장, 서예,
웅변, 한자경시대회 등등]를 다양하게 추진토록 기획하여 많은 학생
들에게 표창과 장학금을 주어 청소년들이 어른으로부터 칭찬받고
자라는 기초교육풍토를 확대 개선해 감으로써 남녀노소가 골고루
孝 정신을 생활화하도록 권장한다.

孝는 마음에서 우러나오는 인간 최고의 아름다움이다. 그러나 마음이 괴
롭거나 바쁠 때는 잠시 사라지기도 하는 것이 효심이기도 하다. 누구나 본
래적으로 마음에 있지만 상황과 경황에 따라 잊혀질 수가 있는 것이다.

오늘날 기성세대는 산업화의 급속한 변화 속에 적응하느라 잠시 잊었던
효심을 아주 잃지 않기 위하여 가끔 "불효자는 웁니다"라고 노래해왔다.

그러나 이제는 울고 있을 때가 아니다. 지금 한창 자라나는 세대에게는
차마 입에 담지 못할 불효막심한 일들이 자주 발생하고 있기 때문이다. 인
간성 상실의 전형인 패륜행위를 임의로 저지름으로써 道德과 倫理가 땅에
떨어지고 있다고 한탄하고 있다.

그래서 우리는 다시금 우리 민족이 지니고 살아온 美風良俗의 핵심요소
인 孝心을 상기하고 回復하기 위하여 일어선 것이다. 시작이 半이라고 전국
적으로 효 문화 재건을 위한 슬기와 先見之明이 발휘되어 효 문화 실천운
동이 빛을 발하기 시작하였다.

최근의 잇따른 반인륜적 사건과 관련, 윤리규범인 효와 인간성을 회복하

자는 운동이 확산되고 있다. 각계 원로 등 백 여 명이 발기하여 "효는 진리이고 인간의 길이자 생명으로 도덕성회복, 환경문제 해결도 효의 실천에서 찾아야한다"는 취지로 「효 세계화운동」을 위한 「효 세계화운동본부」를 결성하기도 하였다.

이 빛이 태양처럼 光明을 발휘하여 全國 방방곡곡을 밝게 비추어 줄 것이며, 나아가서 머지않아 世界人의 가슴에까지 따스한 孝誠心을 심어주게 될 것이다.

IX. 結 語

人間은 섬기는 대상을 잃을 때 盲目과 가난과 不遇함에서 방황을 하기도 한다. 국권을 상실했던 일제치하에서 독립운동에 투신한 멸사봉공의 愛國志士가 있는 반면, 목숨을 구걸하고 일본의 앞잡이를 한 親日派도 있고 실의에 빠진 나머지 패배주의로 타락한 지식인도 있고, 건달세계에 발을 들여놓고 무력을 일삼은 자도 있고, 집도 절도 없이 구걸로 연명하는 부랑자도 있었다. 모두가 한 핏줄이면서도 기약 없는 무정한 세월 속에 처절하고 고단한 삶의 연속을 지탱하여 왔다.

이러한 비상 시기에서 孝心을 운운하기란 매우 사치스런 일이겠으나 각 宗敎단체는 바로 이 불행한 방랑자를 받아드리고 회개시키는 데 기여하기도 하였다. 그리고 종교적 信念과 희생정신을 발휘한 수많은 愛國志士들이 나라를 위기에서 구하기도 한 것이다.

그러나 한편 종교가 비대해지면 권력화하여 종교 내에 파벌과 또는 종교 간의 갈등과 대립이 생길 위험요소가 있다. 그러므로 어느 정도 국가사회가 안정이 되어서는 사랑과 섬김을 주고받는 주체가 바로 부모와 자식이고 아내와 남편이라는 평범한 眞理를 깨닫도록 하는 것이 중요하다.

종교가 교세를 확장하기 앞서 啓蒙하고 善導할 일이 바로 基本人倫에 충실하는 일이다. 왜냐하면 사람마다 基本으로 돌아가면 종교전쟁을 막을 수 있기 때문이다. 현재 세계 곳곳에서 일고 있는 대립은 異敎 간뿐만 아니라 같은 종교 내에서도 생기고 있다. 기독교와 이슬람의 종교전쟁과 같이 좀처럼 풀리지 않는 전쟁도 이 지구상에는 얼마든지 퍼져 있다.16) 이처럼 종교전쟁의 폐해가 세계평화를 위협하고 있는 상황임을 직시할 필요가 있다.

우리나라가 多 宗敎의 나라이지만 종교 간의 전쟁이 없는 이유는 각 종교의 始祖를 섬기는 정신이 독실할 뿐만 아니라 나라에서는 하늘을 공경하고 가정에서는 부모를 공경하고 섬기는 天人合一의 오랜 儒敎的 가치관을 지키고 살았기 때문이다.

만일 이 孝의 정신이 사라지거나 포기하고 敎理나 理念투쟁에 집착하면 언제든지 6.25 동족상잔과 같은 무서운 전쟁의 火魔가 다시 이 강토를 초토화 할 것이다. 그러므로 孝사상은 종교와 종파를 초월하는 인간의 原初的 心性이기에 각종의 비극적인 전쟁을 예방하고 人類平和의 求心點과 遠心力으로 작용할 수 있는 것이다.

한마디로 결론을 요약하면 "섬김의 美學인 『孝經』을 初, 中, 高 학교에서 가르쳐야 근본적으로 사람이 바르게 성장하고 나라가 바로 선다"고 하겠다.

---

16) 세계의 종교 분쟁 갈등지역: 인도(힌두교↔회교), 필리핀(카톨릭↔민다나오섬의 회교도), 스리랑카(불교70%↔힌두교17%), 중동(이스라엘, 서방↔회교국), 나이제리아(회교↔기독교), 아일랜드(천주교↔개신교), 유고(보스니아: 회교↔세르비아: 희랍정교회↔로마카톨릭:크로아티아), 남미(천주교↔개신교) 출처: 두산세계대백과, http://www.sunslife.com

〔참고문헌〕

『論語』『孟子』『孝經』『禮記』『小學』

『栗谷全書』「擊蒙要訣」<事親章>

서정기 『道學統論』 한국학술정보㈜

서정기 『세계 속의 한국예절』, 살림터

김익수 『한국충효사상과 국민정신교육』 성균관

김익수 『한국인의 효사상과 효도문화』 수덕문화사

오석원 「유교의 효 사상과 현대사회」 釋奠學論叢

『21세기를 위한 효사상과 가족문화』 성산효도대학원대학교·경기문화재단

『효 실천을 통한 인성교육』 경기문화재단

『효 사상의 과거와 미래』 유교사상연구원

두산세계대백과, 故事成語辭典

禮樂文化의 사상체계

崔 成 鍾

(道學會 會長)

Ⅰ. 五常[仁義禮智信]을 품어 天下를 아름답게, 社會를 명랑하게

주역<周易> 건괘 문언전(乾卦 文言傳)에 보면 무릇 대인은 천지(天地)와 더불어 그 덕(德)을 합하고 일월(日月)과 더불어 그 밝음을 합치며 사시(四時)와 더불어 그 차례를 합치며 귀신(鬼神)과 더불어 그 길흉(吉凶)을 합친다고 하였는데 오늘날 왜소한 인간에게 이 가르침의 의미가 매우 심장하므로 그 뜻을 차례로 음미해서 유림의 지표로 삼을 만하다.

1. 인여천지(仁如天地)

인(仁)에 대하여 공부자께서 말씀하시기를 인은 하늘, 땅이 만물을 창조하는 것과 같은 마음이라고 하였으니 인이 하늘, 땅과 같다는 것은 하늘, 땅은 무한한 사랑으로 만물을 창조하여 크게 공변되고 사사로움이 없이 덮어주시고 실어주시어 만물을 육성발전하게 하고 있는 것이다.

그러므로 사람이란 보고 듣고 말하고 행동하고 생각하는 주체로서 만물을 경영하는 작은 우주요 영장이라 하는 것이다. 그렇다면 어떻게 하면 작은 우주요 만물의 영장답게 행동할 수 있을까?

예기에 이르기를, 온화하고 선량함은 사랑의 근본이요 공경하고 삼감은 사랑의 바탕이요 너그럽게 용서함은 사랑의 시작이요 겸손하게 접대함은 사랑의 능함이요 예의와 범절은 사랑의 모양새요 말을 믿음이 가게 잘하는 것은 사랑의 문체요 음악은 사랑의 화합이요 축적된 것을 나누어 줌은 사랑의 베풂이 다라고 하였으며 주자는 말하기를, 인이란 두루 유행 관철하여 통하지 않는 바가 없는 것이니 본성에서 우러나온 정이라 이른바, 사랑의 시발이요 인의 쓰임이니라.

그러므로 인이란 자기를 극복하여 예로 돌아가는 것을 말함이니 대개 공변된 즉 어질다는 것이고 어질다는 것은 사랑이니 효도와 공경은 그 쓰임이요, 용서는 그 베풂이며 앎을 깨닫는 것은 만사를 통달함이니라 하였으니 인이란 거느리지 않는 것이 없고 통하지 않는 것이 없고 사랑하지 않는 것이 없는 천하 최고의 선덕인 것이다.

그러므로 사람은 학문과 덕행을 함양 성찰하여 자기 자신을 중정하게 하여 남을 편안하게 하고 모든 사람과 더불어 천하를 아름답게 건설하여 온 인류가 평화와 행복을 함께 누림이 인의 세계요 하늘, 땅의 뜻일 것이다.

2. 의여일월(義如日月)

의(義)는 도의로서 인도의 의리이니 사회정의를 실현하는 인간윤리이다. 윤리란 말은 원래 예기 악기편에 쓰여 졌던 것으로서 음은 사람의 마음에서 나온 것이요 악은 윤리를 통달한 것이다. 라고 하였으며 또한 일월은 북극성을 중심으로 하여 한 순간도 쉬지 않고 한 치의 오차 없이 정확하게 천체를 운행하여 음양의 변화와 오행의 끝없는 유행과 순환변역으로 만물을 창조하는 하늘의 성덕대업을 본받아 순임금께서 백성을 다스리는 법칙으로 삼고자 신하 설로 하여금 윤리를 제정케 하시니 이름하여 오전이라고 하였는데 이른바 다섯 가지 떳떳한 도리인 것이다.

오상(五常)은 "어버이와 자식 사이에는 친함이 있어야 하고 임금과 신하 사이에는 의리가 있어야 하고 남편과 아내 사이에는 분별이 있어야 하고 연장자와 연소자 사이에는 서열이 있어야 하고 친구 사이에는 믿음이 있어야 한다"라고 하였으니 이것은 사람의 기본적인 다섯 가지 관계를 들어 그 덕목까지 밝히고 있는 것이다.

유학자인 서정기(徐正淇)선생은 그의 도학통론<道學通論> 윤리편(倫理篇)에서, "이것은 모두 사람의 고유한 성정을 말미암는 것이며 동시에 인간의 실제적인 본말, 상하, 내외, 전후, 좌우의 자연적인 관계에서 나온 것이요, 강제규범이 아니다"라고 하였는바, 해와 달은 사사롭게 만물을 비쳐줌이 없듯이 편파가 없는 중정한 마음가짐으로 일거수일투족을 공명정대하게 실행함이 올바른 의라 할 것이다.

3. 예여사시(禮如四時)

예(禮)는 지금으로부터 3천여 년 전 하, 은, 주(夏 殷 周) 3대 시절 주공(周

公)께서 24시간이 변화하여 1일이 되고 30일이 변화하여 1개월이 되고 3개월이 변화하여 1계절이 되고 4계절이 변화하여 1년이 되는 절도를 명확하게 관찰 분석해서 예를 외면적 규율의 총칭으로 정하고 크게는 사회제도 법률 습속이요 작게는 의식 범절에 이르기까지 예의가 3백 조항이고 위의가 3천 조목으로 천하 물사의 일체를 포괄하고 있다.

특히 공부자께서는 주공의 사상을 흠모하여 예문을 집대성하여 제자들을 가르키고 천하의 만백성들에게 모범을 보여서 위계질서를 확립하여 이상사회를 이루고자 헌신 노력하셨던 것이다.

예기 삼복사제(三服四制)에 보면 무릇 예(禮)의 큰 틀은 하늘 땅을 본체로 하며 사시를 본받으며 음양을 법칙으로 하여 인정에 순응하는 것이다. 그러므로 예라 이르는 것이다. 라고 하였으며 또한 대체로 천하의 예에는 다섯 가지의 목적이 있다고 하였으니 첫째는 예를 행함으로써 사물의 시초를 되돌아보도록 사람을 지도하는 것이다. 둘째는 사람의 마음을 귀신과 통하게 하는 것이다. 셋째는 친화를 증대하고 재물의 이용을 촉진하는 것이다. 넷째는 도의 사상을 크게 흥하게 하는 것이다. 다섯째는 겸양의 미풍양속을 조장하는 것이다(예기 제의) 라고 하였으며 공부자께서는 말씀하시기를 "임금을 편안하게 하고 백성을 다스리는 것으로는 예보다 더 좋은 것이 없다"라고 하시면서 제자들에게 문행충신, 박문, 약례, 시청언동(文行忠信 博文約禮 視聽言動)을 중점적으로 가르치신 것이다.

예에는 크게 나누어 길례, 흉례, 군례, 빈례, 가례 이렇게 오례가 있어 때와 장소와 분수에 알맞게 예법절도를 제정하여 하늘 땅은 본성의 근본이요 선조는 인류의 근본이요 임금과 스승은 다스림의 근본이라 하니 천지와 선조와 군사의 삼본정신을 확립하여 때에 따라 제사를 모시는 세계에서 유일한 인생만사의 모범적인 행동강령을 화합 단결하는 지표로 삼아 아름다운 풍속을 순화하여 모든 나라를 문화의 중심국으로 우뚝 세워 복지낙원을 건설하는 것이 예의 참뜻일 것이다.

4. 지여귀신(智如鬼神)

지(智)는 옳고 그름과 선과 악의 사리를 판단하여 물리(物理)를 아는 것으로서 사람은 누구나 자기 자신을 수양하여 본성의 덕을 높이고 인격을 완성하기 위해서는 존심을 하여 꾸준한 학문연구를 아니할 수 없는 것인데 중용에서 말하는 하늘이 명한 것을 도라 이르고 도를 닦는 것을 교육이라 한 바와 같이 본성을 인식하여 천리를 알고 천리를 거느려서 도를 알고 도리를 밀찰하여 윤리를 알고 윤리를 궁행하여 물리를 알고 물리를 통달한 연후에 신뢰를 얻어 도덕이 천하에 미칠 때 작은 우주를 갖춘 만물의 영장이라고 할 것이다.

소나무와 대나무는 눈서리를 견디어내고 밝은 지혜는 어렵고 위태함을 건널 수 있다는 성현들의 말씀과 같이 사서오경의 설계 집행 결과 비판을 겸한 천하의 보편적이고 경세적인 자연과학 인문과학 사회과학이 총망라된 학문을 두루 섭렵하여 사물의 이치를 분석 관찰하여 명확하게 인식하고 정당한 논리를 세우며 정확한 측정으로 확실하게 판단하는 법칙을 연마하고 반드시 심오한 학문을 무자맥질하여 묵묵히 마음속에 통달한 연후에 능히 그 은미한 곳까지 이루어서 만물이 균평하게 혜택을 입히는 것이 귀신같은 지혜의 슬기로움일 것이다.

5. 신여산해(信如山海)

도(道)는 사람의 윤리로서 항상 쓰이고 마땅히 행하는 길이요 덕(德)은 도를 행하여 마음에 체득함이 있는 것이 덕이라 하였는바 원형이정의 하늘의 떳떳한 도리와 인의예지의 사람의 성품과 삼강오상의 모범적인 행동원리를 문명한 천하국가를 건설하는 지표로 삼아 위로는 춘하추동 사계절을 항상 바른 위치에서 한 순간도 쉬지 않고 순환 변역하여 만물을 창조하는 하늘의 도와 아래로는 사람의 성품 속에 내재해 있는 인의예지의 본성과 오상의 본말, 상하, 내외, 전후, 좌우(本末, 上下, 內外, 前後, 左右)의 인간윤리를 덕으로 하여 도와 덕이 합해질 때 순천리 화인심해서 천하 만물은 제자리를 얻게 될 것이요 인생만사가 화락할 것이다.

또한 중용에서 말하기를 중용은 도덕으로 들어가는 문이라 하였는바 『새시대를 위한 대학 중용』 중용 첫 장에 하늘이 부여한 명을 일러 본성이라 하고 본성을 따라감을 일러 도라 하고 도를 닦음을 일러 교육이라고 하나라 했고, 서정기(徐正淇)선생은 교육방침을 세우는 것을 일러 학문이라 했지만 필자 생각은 "밝은 학문을 일러 인격수양이라 하고 높은 인격을 일러 스승이라 한다"리고 감히 피력하고 싶나.

학자의 도는 무형의 진리이고, 인은 공, 선, 애, 생(公, 善, 愛, 生)이라 (서정기 徐正淇 선생의 표현)고 말했던 바, 하늘 땅이 만물을 창조하는 덕이니 진리와 인격은 나눌래야 나눌 수 없는 이(理)와 기(氣)처럼 양과 음처럼 하나이면서 둘이요 둘이면서 하나라고 할 것이다. 왜냐하면 춘추<春秋>에서 말하기를 도는 천하의 공리이고 덕은 만물의 선덕이니 이것은 바로 천리요 천성이니라 라고 하였다. 그러므로 사람은 자기의 존재가치를 실현하고 도덕사회를 건설하는데 이바지할 수 있는 길을 닦아야 하는데 바로 인간의 존엄성을 기르고 자연의 진실성을 깨닫고 사회의 공명성을 확충하여 크고 높게 이상을 가지고 넓고 멀리 바라보며 산과 바다같은 믿음이 진리에 철저한 인격이라고 할 것이다.

이순신 장군의 말에 "서해어룡동 맹산초목지(誓海魚龍動 盟山草木知)"라고 하였으니 대인군자(大人君子)의 심법(心法)을 짐작할 수 있는바 오늘날의 선비가 마땅히 본받아야 할 것이다.

인(仁)은 천지의 마음으로 자기의 마음을 삼는 것이고 의(義)는 일월과 같은 광명으로 자기의 정신을 가다듬는 것이며 예(禮)는 사시와 같이 질서를 지키는 것이며 지(智)는 귀신처럼 세밀하게 아는 것이며 신(信)은 산해처럼 확고부동한 것임을 깨달으면 맹자(孟子)가 말한 대장부의 기상을 떨칠 것이다. 대장부는 천하의 가장 넓은 곳에 살며 천하의 가장 바른 자리에 서며, 천하대도를 확립하여 부귀에 유혹되지 않고 빈천에 뜻을 바꾸지 않으며 위세와 무력에 굴복하지 않는다고 맹자가 밝혔으니 그 기상이 호연하고 그 식견이 높고 큼을 말해주고 있다.

Ⅱ. 韓國 冠婚喪祭의 意義

1. 序 言

동양고전의 다섯가지 경전중의 하나인 예기『禮記』를 보면 우리들의 생활속에서 크게 사용되고 있는 예가(가례, 길례, 흉례, 빈례, 군례) 300조항이요, 적은 예가 3000조항 이라고 하였다.

예(禮)란 외면적 규율의 총칭인바 크게는 사회, 제도, 법률, 습속, 적게는 의식범절 (儀式凡節)에 이르기까지의 일체를 포괄하고 있다.

그 설명하는 범위나 강조점은 일신(一身)의 수양면에서 천하의 거창한 경륜에 까지 미치며, 일상의식(日常儀式)의 범절에서 교사체상 (郊社禘嘗)의 대례(大禮)까지에 미치는 것을 볼 수 있다.

또한 심성 (心性)의 체용 (體用)에서부터 우주의 생성변화 문제에 까지 미치고 있어 미세한 부분적인 분야에서 광대한 경역에 까지 두루 섭렵한 현묘한 철학적 경륜을 제시하고 있어 예란 대자연의 절도있는 문체요 사람이 하는 일중의 정의로운 법칙인 것이다.

그러므로 공경과 정성은 예의 근본이요, 거동의 격식은 예의 문체라고 하였는바 근본이 없이는 예가 성립될 수 없고, 격식이 없이는 예를 행할 수 없다고 하였다.

그러면 여기에서 짧은 시간에 천하에 거창한 예의 근본인 공경과 정성, 문체인 격식과 의례를 논하기는 어렵기 때문에 우리들의 일상생활 속에서 가장 많이 쓰여지고 있는 가례(嘉禮) 길례(吉禮) 흉례(凶禮) 빈례(賓禮) 군례(軍禮) 오례(五禮) 중 제일 많이 시행하고 있는 관혼상제(冠婚喪祭) 의례(儀禮)부터 더듬어 보기로 한다.

2. 冠 禮

먼저 관례에 대한 의미와 목적에 대하여 알아볼 것 같으면 관례를 즉 성년식이라고 하는데 오늘날의 성년식은 우리 전통예법인 사례(四禮) 즉, 관·혼·상·제 중 첫 번째인 관례에 해당하는 통과의례의 하나이다.

세계의 모든 나라가 이 성년식에 해당하는 의식을 행하고 있다. 물론 그 형식과 내용은 다르지만 이러한 의식의 목적은 같은 것으로서 사람이 태어나 일정하게 육체적으로 성숙을 하면 부모의 보호를 벗어나게 되며, 이때부터는 당당한 사회의 구성원으로서의 몫을 해야 되고, 또 요구받게 되는 것이다.

즉 육체적으로 성숙한 단계에서 일정한 의식을 통하여 그것을 확인시켜 주고, 겉으로 나타나는 변화를 주어서 어린 아이와 구별하여 주고, 언어와 행동의 규범도 달리하도록 하며, 또한 그렇게 대접을 한다.

이러한 외적인 변화를 엄숙한 의식을 통하여 가해줌으로서 내적정신의 성장과 변화의 동기를 부여하는 것은 사회구성원으로서의 한 몫을 해내도록 재촉하는 것이다.

그러면 이러한 의미를 갖는 우리의 전통 성년식인 관례는 어떻게 행하여

졌는가 살펴볼 것 같으면 우리나라는 고대로부터 (삼한시대 三韓時代) 성년 의식이 있어 왔으며 유교문화의 도입에서 관례로 정형화 (定型化)한 것이다.

즉 남자는 20세 여자는 15세가 되면 좋은 날을 택하여 음식과 술을 장만 하고 온 마을 사람을 초대하여 덕망이 높은 분을 큰 손님으로 모시고 관례 를 행하여 왔던 것이다.

엄격하게 구별하면 남자가 치르는 의식을 관례라 하고, 여자가 치르는 의 식을 계례(笄禮)라고 하니 이것을 합하여 관계례(冠笄禮)라 하는 것이다.

남자는 머리에 관(건)을 씌우고 의복은 어른의 복식을 갖추고 비로서 술 을 마시게하며 부르기 쉬운 이름 즉 자(字)를 지어주며 이때부터는 말도 존 댓말을 써서(하게) 대접한다.

여자는 머리를 올려 비녀를 꽂아주며 역시 복식을 달리하고 당호 (堂號) 를 지어 내려주는 것이다.

이러한 외형적인 변화를 주고 여러 사람이 참석한 자리에서 어른으로 인 정한 행사를 갖는 것으로서 행동과 생각의 변화를 요구하는 것이다.

이와 같은 의식을 치르므로 인하여 어른을 향한 젊은이들에게 가정과 이 웃과 사회, 국가가 다 같이 참여하여 엄숙한 자리를 마련하고 이러한 전통 관계례를 통하여 외적인 변화를 주고 내적인 성숙과 정신적인 의식의 전환 을 갖어오도록 하는 하나의 획기적인 전환의 장을 마련하여야 한다고 생각 하였기 때문이다.

3. 婚 禮

『예기』혼의(昏義)편에 이르기를 혼인이란 장차 두 성씨가 사이좋게 화합 하여 위로는 조상을 섬기고 아래로는 후세를 계승하는 것이다. 그러므로 군 자는 이를 중시하였다.

이러한 까닭으로 혼례에는 육례(六禮)를 갖추어야 하는데 즉 납채(納采) 문명(問名) 납길(納吉) 납징(納徵) 청기(請期) 친영(親迎) 인 것이다.

① 납채: 신랑집에서 신부집으로 사주단자 (四柱單子)를 보낸다.
② 문명: 양가에서 서로 성씨와 이름을 묻는다.
③ 납길: 신랑집에서 신부집으로 혼인승낙서를 보낸다.
④ 납징: 신랑집에서 신부집으로 청단홍단(靑緞紅緞) (폐백)을 보낸다.
⑤ 청기: 신랑집에서 신부집으로 혼인의 날 받기를 청함.
⑥ 친영: 신랑이 신부를 맞이하는 예식을 올리는 것.

이와 같이 육례를 갖추고서 혼례의식을 거행하는데 여기에는 전안례(奠雁禮) 교배례(交拜禮) 서천지례(誓天地禮) 서배우례(誓配偶禮) 합근례(合巹禮) 우귀례(于歸禮) 현구고례(見舅姑禮)등이 있다.

① 전안례: 정조를 지키고 예의바르고 질서를 지켜 백년해로를 약속함.
② 교배례: 신랑신부가 처음으로 만나 서로 절을 하며 공경하고 사랑할 것을 다짐함.
③ 서천지례: 천지신명에게 맹세를 함.
④ 서배우례: 일생동안 배우자로서 본분을 다할 것을 맹세함. (백년가약 百年佳約)을 의미함.
⑤ 합근례: 표주박처럼 하나의 박이 두 개로 나뉘어졌다가 다시 합친다는 뜻으로 일심동체 (一心同體)를 의미함.
⑥ 우귀례: 우귀는 신행이라고도 하여 신부가 정식으로 신랑집에 들어가는 의식이다. 근래에는 결혼식 당일에 예식장의 폐백실에서 신부가 처음으로 시부모를 뵈올 때에 폐백을 올리는 의식으로 대신하는 것이 통례로 되어 있다.
⑦ 현구고례: 신부가 시부모와 그의 친척에게 첫 인사를 하는 의식으로

우귀하는 날에 하는 것이다. 이때 신랑의 직계존속에게는 네 번 절을 하고 기타는 한 번씩 한다. 재래식으로는 대청에 자리를 만들고 병풍을 치고, 시아버지는 동편에 시어머니는 서편에 앉은 후 폐백 상을 차리고 절을 하는데 시 조부모가 생존하여도 시부모부터 먼저 뵙고 다음에 시 조부모를 뵙게 되어있으며, 그 외는 촌수와 항렬(行列)에 따라 차례로 인사를 드린다.

이와 같이 엄숙한 의식을 치르는 것은 신랑신부가 서로 공경하고 삼가하며 신중하고 바르게 한 뒤에 친하게 되니 이것은 예의 큰 모양새요, 남녀의 구별을 이루어 부부의 의리가 성립되는 까닭이다. 남녀의 구별이 있은 뒤라야 부부의 의리가 있게 되고, 부부의 의리가 있은 뒤라야 부부의 친함이 있게 되며, 부자의 친함이 있은 뒤라야 군신의 정의가 있게 된다.

그러므로 혼례란 예의 근본이라고 말하는 것이다. 대체로 예란 신중하게 조빙(朝聘)에서는 존엄하게 향사(鄕射)에서는 화목하게 한다. 이것이 예의 큰 틀이다.

4. 喪 禮

예기에 이르기를 길례(吉禮)와 흉례(凶禮)는 제도를 달리한다. 음양이 서로 간섭한다면 천도(天道)가 잃어지고, 길흉이 서로 간섭한다면 인사(人事)가 어긋나게 된다. 예에 길흉이 있음은 곧 음양의 이치에 바탕을 둔 것이다. 상사에는 네 가지 제도가 있는 것이니, 은정(恩情)을 기준으로 해서 마련하고 의(義)를 기준으로 해서 마련하고 절(節)을 기준으로 해서 마련하고 권도(權道)에 입각해서 마련했다.

그러므로 예(禮)라는 것은 천지(天地)의 형상, 사시(四時)의 운행, 음양(陰

陽)의 이치, 인정(人情)에 바탕을 두어서 만들어진 것이다.

길흉의 예가 제도를 달리해서 서로 간섭하지 않는 것은 음양이 서로 간섭하지 않는 데에 근거를 두고있다.

또한 인정에 근거를 두어서 인(仁) 의(義) 예(禮) 지(智)를 기준으로 하여 상례를 만들었다.

이것은 또 사시의 운행에 바탕을 둔 것이 되기도 한다. 그 은혜가 두터운 자는 그 복(服)이 중(重)하다. 그러므로 아버지를 위해서 참최(斬衰) 3년의 복을 입는다. 은(恩)을 가려 만든 것이다. 집안에 있어서는 은(恩)을 주로해서 의(義)에 우선한다. 집밖에서는 의(義)를 주로해서 사은(私恩)을 끊는 일이 있다. 부모의 상에 3년동안 벼슬에 나가지 않는 것은 은이 의에 우선하는 것이다.

임금의 몸에 복을 입었을 때는 사친(私親)을 위해서 복입지 못하는 것은 의가 은을 끊는 것이다. 다시 말해서 예(禮)에는 오복(五服)이 있는데 이는 은정(恩情)의 경중(輕重)에 바탕을 두고 있다. 아버지의 은혜가 가장 두터운 것이기 때문에 복상(服喪)도 참최(斬衰)3년으로서 가장 중하다.

집안에서는 은정이 주(主)가 되고, 집밖에서는 의가 주(主)가 된다. 아버지를 섬기는 일체로 임금을 섬기게 된다. 귀귀존존(貴貴尊尊)의 대의(大義)에서 임금에 대해서도 참최(斬衰) 3년의 복을 입어야 한다.

그리고 3일 만에 죽을 먹고 3달 만에 목욕하고, 기년연복(朞年練服)(아버지가 살아계시고 어머니가 먼저 돌아가셨을 때 한 돌 만에 지내는 소상을 11달 만에 다가서 지내는 제사를 연제사(練祭祀)라고 한다.)하며, 상기(喪期)가 많아도 3년을 넘지 않는 것은 예를 절도에 맞춘 것이니 이와 같이 하는 것은 절(節)에 바탕을 둔 것이다.

해설(解説): 어버이가 처음 돌아가셨을 때 사흘 동안 먹지 않고, 곡주(哭泣)하며 석 달 동안 띠를 풀지 않으며, 기년에 슬퍼하며, 삼년에 근심하며, 상기(喪期)가 삼년을 넘지 못하게 만든 것은 은정의 감쇠(減衰)에 입각해서 거상(居喪)이 중용(中庸)의 도리에 맞도록 만든 것이다.

5. 祭 禮

제사에 앞서서 재계(齊戒)가 행하여지는데 이것에는 마음속에서 하는 치제(致祭)와 외물(外物)에 대한 산제(散齊)가 있다.

재계하는 동안에는 항상(제사지내려는 고인(故人)의)생전에 기거하시던 모습이나 담소(談笑) 지망(志望) 호오(好惡) 취미(趣味) 등의 추억에 젖어있기 때문에 재계가 3일만 계속되면 드디어 고인의 모습이 끊임없이 눈앞에 떠오르게 된다.

이리하여 마침내 제삿날이 되어서 제실로 들어서면 반드시 고인의 영혼이 그 자리에 있는 것처럼 느껴지게 되며 제례가 끝나고 문을 나가려고 할 때면 반드시 엄숙한 기분에 젖어 고인의 음성을 들은 느낌이 들며 그리고 문밖에 나가 들으면 반드시 방안에서 뚜렷하게 고인의 탄식소리가 들려오는 것 같은 것이다.

이러하므로 고대의 현왕(賢王)들의 효심이란 것은 부모의 음성은 내 귀에서 끊이지 않으며, 부모의 마음이나 희망 등을 항상 내 마음에 간직하고 있었으므로 (제계나 제사에 있어서) 나의 효도와 아낌의 마음이 골몰하면 부모의 영혼이 눈앞에 떠오르고 효도와 공경으로 정성을 다하면 영혼이 그에 감응하는 것이다.

또 그러한 (감응의) 경험을 소중히 마음속에 간직하고 있으면 어찌 돌아가신 부모를 경애(敬愛)하지 않으리요. 원래 군자는 부모의 이름을 욕되지 않도록 한다. 그러므로 군자는 한평생 상(喪)이 있다고 하는데 그것은 기일(忌日)을 가리키는 것이다.

효자가 부모와 조상을 제사할 때에는 정성을 다하고 그 믿음을 다하며, 그 공경을 다하며, 그 과실없이 예의를 다하며, 나아가고, 물러감에도 공경을 하며, 그 태도는 마치 직접 부모의 말씀을 듣고 그에 따라 움직이고 있는 것 같이 하는 것이다.

부모를 생각하여 깊이 사랑하는 사람에게는 반드시 화기(和氣)가 있고, 화기가 있는 사람에게는 반드시 부드러운 태도가 엿보인다. 이러한 인품을 가진 효자가 부모의 제사를 지낼 때는 (그 진퇴의 신중하고 공경함은)마치 손에 보석을 받들고 있는 것 같으며, 혹은 액체를 가득담은 그릇을 받쳐 들고 있는 것 같으며, 어디까지나 공경하고 이렇게 받들고 있다가는 장차 손에서 없어지지나 않을까 하고 걱정을 하는 것처럼 보인다.

대체로 천하의 예에는 다섯 가시의 목적이 있다.

　첫째는 예를 행하므로써 사물의 시초를 되돌아보도록 사람을 지도하는 것
　　　이다.
　둘째는 사람의 마음을 귀신과 통하게 하는 것이다.
　셋째는 친화를 증대하고 재물의 이용을 촉진하는 것이다.
　넷째는 도의를 크게 흥하게 하는 것이다.
　다섯째는 겸양의 미풍을 조장하는 것이다.

　시초를 되돌아본다면 사물의 기본이 존중될 것이고, 귀신과 통하게 되면 그 마음은 모두 윗사람을 존경할 것이며, 친화가 증대되어 재물의 이용이 촉진되면 서민의 생활원칙이 확립될 것이고, 도의가 크게 흥기되면 상하의 충돌이 발생하지 않으며 겸양의 미풍이 왕성하면 투쟁은 사라질 것이다.

　이와 같이 다섯 가지 일을 종합해서 그 실행을 목적으로 예를 행하고 정치에 노력한다면 천하는 잘 다스려질 것으로 확신하며, 가령 다스리기 어려운 편기사악(偏奇邪惡)한 백성이 있다손 치더라도 그것은 근소(僅少)할 것이다.

6. 結 語

선왕이 예를 확립함에 있어서 근본이 있고 문체가 있다고 하였으니 즉 예를 행하는 사람의 성의(誠意)는 예의 근본이고, 예의범절의 규정은 예의 형식이다.

그러므로 근본이 없이는 예가 존재하지 못하고, 형식이 없이는 실행이 불가능 하는 것이다.

예는 군자가 천시의 추이(推移)에 응해서 일을 행하고, 땅의 생산력에 의존하여 물자를 축적하며, 귀신을 공경하고 사람들과 화합함으로써 만사를 처리하고 천하를 다스리기 위한 기본적인 수단이다.

또한 예의 형식을 규정하려면 먼저 때(時)에 맞도록 충분히 고려하지 않으면 안 된다.

때의 다음에는 순(順) 그 다음에는 체(體) 그 다음에는 의(宜(義)) 그 다음에는 칭(稱)이다.

시(時)는 하늘땅의 큰 운행이요,	(시대성)
순(順)은 사람의 도리인 큰 윤리이며,	(정통성)
체(體)는 그 지체(支體) 즉 4체요,	(주체성)
의(宜)는 그 의리(義理)요,	(합리성)
칭(稱)은 그 수리(數理)를 헤아림이니	(현실성)
날자와 시간을 어기면	비례(非禮)
정해진 장소를 어기면	무례(無禮)
제주가 바뀌면(적장자)	패례(悖禮)
잘살면서도 초라하게 제사를 모시면	실례(失禮)
빈한하면서도 과도하게 제사를 모시면	허례(虛禮)

위의 다섯 가지 조항은 만물의 미세한 부분부터 광대 주류한 천하의 이치를 정밀하게 살피고 궁리를 해서 밝혀놓은 것이다. 끝으로 공자께서는 다음

과 같은 말씀을 하셨다.

"사람이 자애(慈愛)로움을 내 마음속에 확립하려면 먼저 자신의 부모를 공경하고 아끼는 것부터 시작해야 하느니라."

먼저 부모를 경애(敬愛)하는 것은 사람에게 상호 친목의 도를 가르치기 위함이며, 남에게 공경함을 설교하려면 먼저 연장자를 공경하는 것부터 설교하는 것이니, 연장자를 공경한다는 것은 사람에게 순종(順從)의 도를 가르치기 위함이며, 임금이 자애로움과 화목함을 백성에게 가르침으로써 백성은 부모 봉양하는 것을 중히 여기고 연장자를 공경하는 것을 가르침으로써 백성은 장상(長上)의 명령을 지키는 것을 중히 여기는 것이다.

그러므로 "효도와 공경하는 마음으로 부모를 섬기는 일과 유순한 마음으로 명령을 따르는 일 이 두 가시의 도를 천하에 보급시키면 다른 여하한 정치의 교육도 천하에 어그러짐 없이 실행하지 못 할 바가 없을 것이다." 라고 하였으니 후학들은 이와 같은 예(禮)의 큰 뜻을 가슴속 깊이 아로새겨 부모에게는 효도를 다하고 일가와 친척에게는 화목하며, 남에게는 겸손하고 공경함을 실천하여 가정과 사회, 국가에 큰 동량(棟樑)이 되기를 바라노라.

Ⅲ. 세상(世上)에 악무(樂舞)의 필요성

『예기(禮記)』에 이르기를

대체로 음악의 발생을 생각하면 그것은 사람의 마음이 움직임에 의해서 생기는 것이고, 따라서 음악의 원리는 인정(人情)과 사물(事物)의 도리에도 상통(相通)하는 것이다. 그러므로 보통소리는 알아도 음악을 모른다면 사람이 아니라 금수(禽獸)인 것이다.

음악은 알아도 음악의 뜻을 모르면 군자가 아니라 평범한 사람이며 오로지 군자만이 음악을 이해할 수 있는 것이다. 그러므로 먼저 음성의 이치를 밝혀서 음악의 이치를 알고 음악의 이치를 안 연후, 그에 의해 정치의 이치를 알게 되는 것이므로 이렇게 해야만 치세(治世)의 길을 충분히 이해하게 된다.

음악은 사람의 내면에서 나오는 것이고, 예의는 밖에서부터 일어나는 것이다. 음악은 내면에서 오는 것이기 때문에 사람의 본성을 받아서 평정(平靜)이 주가 되는 것이고, 예의는 밖으로부터 오는 것이므로 반드시 손발의 움직임이나 복장의 규정 등이 주가 된다.

그러므로 뛰어난 음악은 반드시 그 곡절(曲節)이 평이(平易)하고 중대한 예의는 반드시 그 예법이 간단하다.

따라서 음악의 감화가 성공을 거두면 사람들은 원망하는 마음이 없어지고 예의가 완전히 길들여지면 사람들은 다투는 일이 없어질 것이다.

또한 우수한 음악은 천지(天地)와 더불어 화합작용(和合作用)을 하고, 중대한 예의는 천지(天地)와 더불어 균평조절(均平調節)하는 것이니 화합작용을 함으로 만물이 제자리를 잃지 않고, 균평하게 조절함으로 만물이 더불어 생장(生長)하므로 공경과 정성을 다하여 하늘, 땅에 제사하나니 이와 같은 예악(禮樂)사상이 흥기(興起)되면 세계 인류가 화평할 것이다.

옛날 순임금이 오현(五絃)의 금(琴)을 만들고 이것으로 남풍(南風)의 시를 노래하였다. 순임금의 신하인 기(夔)는 순임금의 명을 받아 처음으로 악곡(樂曲)을 만들어 이를 제후의 공(功)에 상으로 주었다.

즉 천자가 음악을 만드는 것은 이것으로 덕이 높은 제후를 상으로 주기 위함인 것이다. 제후의 덕이 왕성하고 인민의 교육이 소중히 여겨지고, 오곡이 잘 익으면 천자는 그 제후를 위해 악곡을 만들어 상찬(賞讚)한다.

따라서 민치(民治)에 관해서 크게 수고한 제후는 마침내 천자로부터 많은 무인(舞人)을 쓰는 무악(舞樂)을 하사 받기 위해서 그 무대를 넓히지 않으면 안 되며, 그다지 수고가 없는 제후의 무대는 좁아도 된다.

이와 같이 제후에게 하사하는 무악을 보고 그 제후의 덕을 알며 또 하사하는 시호를 듣고 그 행적을 아는 것이다.

요제(堯帝)의 악곡(樂曲)인 대장(大章)이란 임금의 덕을 환히 나타낸다는 뜻이고, 황제의 함지(咸池)란 유비(有備)되어 결함이 없다는 뜻이며, 순제(舜帝)의 쇼(韶)란 계승한다는 뜻이고, 우왕(禹王)의 하(夏)란 대(大)란 뜻이며 그 후 은주(殷周) 성왕(聖王)들의 악곡도 왕들이 충분히 선행을 다한 것을 표명하고 있다.

하늘, 땅의 도리는 대자연의 이치로서 한(寒)과 서(暑)가 시기에 맞지 않으면 질병이 유행하고 비바람이 적당하지 않으면 곡식이 영글지 않는다. 교육은 말하자면 인민에게 있어서 한서(寒暑)와 같기 때문에 이것이 인민의 성장 시기에 맞도록 시행되지 않으면 인민이 다스려지지 않으며 세상이 문란해진다.

또한 임금이 사업을 일으켜서 공을 세우려는 것은 즉 사공(事公), 말하자면 인민에게 있어서 비바람에 해당하고, 여기에 절도(節度)가 유지되지 않으면 공을 이루지 못하는 것이다. 이런 관계로 선왕이 음악을 만든 것은 선왕이 하늘, 땅의 이치에 따라 백성을 다스리려고 했기 때문이며 만일 그 정치가 좋으면 인민이 모두 명군(明君)의 덕을 모범으로 하여 선행에 힘쓰는 것이다.

또한 음악을 시작할 때에는 당상과 당하에 따라 교대로 연주하고 번갈아 합한 뒤에 곡조가 이루어진다 하였다. 조고(祖考)는 높은 신(神)이므로 당상의 음악에 말하였고 조수(鳥獸)는 미물이므로 당하의 음악에 말하였으며, 소소(簫韶)를 아홉 번 연주하자 봉황이 이름은 신령스럽고 상서로움을 높이고 특이하게 하였기 때문에 따로 말한 것이니 당상의 음악은 단지 신이 이름만을 이루고 당하의 음악은 단지 짐승을 춤추게만 하는 것은 아니다.

혹자는 말하기를 생(笙)의 모양은 새의 날개와 같고 용(鏞)의 틀은 짐승의 모양이다. 그러므로 생과 용을 번갈아 울리니 새와 짐승이 너울너울 춤을 춘다고 말한 것이다.

서경(書經)에 이르기를 제순(帝舜)이 노래를 지어 말씀하시기를 "하늘의 명을 삼가할진데 때마다 삼가하고, 기미마다 삼가해야 한다."하고 마침내 노래하시기를 "신하(股肱고굉)가 기쁜 마음으로 일을 하면 군주(원수元首)의 다스림이 흥기되어 백공(百工)이 기뻐할 것이다." 하였다. 고요(皐陶)가 손을 모아 절하고 머리를 조아리며 큰소리로 말하기를 "유념하시어 신하들을 거느리고, 일을 일으키시되 법도를 삼가 공경하시며 일이 이루어지는가를 자주 살펴 공경하소서."하고는 마침내 노래를 이어 이루기를 "군주가 현명하시면 신하가 어질어서 모든 일이 편안할 것입니다." 하였다. 고요가 다시 노래하기를 "군주가 좀스럽고(총좌叢脞)자질구레 하시면 신하가(고굉股肱)태만해져서 만사가 폐해질 것입니다."하였다. 제순(帝舜)이 절하며 "아! 너의 말이 옳다. 가서 공경히 임무를 수행하라."하였다.

이리하여 선왕은 음악의 조직(組織)을 만드는데 인간의 성정(性情)에 근거를 두고, 정연한 원칙을 세우고 예의에 맞추어서 천지의 화기(和氣)에 맞추고 오행(五行)의 이치에 따르게 하며, 발양(發揚)하는 음은 있어도 산만(散漫)하지 않고 음(陰)이 밀폐되지 않고, 강기(剛氣)가 성내지 않고, 유기(柔氣)가 두려워하지 않게 하였다. 음양강유(陰陽剛柔)의 이 사기(四氣)가 적도(適度)로 악곡 속에 배합되어서 음이 되어 밖으로 발현(發現)하는 것이고, 사기(四氣)가 모두 각각 위치를 차지하고, 상침(相侵)하지 않도록 한다.

이상과 같이 음악의 원칙을 세우고, 난 다음 이어서 학습의 계정(階程)을 정하고, 기본이 되는 소절(小節)의 종류를 많게하고, 악장의 구분을 명료하게 하며, 그에 의해 학습의 편리를 도모하고, 음악의 감화가 민덕(民德)을 돈후(敦厚)하게 도모하는 것이며, 또 음악이 사물의 대소선후(大小先後)의 명칭이나 순서의 모범을 보이도록하고, 그에 의해 사물의 도리를 나타내도록 도모하여 친소(親疎) 귀천(貴賤) 장유(長幼) 남녀(男女)의 도리를 모두 음악으로 표현하게 하는 것이다. 이러한 관계로 예로부터 '음악에는 진실로 깊은 뜻이 있다.'라고 말하고 있다.

더구나 순임금의 덕이 위에서 화(和)함을 이루고, 기(夔)의 음악이 아래에서 화(和)함을 부르니 신과 사람을 감동시키고 짐승과 봉황을 춤추게 한 것을 어찌 의심하겠는가? 이제 살펴 보건데 계찰(季札)이 주(周)나라의 음악을 관찰할 적에 소소(簫韶)로 춤추는 자를 보고 말하기를 "덕이 지극하고 극진하다. 마치 하늘이 덮어주지 않음이 없고, 땅이 실어주지 않음이 없는 것과 같으니 비록 심히 성대한 덕이라도 이보다 더 할 수는 없다." 하였으니 소악(韶樂)을 연주함에 유(幽)(귀신세계)로 신을 감동시키면 조고(祖考)가 와서 이르고, 명(明)(인간세계)으로 사람을 감동시키면 여러 제후들이 덕으로 사양하며, 미물로 짐승들을 감동시키면 봉황이 용의(容儀)에 맞게 춤을 추고 짐승들이 춤을 추었으니 감동시켜 부름이 이와 같은 이유를 근원해보면 모두 제순(帝舜)의 덕(德)이 하늘땅이 덮어주고 실어주지 않음이 없는 것과 같기 때문이다. 음악이 전해진지가 천여 년이 넘었는데도 공자(孔子)께서 이것을 재(齊)나라에서 들으시고는 오히려<배우는> 3개월 동안 고기 맛을 모르시며 말씀하시기를 "음악을 만든 것이 이러한 경지에 이를 줄은 생각하지 못했다." 하였으니 당시에 감동시키고, 부른 것을 따라서 알 수 있다.

文廟釋奠(문묘석전) 樂章(악장)

　　　1) 영신(迎新)
위대하신 선성께서는 도와 덕을 존숭하시었네
제왕의 덕화를 유지하시니 만백성이 숭앙하도다
상도인 예법으로 순수융성함을 아울러 받들고자 하오니
신께서는 강림하시어 성인의 위용을 밝혀주소서

　　　2) 전폐(奠幣)
사람이 생겨난 이래 누가 그 성대함에 이르랴
오직 문선왕의 신명함은 전성보다 탁월하시도다
제수와 폐백을 다 갖추고 예용에 맞도록 행하오니
서직이 향기롭지 못하오나 오직 신께서는 흠향하옵소서

3) 초헌(初獻)

위대하신 성왕이시여 진실로 하늘이 내신 성덕이십니다
음악으로 숭모하고, 때맞추어 제사 모셔도 싫지 않으며
맑은 술은 향기롭고 매우 큰 희생 가상하옵니다
제수 갖춰 신명께 드리오니 바라옵건데 밝게 이르소서

4) 아헌(亞獻) · 종헌(終獻)

백왕의 종사이시며, 백성과 만물의 법도이시었네.
우러러보니 양양하신 듯 신께서 편히 계시도다.
저 금 술잔에 따른 술은 맑고도 감미러워라.
세 차례 술잔을 올리어 기쁘게 예를 이루었도다.

5) 철변두(徹籩豆)

희준상준은 옆에 잇고, 변두는 좌우에 펼쳐져 있으메
향사에 올리는 제물은 이미 향기롭고 청결하도다.
예의를 이루고 음악을 갖추니 신의 기뻐함을 알도다.
제사모시면 복 받나니 예법따라 어김이 없도다.

6) 송신(送神)

엄숙한 학궁이 있으니 사방에서 와 존숭하였고,
정성으로 공순하게 제사모시니 위의가 온화하도다.
향기로운 제수 흠향하시고, 신께서 되돌아가시네.
정결한 제사를 마쳤으니 큰 복을 받으리로다.

[참고문헌]

『禮記』『새 시대를 위한 書經』『儒敎와 釋奠』

IV. 禮義實踐으로 새 시대를 건설하자

희망적인 21세기를 영광되게 건설하기 위해서는 가정과 사회, 국가 그리고 세계 인류의 새로운 인간관계가 형성되어야 할 것이고 새로운 인간관계가 형성되기 위해서는 인간의 기본윤리를 밝혀서 널리 보급하는 일이 첫걸음일 것이다.

그동안 20세기를 풍미하던 자연과학적 합리주의에 의한 획일주의적인 인간관계는 인간성을 상실하고, 가정을 파괴하여 사회를 어지럽혔기 때문에 이것을 극복하고 성공적인 미래의 새 시대를 건설하기 위해서는 예절의 정의를 몸소 실천하는 것이 최선의 방법일 것이다.

예의(禮義)란 삼라만상의 전체를 포괄하는 사람의 행동규범이며, 인간의 본성에 기초한 윤리도덕과 충효사상을 바로잡는 경세적인 기틀이기 때문이다. 다시 말하면 인간이 마땅히 지켜야 할 도리는 인간의 순수한 본성에서 벗어나지 않는 합리적이고 이지적인 방법으로써 사람의 마음이 사악한데로 돌아가려는 것을 해소시키고 아름다운 바탕을 증진시키며, 크게는 인류의 국가, 사회제도, 법률, 습속, 적게는 예의범절 규정에 이르기 까지 일체를 포괄하고 있는 것이며, 일신의 수양면에서 천하의 거창한 경륜에 까지 미치며, 일상 의식의 범절에서 대소 제례에 까지 미치는 것이다.

『禮記』禮器편에 보면 "예를 행한 사람의 성의는 예의 근본이고, 예의범절의 규정은 예의 형식이다. 그러므로 근본 없이는 예가 존재하지 못하고, 형식이 없이는 실행이 불가능한 것이다." 라고 하였으니 즉, 이 말은 예의(禮義)와 예의(禮儀)를 말한 것으로서 예의(禮義)란 방원(方圓)평직(平直) 구규(矩規) 준승(準繩) 대소(大小), 다소(多少), 장단(長短), 강약(强弱), 경중(輕重)을 재정함과 본말(本末), 상하(上下), 내외(內外), 전후(前後), 좌우(左右)의 위계질서(位階秩序)를 확립하여 올바르게 시행함이며, 예의(禮儀)는 의례

(儀禮)로서 위로는 약 체 상 중(禴 禘 嘗 烝)과 아래로는 관 혼 상 제 (冠 婚 喪 祭) 또는 일상생활에 필요한 모든 일들을 범절로 규정하여 의식대로 시행하는 하나의 형식인 것이다.

그러므로 예(禮)라는 것은 의(義)의 결실인 것이요 의(義)를 제도로써 결실하게 하는 것이 예(禮)이기 때문이며 또한 인(仁)은 의(義)의 근본이 된다고 하였다.

다시 말하면 비록 시(詩) 3백편을 달달달 암송하여 언어장기를 모두 갖추고 있는 사람이라 할지라도 예에 대한 식견이 없다면 그것만으로는 한잔의 술도 따라 올리는 예를 행할 수 없다고 공자는 말씀하셨다.

예는 인문주의적 지성인의 심리체계(心理體系)요 인생만사의 모범적인 행동강령이다. 따라서 예절은 공경하고 사양하는 마음의 표현이며, 질서를 지켜 화합하는 사회의 모범인 즉 법과 더불어 사회 기강을 확립하는 2대 지주이다.

법은 사회를 유지하는 최소한의 강재규범이기 때문에 획일적으로 만인이 평등하지만 예는 사람을 떨치고 일어나게 하는 최대한의 모범이기 때문에 남을 알아보는 능력개발과 인격의 향상에 따라 여러 단계로 분류했으니 선비에게는 선비의 예절이 있고, 군자에게는 군자의 예절이 있을 뿐만 아니라 가정에는 가정의례가 있고, 나라에는 나라의 의례가 있어 때와 장소와 분수에 알맞게 처신하여 언제 어디서나 교만 방자함과 나태 음란함을 원천적으로 방지하는 자기 자신의 자율적 절제 기능이다. 예절문화의 사회적 기능이 사람들로 하여금 법의 지배라는 피동적 삶의 방식에서 벗어나 예절의 솔선수범이라는 능동적 삶의 자세로 대 전환하게 함으로써 삶의 질을 획기적으로 높여 인간의 존엄성을 발양하고 인간의 관계를 널리 결속하여 튼튼한 신뢰를 바탕으로 안정사회를 이룩하는 작용을 하는 까닭에 예절을 숭상하면 법의 존엄성이 살아나는 것이요, 예절이 무너지면 법도 문란하게 되므로 예절문화는 정치사회의 기강이고 교육문화의 상징이며 이상세계 건설의 헌장으로 소중하게 받들어 왔던 것이다.

예절의 보편적 가치가 이와 같이 큰 작용을 하기 때문에 유교의 예절문화는 대단히 발달하여 인류역사에서 가장 많은 예의 법도를 개발하였으니 언어동작과 보고 듣고 생각하는 것으로부터 천하 국가의 행사에 이르기 까지 총망라하여 예의(禮儀)가 3백 조항이고, 위의(威儀)가 3천 조목으로 아름답고 찬란하다.(예의禮儀는 경례經禮 이고, 위의威儀는 곡례曲禮 임.)

그러나 3천 3백 가지의 거대한 예법체계도 그 철학적 기초는 대단히 간단하여 요약하여 실천하기가 아주 쉬우니 그 기본은 천.지.인(天.地.人)의 3가지 요건을 구비하여 마음과 물질을 배합할 따름이다.

따라서 예절의 필요, 충분조건은 때와 장소에 알맞은 인격을 갖추어 정성스러운 마음으로 깨끗한 물질을 담아내는 것인 즉 시중(時中)의 사상, 정위(正位)의 사상 주체사상을 확립하여 정신은 합리주의를 추구하고, 물질은 현실주의를 따르는 5대 원칙일 뿐이다.

대체로 관료사회는 관직의 등급으로 기준을 삼고, 민간 사회는 나이의 차례로 기준을 삼으며, 사회발전과 민중교화를 도모함에는 도덕의 높이로 기준을 삼아서 한 가지를 가진 사람은 두 가지를 가진 사람에게 양보하는 것이요 또한 유교 예절에는 서민대중의 예절을 제정하지 않고 모두 선비의 예절을 따르게 하였는데 그것은 서민대중도 분발 노력하여 인격향상을 도모하라는 뜻이다.

일찍이 요(堯)와 순(舜)은 스스로 공경하고 사양하는 예절문화를 일으켜서 천하 만방이 협력하고, 화합하는 태평성대를 건설하였다. 이러한 문화전통을 계승하여 하(夏)나라는 충직한 인간문화를 숭상하고, 은(殷)나라는 질박한 물질문화를 숭상하며, 주(周)나라는 문체 나는 정신문화를 숭상하여, 모두 3대의 문명세계를 건설하였던 것이다. 이러한 역사적 경험을 오늘에 되살린다면 유교의 진리로 새 시대 사업을 추진하는 구체적 방법에 대하여 조금도 의심할 필요가 없을 것이다.

비단 고대의 역사만 그러한 것이 아니라 조선왕조 시대에 정암(靜菴) 조광조(趙光祖) 선생의 지치주의(至治主義)도 예절부흥으로부터 착수하여 동방

예의지국(東方禮義之國)을 건설하는 기반을 조성했던 것이니 확고한 신념을 가지고 우리가 먼저 예절문화를 부흥한다면 우리나라는 이 시대(21세기)의 세계 제일의 문화국이 되어 문명세계 건설의 중심국으로 인류행복을 길이 보장하고 세계 역사 발전에 크게 기여 할 것이다.

[참고문헌]

『새시대를 위한 주역』삼재의 구성
『새시대를 위한 주역』역주자의 말
『예기(禮記)』예기(禮器)
예절부흥으로 새시대를 열자 북악 서정기 선생 시론

훈로 서정기 선생
『儒敎大全』 26권 목차大觀

魏 昌 復

(成均館 靑年儒道會 中央會 副會長)

勳老 徐先生의 大順從心壽筵을 맞이하여 스승님의 필생역작인 '儒敎 大
全 26권'의 책명과 목차를 다음과 같이 大觀합니다.

예로부터 國家의 指導者는 文·史·哲에 밝음으로써 治國平天下의 大業
을 先導하였습니다. 선생은 짧은 세월 속에 몸소 儒道振興에 渾身의 熱情
을 쏟아 21C 儒道立國과 先進文化創造를 위하여 이미 5천년 東方文化의
精髓를 涉獵하고 이제 그 대장정을 마무리하는 단계에 왔습니다.

詩, 禮, 史, 哲, 論, 記, 文, 傳記, 經書, 經으로 구분하는 26권의 大著述
은 마치 白頭의 天池가 압록과 두만으로 大河를 이루고 힘차게 뻗어가듯이
위대한 民族精神을 바탕으로 한 東方의 찬란한 등불을 滿天下에 밝히는 快
擧입니다.

江湖諸賢의 깊은 關心과 愛讀의 길잡이가 되어 새 肇國山河에 人倫綱常
과 人類道德이 復興되기를 간절히 바랍니다.

📖 卷 1 ▷詩
『아침 햇살 영롱한 대나무 열매』

勳老 徐正淇先生 儒敎大全 발간사
發刊辭
머리말

第1部 착하게 생각하며

◈ 발행일 2005년 8월 25일 면수 162 출판사 한국학술정보㈜

📖 **卷 2 ▷詩.**

『하늘로 날아라 못으로 뛰어라』

머리말

第1部 급류비약(急流飛躍)

성균관대학교 민주동문 혁명열사 추모시
민족의 꽃 김귀정(金貴井) 민주열사
석정(石井) 김동식(金東植)장군 묘비명
수송(秀松) 양대연(梁大淵)선생 영전(靈前)에
책에의 헌사(獻辭)
이강일(李康一) 당고숙(堂姑叔) 화갑연

第4部 우주쾌활(宇宙快活)

설악산(雪嶽山) 대관(大觀)
만사(輓詞)
상여 노래
상여 놀이 가락
달구질 노래

第5部 온고지신(溫故知新)

태극(太極)
양주쌍전(兩主雙全)
네 가지의 값
대청봉(大靑峯)에서
수원향교(水原鄕校) 명륜대학(明倫大學) 13기 졸업생에게
사색
똑바로 살라
은평(恩平)의 수리봉(修理峯)에서 태풍을 만나
씩씩한 선비
순간의 쾌락에 목숨 거는 사람에게
불쌍한 몰골
가련한 선비들
하늘 자물쇠
누가 하리오
주역(周易) 강좌를 마치며

성균관 명륜회 토요일 주역(周易)강좌를 유림회관에서
　　성균관대학교 양현재 강의실로 옮기며
류복혜(柳馥惠) 청도전례원장이 나염하여 만든
　　개량한복을 받아 입고
을해(乙亥)년 스승의 날에
주역(周易) 설괘전(說卦傳)을 읽으며
인생(人生)
무궁화(無窮花)
귀농(歸農)
하늘땅 주인(主人)
산 속에 즐거움
삼각산에 올라
북한산에서 합작시(合作詩)
강화도(江華島) 사적지를 답사하고
예절의 향복(享福)
수원명륜대학 15기 수료생에게 줌
짝글

第6部 숭덕광업(崇德廣業)

도덕심명(道德心銘)
쌍전락(雙全樂)
인생음(人生吟)
완소암도인명필(玩素菴道人名筆) 二首
근면(勤勉)
주계(酒戒)
제사는 명복을 비는 것 (祭祀祈冥福)
염치(廉恥)
익선당(益善堂), 김홍렬(金洪烈) 여사에게 줌
겸우(謙宇) 김선일(金善日) 전학(典學)에게
손계(蓀溪) 박무길(朴茂吉) 사문에게 줌

축 근암(槿菴) 김현창(金顯暢) 박사
　　　동양문화연구소장 취임식
북악옹 자음시 (北岳翁自吟詩)
축 해사(海史) 최창규(崔昌圭)
답 지엄(志嚴) 서상호(徐相鎬) 사문
우암(愚嚴) 권창 사문에게 줌
덕정(德井) 최재인(崔在寅) 사문에게 줌
호정(浩亭) 이재경(李在京) 사문에게 줌
답 진봉(眞峯) 이원재(李元宰) 사문
답 회봉(晦峯) 권재휘(權在輝) 사문
화산(華山) 만송(晩松) 정병한(鄭炳漢) 교장호설(號說)
우성(宇晟) 이상순(李相純) 사문에게 줌
재환(栽煥) 김성동(金星東) 사문에게 줌
축 효정(曉正) 박룡순(朴龍淳) 전학(典學)
동정(東庭) 정태진(鄭泰鎭) 교수에게 줌
운곡(雲谷) 김룡휘(金龍輝) 회장에게 줌
동간(東澗) 오길환(吳吉煥) 사문에게 줌
답 덕암(德嚴) 김달식(金達植) 노유(老儒)
축 흑산(黑山) 박일순(朴一淳) 전학(典學)
현암(玄嚴) 홍광식(洪光植) 사문에게 줌
답 덕봉(德峯) 심남수(沈南守) 사문
답 석당(石堂) 김동수(金東洙) 사문
성암(誠嚴) 이용학(李庸學) 사문에게 줌
삼희당(三希堂) 유경은(兪敬銀) 사문에게 줌
풍암(豊嚴) 김용백(金容百) 사문에게 줌
축 김광옥(金光玉) 사장(社長) 화갑연
금당(琴堂) 황의욱(黃義彧) 사문에게 줌
열정(冽井) 양우석(梁祐碩) 학사에게 줌
2002 FIFA 한일 월드컵대회 한국대표 태극전사
　　　4강 진출시 붉은 악마 응원단을 보고
인재(仁齋) 윤여빈(尹汝彬) 학사에게 줌

서린(瑞麟) 서동수(徐東琇) 석사 학위 취득 기념
축 일민(逸民) 이병원(李炳元) 성균관 원로 8질수
축수 도재(道齋) 이병근(李炳根) 성균관 고문
축수 윤제(允濟) 정상환(鄭尙煥) 유도회총본부
　　　수석 부회장
도통심법(道統心法)
축 정재(正齋) 이재학(李在學) 교장
축 청송(靑松) 김명식(金明植) 교장
축 매곡(梅谷) 윤갑진(尹甲鎭) 교감
축 현묵(玄默) 연대옥(延大鈺) 교장
청암(靑岩) 이광표(李廣杓) 사문에게 줌
을강(乙岡) 장기섭(張奇燮) 사문에게 줌
인지당(仁知堂) 김을임(金乙姙) 여사에게 줌
삼남(三南) 이창신(李昌信) 사문에게 줌
『주역(周易)』과 『춘추(春秋)』를 읽고
청곡(淸谷) 김충한(金忠漢) 지음(知音)에게
북악이 60에 읊음 (北岳耳順吟)
근재(勤齋) 김승선(金承善) 사문에게 줌
옥천(玉泉) 최성종(崔成鍾) 사문에게 줌
연당(蓮塘) 위창복(魏昌復) 사문에게 줌
일덕(一德) 이상만(李相萬) 학사에게 줌
책상 앞에 오래 앉아
암사음(巖士吟)
설악산 대청봉(大靑峰) 눈잦나무 숲
허승욱(許承旭) 畫伯 대설시(大雪詩)에 답함
권영원(權寧遠) 사문의 운에 따라 지음
환영 남북정상회담 성공
겸산(謙山) 김훈환(金勳煥) 원장에게 줌
여시여시(如是如是)
일신일신(日新日新)
북악의 봄 노래 (北岳春吟)

도봉서원을 주제로 지음 (題道峯書院)

사월혁명 (四月革命)

삼각산(三角山)

소농(素農) 오문복(吳文福) 사문에게 보냄

복옹(伏翁) 성원규(成元圭) 사문에게 줌

합천(陜川) 이상학(李相學) 옹(翁) 운에 따라

미옹(未翁) 이배원(李培遠) 이사(理事)

　　팔질(八秩)수연에

지산(芝山) 이주형(李周衡) 노유(老儒) 80축수

만인(晩忍) 박길춘(朴吉春) 칠순자음운(七旬自吟韻)에

　　따라지음

찬 미옹(未翁) 이배원(李培遠) 명필진적

춘만 청조 왕인묘 (春滿晴眺王仁廟)

소암 현중화 선생만 (素菴玄中和先生挽)

추도(追悼) 정안공(靖安公) 야정(野靜)

　　박주홍(朴柱洪) 처사(處士)

제자에게 훈시함 (訓示弟子)

축 선곡(仙谷) 박건중(朴建中)선생 숭례비(崇禮碑)건립

第7部 물아일체(物我一體)

영련(楹聯)

현판(懸板)

주련(柱聯)

대련(對聯)

좌우명(座右銘)

◆ 발행일 2005년 6월 25일 면수 319 출판사 한국학술정보㈜

📖 **卷 3** ▷**禮.**

『정통가정의례』

중간서

◆ 발행일 2005년 6월 29일 면수 196 출판사 한국학술정보㈜

📖 卷 4 ▷禮.

『새 시대를 위한 成婚錄』

4. 四禮常識

5. 우리나라의 주례(酒禮)상식

6. 유복친 계촌도(本宗五服圖)

第6部 부록

신접살이 / 오륜가

1. 친척 간의 호칭(親戚間의 呼稱)

2. 사돈 간의 호칭(査頓間呼稱)

3. 사교 간의 호칭(社交間呼稱)

4. 집에 대한 호칭(家間呼稱)

5. 결혼기념일 명칭

6. 딘생석

7. 각종 신고의 구비서류 및 절차

8. 명륜가(明倫歌)

9. 도학십도와 시조

◆ 발행일 2006년 1월 2일   면수 295   출판사 한국학술정보㈜

📖 卷 5 ▷史.

『世界 속의 韓國文化』

중간서

「世界속의 韓國文化를 내면서」

第1部 문제의 제기

韓國文化의 構造 / 徐 正 淇

1. 韓國文化의 本質

2. 文化의 一般的인 構造

◆ 발행일 2005년 6월 29일 면수 374   출판사 한국학술정보㈜

📖 卷 6 ▷史.

『世界 속의 韓國情神』

중간서
「世界속의 韓國精神」에 붙이는 말
머리말

第1部 韓國精神의 本質

◆ 발행일 2005년 6월 25일 면수 190　출판사 한국학술정보㈜

📖 卷 7 ▷哲.

『道學統論』

머리말

序論

第1部 性理

◆ 발행일 2005년 6월 25일 면수 452　출판사 한국학술정보㈜

📖 卷 8 ▷哲.

『周易象數體系와 義理思想』

주역의리사상 서론
　1. 주화사상
　2. 주체사상
　3. 중화사상
　4. 결론

📖 卷 9 ▷論.

『根源探索(근원탐색)』

1. 하늘이 다스리는 원리와 법칙
2. 성리학의 논리적 연구
3. 동양의 천명사상
4. 호락양가(湖洛兩家)의 논쟁

📖 卷 10 ▷記.

『世界 속의 한국 流風』

머리말

예절은 나이로 맺어진 삶
대동화합의 場, 설날-
가정의 달에 孝心을 찾자
한가위 民族心性 되찾자
道德性을 회복하는 길
송년회(送年會)의 의미
도덕성 회복과 새사람

投獄前科의 業報(二次投獄記)
유교사상의 흐름과 민중유교
東喬 閔泰植 先生의 期待
공명선거와 유교인의 참여
외로운 道學 전달자
민중유교정착에 정열을
인물열전
세계 속의 한국전통문화
天民說(漢文)
謁聖試 科擧 節次
儒敎의 眞理

◆ 발행일 2006년 1월 2일 면수 333 출판사 한국학술정보㈜

📖 卷 11 ▷文.

『새 시대를 여는 길』

머리말

儒敎靑年會發起趣旨文
4월혁명연구소 창립 발기취지문
民衆儒敎聯合 창립 발기취지문
成均館大學校 민주열사像 建立 趣旨文
儒敎振興對策委員會 發起趣旨文
抗日獨立戰爭의 英雄 石井 金東植 將軍記念事業會 發起趣旨文
孝道博物館建立 推進委員會發起趣旨文
민법개정안(戶主制와 同姓同本禁婚 폐지) 大統領署名公布 반대
    국민연합 발기취지문
민법개정안 반대 국민연합 창립 선언문

고 김귀정 민주열사에 대한 폭력살인을 규탄한다!

故 김귀정 열사의 꽃다운 목숨을 앗아간

　　폭력살인을 규탄한다

儒敎振興對策委員會 創立 宣言文

정신대 문제에 대한 성명서

14대 총선에 국민에게 호소함

공명선거 실천 유교인 결의대회 결의문

간통죄 및 혼인빙자 간음죄 폐지 반대 성명서

유교인 환경 선언문

한·중수교 공동성명서의 불평등요소를 즉각 시정하라

유교진흥대책위원회 해산시기에 즈음하여

남북정부는 율곡 선생의 理氣妙合思想으로 남북합의서

　　실천에 임하라

8·15인간띠 잇기 성명서

남북합의서 실천을 촉구한다

儒林은 大和合하여 儒道를 大復興하는 일에 전념하자

평화통일을 희망하는 성명서

12·12군사반란주동자를 기소하라

5·16쿠데타를 청산하라

5·18특별법제정에 5·16군사 반란자도 단죄하라

굴절된 역사를 바로 잡음에 사건의 본질을 직시하라

우리는 同姓同本婚姻을 절대 반대한다

崔根德氏의 斯文大亂罪를 聲討한다

忌日釋奠慶祝說을 痛駁한다

斯文大亂罪를 은폐하는 成均館儒敎會 總本部와 儒敎新報를

　　엄중히 규탄한다

崔根德氏는 물러가라

유도회 중앙회장 후보3인 공동성명서

同姓同本禁婚法廢止反對 聲明書

前 주한일본대사 가나야마유골 이장반대 성명서

노무현 대통령은 절대로 민법개정안을

유인(孺人)풍천노씨(豊川盧氏)효열비문(孝烈碑文)

孺人 晉陽河氏孝烈碑

유인(孺人)진양하씨(晉陽河氏)효열비문(孝烈碑文)

軍資監主簿 義兵將 高興柳公春芯遺墟碑

국역 道峯書院記

국역 이충무공행장(李忠武公行狀)

국역 주부(主簿) 고흥류공(高興柳公)

춘필(春芯) 행장(行狀)

◆ 발행일 2006년 1월 2일   면수 383   출판사 한국학술정보㈜

📖 卷 12 ▷哲.

『세계 속의 한국 儒敎』

머리말

유교와 현대사회 I – 도덕성회복의 과제

  1. 화해와 협력의 도덕세계 건설

  2. 유교의 세계도덕사상

  3. 21세기 문명의 중심지

유교와 현대사회 II – 대동세계 건설의 과제

  1. 국제화시대의 세계지도이념

  2. 유교의 대동사상

유교와 현대사회 III – 조국통일과 민족문화부흥

  1. 민족문화의 위기

  2. 민족통일의 가치관 정립

현대사회의 윤리와 도덕

  1. 낡은 사상의 허황한 몽상

사월혁명의 역사적 의의
  1. 민족사의 대전제
  2. 사월혁명의 성격
  3. 통시적 과제
봉황이 춤추는 새 시대를

◆ 발행일 2003년 5월 6일 출판사(살림터)

📖 卷 13 ▷禮.

『세계 속의 한국 禮節』

머리말

<예절강의> 예절이란 무엇인가
  첫째시간 예절문화는 왜 필요한가
  둘째시간 예절의 사회적 기능은 무엇인가
  셋째시간 인간은 어떻게 이루어지는가
    -인간의 구조와 형태
  넷째시간 어떻게 살아갈 것인가
    -삶의 조건과 방법
  다섯째시간 인생의 활동영역을 어떻게 넓힐 것인가
    (1) 단순사회구조의 양주쌍전주의
    (2) 복잡사회구조의 공동분수주의
  여섯째시간 예절의 종류와 등급은 무엇인가
  일곱째시간 전통예절의 철학적 기초는 무엇인가
  여덟째시간 예절을 일으켜야 새 시대가 온다

윤리도덕의 부흥과 예절교육
  (1) 서론

　　(2) 윤리도덕의 본뜻은 무엇인가

　　(3) 예절문화의 조리체계는 어떻게 이루어지나

　　(4) 예절교육은 왜 중요한가

　　(5) 결론

충효의 예절

　　(1) 충효의 정신

　　(2) 효도의 예절

　　(3) 충성의 예절

한국예절의 뿌리확인, 『태학지』

한국예절의 역사 확인, 도봉서원

　　(1) 도봉서원의 유래와 역사

　　(2) 우리나라 서원의 개황

　　(3) 도봉서원 복원의 필요성

현대인의 효

주례의 의미찾기

　　(1) 술은 가장 고귀한 음식

　　(2) 음식문화로서의 술

　　(3) 술과 생활예술

주례에 관한 몇 가지 상식

　　(1) 우리나라 술의 유래와 종류

　　(2) 조상들의 음주예절과 우리의 자세

　　(3) 술과 건강과의 관계

　　(4) 연회와 칵테일

　　(5) 술에 얽힌 미담 사례

　　(6) 향음주례 실습

절을 하는 예절법도

신혼여행을 하는 신랑 신부에게 당부하는 글

◆ 2004년 3월 10일 출판사(살림터)

📖 卷 14 ▷哲.

『민중유교사상』

머리말

제1부 민중유교론

제2부 우주론

제3부 인생론

7. 혁명의성과
8. 맺는말

◆ 전자책 발행일 2003년 1월 30일 면수 316　출판사 한국학술정보㈜

◆ 전자책 발행일 2003년 1월 30일 면수 316　출판사 한국학술정보㈜

📖 **卷15** ▷傳記.

『**實錄小說 孔子**』

[공자 연대표]
[제자 인명록]
공부자(孔夫子) 찬송가(讚頌歌)
 1. 가난한 어린 시절
 2. 학문에 뜻을 세우다
　성년식을 하다
　창고지기로 취직하다
　견관씨와 결혼하다
　목장지기로 직장을 옮기다
　아들을 낳다
 3. 3천 제자를 가르치다
　진정 배우고자 하는 사람은 모두 받아들이다
　학당의 생활
　소학 과정
　대학 과정
　토론을 통해 배우다
 4. 스승의 길
　주나라에 가다
　명당을 답사하고
　노자를 만나다

7. 성인의 도

　노나라에 돌아와서

　유교인의 행실

　정치를 바로하라

　나의 소원

　태산에 오르다

　나물 먹고 물 마시고

　정치에 대한 꿈은 사라지고

　어희, 하늘이 나를 버렸구나!

　3군의 장수는 빼앗을 수 있으나, 필부의 뜻은 빼앗을 수 없다

　임금은 배요 민중은 물이라

　조선땅으로 가고 싶구나

8. 6경(六經)을 지음

　악경(樂經)을 정리하다

　성인의 음악은 하늘이 감동해

　예경(禮經)을 정리하다

　예법은 가정 형편에 알맞게

　시경(詩經)을 간추리다

　나타내지 않은 문왕의 덕

　서경(書經)을 다듬다

　요순의 정치는 중용

　춘추(春秋)를 편수하다

　춘추필법

　주역(周易)을 해설하다

　군자는 하늘 땅을 본받아

9. 만세의 거룩한 스승

　6경을 읽으면 사람이 달라져

　젊은 제자들아 큰 뜻을 품어라

　오랜만에 풍년이 들고

시경강회(詩經講會)

주역강회(周易講會)

제자들의 품행

어진 이의 행실

장렬한 학풍은

기다리는 마음

■ 저자의 말

천하가 인(仁)으로 돌아간다

◆ 전자책 발행일 2002년 9월 30일 면수 376 출판사 한국학술정보㈜

📖 卷 16 ▷傳記.

『항일독립전쟁의 영웅 김동식 장군』

머리말

12. 우리 민군의 영웅적 일본군 소탕작전
13. 13사단 무너졌다, 6사단을 쳐부수자
14. 상생을 거부하고 공멸로 가는 일본
15. 통곡하는 한국인, 아시아의 비극

◆ 전자책 발행일 2005년 6월 29일 면수 279   출판사 한국학술정보㈜

📖 卷 17 ▷經書.
『새 시대를 위한 大學·中庸·禮運』

〈새 시대를 위한 大學〉
역주자의 말
일러두기
영조대왕어제서
대학장구서
대학장구대전 전문
   1. 경(經) 1장 대학의 3강령 8조목
   2. 전(傳) 1장 밝은 덕을 논증함
   3. 전 2장 인민을 새롭게 함
   4. 전 3장 지극히 착함에 멈춤
   5. 전 4장 본분을 알라
   6. 전 5장 사물을 연구하여 지식을 이루는 길
   7. 전 6장 뜻을 성실히 하라
   8. 전 7장 마음을 바르게 하여 몸을 닦는 법
   9. 전 8장 몸을 닦아 집안을 가지런히 하는 법
  10. 전 9장 집안을 가지런히 하여 나라를 잘 다스리는 길
  11. 전 10장 나라를 잘 다스려 천하를 평화롭게 하는 길

〈새 시대를 위한 中庸〉

◈ 발행일 2006년 11월 20일   면수 366   출판사 한국학술정보㈜

卷 18 ▷ 經.

『새 시대를 위한 周易』(上)

- 하늘이 무슨 말을 하는가

　주역은 본래 상황의 논리요 변화의 철학이기 때문에 어떠한 세상 어떠한 경우에서도 사람으로 하여금 희망과 용기를 가지고 삶을 경영하는 길을 밝혀주므로 새시대를 여는데 밝은 길잡이가 되고도 남을 것이다

　주역의 진리는 현상만물의 원리를 두루 망라하여, 인간존재의 구조를 밝히는 자연과학, 천하국가의 정치사회적 정의와 윤리를 밝히는 사회과학 등, 모든 것을 내포하고 있다. 인문과학자는 인간사상의 생활규범을, 정치인·경제인은 사회를 통달하여 능란하게 사회를 경영하는 변통(變通)의 법칙을, 과학자나 기술인은 물리를 연구하여 물질을 개발하고 기기(器機)를 발명하는 물상과 수학의 체계를, 미래학자는 장래의 결과를 슬기롭게 예단(豫斷)하는 지혜를 배울 수 있다.

『새 시대를 위한 주역』·차례

상경(上經)

24. 복(復) <반복의 도>

25. 무망(无妄) <성실의 도>

26. 대축(大畜) <정신의 길>

27. 이(頤) <양육의 길>

28. 대과(大過) <영웅의 길>

29. 습감(習坎) <위험의 길>

30. 리(離) <문명의 길>

◆ 발행일 1992년 10월 30일 면수 434 출판사 글

📖 卷 19 ▷經.

『새 시대를 위한 周易』(下)

하경(下經)

31 함(咸) <감응의 도>

32 항(恒) <항구의 길>

33 둔(遯) <은둔의 길>

34 대장(大壯) <장성(壯盛)의 길>

35 진(晉) <승진의 도>

36 명이(明夷) <혼란의 길>

37 가인(家人) <가족의 도>

38 규(睽) <괴리의 길>

39 건(蹇) <험란의 길>

40 해(解) <해방의 길>

41 손(損) <손해의 길>

42 익(益) <이익의 길>

43 쾌(夬) <결단의 길>

44 구(姤) <만남의 길>

45 췌(萃) <모으는 길>

계사상(繫辭上)

서괘전(序卦傳)

1. 상경 30괘 순서
2. 하경 34괘 순서

잡괘전(雜卦傳)

◆ 발행일 1992년 10월 25일　면수 433　출판사 글

※ 周易(上)권은 한국학술정보㈜에서 전자책으로 출간되었으나 편의상 우선 周易(上·下)
권은 '글 출판사' 목차를 게재함.

📖 卷 20 ▷經.

『새 시대를 위한 春秋』(上)

—나를 아는 것은 춘추뿐이다

『춘추』는 인류역사상 가장 공명정대한 사관이고, 가장 정직 명확한 역사 편년체
이며, 가장 정밀 우아한 기사문체로 된 동양사학의 기본 좌표이다.

춘추대의(春秋大義)는 역사철학이면서 정치 사회의 철학이고, 군사외교의 철학이며,
언론문학의 철학이다.

—상권—

머리말

일러두기

『춘추』의 역사와 가치

1. 춘추(春秋)의 뜻
2. 춘추시대의 성격
   (1) 도덕질서의 붕괴

상경(上經)

환공(桓公) 7년 (孔紀前 154년)

환공(桓公) 8년 (孔紀前 153년)

환공(桓公) 9년 (孔紀前 152년)환공(桓公) 10년(孔紀前 151년)

환공(桓公) 11년(孔紀前 150년)

환공(桓公) 12년(孔紀前 149년)

환공(桓公) 13년(孔紀前 148년)

환공(桓公) 14년(孔紀前 147년)

환공(桓公) 15년(孔紀前 146년)

환공(桓公) 16년(孔紀前 145년)

환공(桓公) 17년(孔紀前 144년)

환공(桓公) 18년(孔紀前 143년)

제3권 장공(莊公)

장공(莊公) 원년 (孔紀前 142년)

장공(莊公) 2년 (孔紀前 141년)

장공(莊公) 3년 (孔紀前 140년)

장공(莊公) 4년 (孔紀前 139년)

장공(莊公) 5년 (孔紀前 138년)

장공(莊公) 6년 (孔紀前 137년)

장공(莊公) 7년 (孔紀前 136년)

장공(莊公) 8년 (孔紀前 135년)

장공(莊公) 9년 (孔紀前 134년)

장공(莊公) 10년(孔紀前 133년)

장공(莊公) 11년(孔紀前 132년)

장공(莊公) 12년(孔紀前 131년)

장공(莊公) 13년(孔紀前 130년)장공(莊公) 14년(孔紀前 129년)

장공(莊公) 15년(孔紀前 128년)

장공(莊公) 16년 (孔紀前127년)

장공(莊公) 17년(孔紀前 126년)

장공(莊公) 18년(孔紀前 125년)

장공(莊公) 19년(孔紀前 124년)

장공(莊公) 20년(孔紀前 123년)

장공(莊公) 21년(孔紀前 122년)

장공(莊公) 22년(孔紀前 121년)

장공(莊公) 23년(孔紀前 120년)

장공(莊公) 24년(孔紀前 119년)

장공(莊公)25년(孔紀前 118년)

장공(莊公) 26년(孔紀前 117년)

장공(莊公) 27년(孔紀前 116년)

장공(莊公) 28년(孔紀前 115년)

상공(莊公) 29년(孔紀前 114년)

장공(莊公) 30년(孔紀前 113년)

장공(莊公) 31년(孔紀前 112년)

장공(莊公) 32년(孔紀前 111년)

제4권 민공(閔公)

민공(閔公) 원년(孔紀前 110년)

민공(閔公) 2년 (孔紀前 109년)

제5권 희공(僖公)

희공(僖公) 원년 (孔紀前 108년)

희공(僖公) 2년 (孔紀前 107년)

희공(僖公) 3년 (孔紀前 106년)

희공(僖公) 4년 (孔紀前 105년) 희공(僖公) 5년 (孔紀前 104년)

희공(僖公) 6년 (孔紀前 103년)

희공(僖公) 7년 (孔紀前 102년)

희공(僖公) 8년 (孔紀前 101년)

희공(僖公) 9년 (孔紀前 100년)

◆ 전자책 발행일 2003년 3월 30일 면수 505 출판사 한국학술정보㈜

※ 목차는 '살림터 출판사'에서 간행한 새 시대를 위한 춘추(春秋)를 참고하였음.

📖 卷 21 ▷經.

『새 시대를 위한 春秋』(中)

중경(中經)

◆ 전자책 발행일 2004년 6월 19일   면수 445   출판사 한국학술정보㈜

※ 목차는 '살림터 출판사'에서 간행한 새시대를 위한 춘추(春秋)를 참고하였음.

📖 卷 22 ▷經.

『새 시대를 위한 春秋』(下)

하경(下經)

소공(昭公) 10년 (孔紀 20년)
소공(昭公) 11년 (孔紀 21년)
소공(昭公) 12년 (孔紀 22년)
소공(昭公) 13년 (孔紀 23년)
소공(昭公) 14년 (孔紀 24년)
소공(昭公) 15년 (孔紀 25년)
소공(昭公) 16년 (孔紀 26년)
소공(昭公) 17년 (孔紀 27년)
소공(昭公) 18년 (孔紀 28년)
소공(昭公) 19년 (孔紀 29년)
소공(昭公) 20년 (孔紀 30년)
소공(昭公) 21년 (孔紀 31년)
소공(昭公) 22년 (孔紀 32년)
소공(昭公) 23년 (孔紀 33년)
소공(昭公) 24년 (孔紀 34년)
소공(昭公) 25년 (孔紀 35년)
소공(昭公) 26년 (孔紀 36년)
소공(昭公) 27년 (孔紀 37년)
소공(昭公) 28년 (孔紀 38년)
소공(昭公) 29년 (孔紀 39년)
소공(昭公) 30년 (孔紀 40년)
소공(昭公) 31년 (孔紀 41년)
소공(昭公) 32년 (孔紀 42년)

제11권 정공(定公)

정공(定公) 원년 (孔紀 43년)
정공(定公) 2년 (孔紀 44년)
정공(定公) 3년 (孔紀 45년)
정공(定公) 4년 (孔紀 46년)

정공(定公) 5년 (孔紀 47년)
정공(定公) 6년 (孔紀 48년)
정공(定公) 7년 (孔紀 49년)
정공(定公) 8년 (孔紀 50년)
정공(定公) 9년 (孔紀 51년)
정공(定公) 10년 (孔紀 52년)
정공(定公) 11년 (孔紀 53년)
정공(定公) 12년 (孔紀 54년)
정공(定公) 13년 (孔紀 55년)
정공(定公) 14년 (孔紀 56년)
정공(定公) 15년 (孔紀 57년)

제12권 애공(哀公)

애공(哀公) 원년 (孔紀 58년)
애공(哀公) 2년 (孔紀 59년)
애공(哀公) 3년 (孔紀 60년)
애공(哀公) 4년 (孔紀 61년)
애공(哀公) 5년 (孔紀 62년)
애공(哀公) 6년 (孔紀 63년)
애공(哀公) 7년 (孔紀 64년)
애공(哀公) 8년 (孔紀 65년)
애공(哀公) 9년 (孔紀 66년)
애공(哀公) 10년 (孔紀 67년)
애공(哀公) 11년 (孔紀 68년)
애공(哀公) 12년 (孔紀 69년)
애공(哀公) 13년 (孔紀 70년)
애공(哀公) 14년 (孔紀 71년)

부록

◆ 전자책 발행일 2003년 3월 30일 면수 479 출판사 한국학술정보㈜

※ 목차는 '살림터 출판사'에서 간행한 새 시대를 위한 춘추(春秋)를 참고하였음.

📖 卷 23 ▷經.

『새 시대를 위한 詩經』(上)

『시경(詩經)』은 공자가 정치, 교육, 외교, 군사, 과학, 경제, 문화, 예술 등의 여러 인생영역의 모범과 경계를 뽑아 편찬한 문학경전으로 시가(詩歌) 문장의 전범이고 시 세계의 대관(大觀)이다.

시간과 공간을 뛰어넘어 전체 인류의 지혜를 담고 있고 모든 사람이 보편적으로 추구하는 순수한 생각의 틀 안에서 영원한 생명력을 얻은 하나하나의 시구들은, 성경의 진리로 승화하여 찬연한 빛을 발휘하기 때문에 바야흐로 생각을 말로 표현하는 법도가 되고 사물을 보고 판단하는 기준이 되며 사회를 평가하는 척도가 되었다.

상권

상경(上經) Ⅰ. 국풍(國風)

11) 강유사(江有汜) / 강물이 갈라졌다가 합치네

12) 야유사균(野有死麕) / 들에서 잡은 고라니가 있네

13) 하피농의(何彼穠矣) / 어찌도 저리 빽빽하나

14) 추우(騶虞) / 추우

3. 패(邶)나라의 시

1) 백주(栢舟) / 잣나무 배

2) 녹의(綠衣) / 연두 저고리

3) 연연(燕燕) / 제비야 제비야

4) 일월(日月) / 해야 달아

5) 종풍(終風) / 하루 종일 부는 바람

6) 격고(擊鼓) / 북을 쳐라

7) 개풍(凱風) / 마파람

8) 웅치(雄雉) / 장끼

9) 포유고엽(匏有苦葉) / 박에 쓴 잎 나네

10) 곡풍(谷風) / 봄바람

11) 식미(式微) / 수레 앞 가로막대가 미약함이여

12) 모구(旄丘) / 앞이 높은 언덕

13) 간혜(簡兮) / 우쭐대네

14) 천수(泉水) / 샘물

15) 북문(北門) / 북문

16) 북풍(北風) / 북풍

17) 정녀(靜女) / 정숙한 처녀

18) 신대(新臺) / 새로 지은 누대

19) 이자승주(二子乘舟) / 두 아들이 배를 타네

4. 용(鄘)나라의 시

1) 백주(柏舟) / 잣나무 배

2) 장유자(牆有茨) / 담장에 납가새가 있네

3) 군자해로(君子偕老) / 님과 함께 늙자고

4) 상중(桑中) / 상중 땅에서

5) 순지분분(鶉之奔奔) / 메추리는 후다닥후다닥
6) 정지방중(定之方中) / 정성이 바야흐로 하늘 가운데
7) 체동(蝃蝀) / 무지개
8) 상서(相鼠) / 쥐를 보니
9) 간모(干旄) / 쇠꼬리기
10) 재치(載馳) / 어서 수레를 달리세

5. 위(衛)나라의 시
1) 기욱(淇奧) / 기수의 모퉁이
2) 고반(考槃) / 정자를 짓고
3) 석인(碩人) / 아름다운 여자
4) 맹(氓) / 뜨내기 장사
5) 죽간(竹竿) / 대나무 낚싯대
6) 환란(芄蘭) / 박주가리
7) 하광(河廣) / 황하가 넓다고
8) 백혜(伯兮) / 님이여
9) 유호(有狐) / 여우가 있네
10) 목과(木瓜) / 모과

6. 왕(王)국의 시
1) 서리(黍離) / 기장 이삭이 너울
2) 군자우역(君子于役) / 남편은 전선에 가서
3) 군자양양(君子陽陽) / 남편은 으쓱으쓱
4) 양지수(揚之水) / 질펀한 물이여
5) 중곡유퇴(中谷有蓷) / 골짜기 안에 익모초 있어
6) 토원(兎爰) / 토끼는 살그머니
7) 갈류(葛藟) / 칡덩굴
8) 채갈(采葛) / 칡을 캐네
9) 대거(大車) / 큰 수레
10) 구중유마(丘中有麻) / 언덕 가운데 삼이 있네

7. 정(鄭)나라의 시

  1) 치의(緇衣) / 검은 옷

  2) 장중자(將仲子) / 청하나니 중자야

  3) 숙우전(叔于田) / 숙이 사냥 가니

  4) 대숙우전(大叔于田) / 큰 숙이 사냥 가니

  5) 청인(淸人) / 청읍 사람

  6) 고구(羔裘) / 염소가죽 옷

  7) 준대로(遵大路) / 큰길로 쫓아가네

  8) 여왈계명(女曰鷄鳴) / 아낙네가 닭이 운다니

  9) 유녀동거(有女同車) / 아내와 수레를 같이 타네

  10) 산유부소(山有扶蘇) / 산에는 부소나무 있고

  11) 탁혜(蘀兮) / 떨어지려는 잎새여

  12) 교동(狡童) / 교활한 아이

  13) 건상(褰裳) / 치마를 걷어올리고

  14) 봉(丰) / 예쁘구나

  15) 동문지선(東門之墠) / 동문의 제단에는

  16) 풍우(風雨) / 바람과 비

  17) 자금(子衿) / 그대의 옷깃이여

  18) 양지수(揚之水) / 질펀한 물이여

  19) 출기동문(出其東門) / 그 동문에 나가니

  20) 야유만초(野有蔓艸) / 들에 넝쿨풀이 있네

  21) 진유(溱洧) / 진수와 유수

8. 제(齊)나라의 시

  1) 계명(鷄鳴) / 닭이 우네요

  2) 선(還) / 경쾌하구나

  3) 저(著) / 면장(面墻) 사이에서

  4) 동방지일(東方之日) / 동방의 태양

  5) 동방미명(東方未明) / 동방이 아직 밝지 않았는데

  6) 남산(南山) / 남산

  7) 보전(甫田) / 큰 밭

8) 노령(盧令) / 사냥개가 멍멍

9) 폐구(敝笱) / 헌 통발

10) 재구(載驅) / 수레를 몰기 시작하니

11) 의차(猗嗟) / 어차

9. 위(魏)나라의 시

1) 갈구(葛屨) / 칡신

2) 분저여(汾沮洳) / 분수의 습지대

3) 원유도(園有桃) / 과수원에 복숭아 있네

4) 척호(陟岵) / 숲이 우거진 산에 올라

5) 십묘지간(十畝之間) / 열 이랑의 밭 사이에

6) 벌단(伐檀) / 박달나무를 베어서

7) 석서(碩鼠) / 큰 쥐

10. 당(唐)나라의 시

1) 실솔(蟋蟀) / 귀뚜라미

2) 산유추(山有樞) / 산에는 참느릅나무 있네

3) 양지수(揚之水) / 질펀한 물이여

4) 초료(椒聊) / 산초나무

5) 주무(綢繆) / 얼기설기

6) 체두(杕杜) / 우뚝한 아가위나무

7) 고구(羔裘) / 염소 가죽 옷

8) 보우(鴇羽) / 너새의 날개

9) 무의(無衣) / 옷이 없으리

10) 유체지두(有杕之杜) / 우뚝한 아가위나무 있네

11 갈생(葛生) / 칡이 자라서

12 채령(采苓) / 도꼬마리를 캔다네

11. 진(秦)나라의 시

1) 거린(車鄰) / 수레는 윙윙

2) 사철(駟驖) / 네 마리의 검붉은 청가라말

  3) 소융(小戎) / 작은 전차

  4) 겸가(蒹葭) / 갈대

  5) 종남(終南) / 종남산

  6) 황조(黃鳥) / 꾀꼬리

  7) 신풍(辰風) / 새매

  8) 무의(無衣) / 옷이 없어

  9) 위양(渭陽) / 위수의 북쪽에

 10) 권여(權輿) / 시작

12. 진(陳)나라의 시

  1) 완구(宛丘) / 완구

  2) 동문지분(東門之枌) / 동문의 흰 느릅나무

  3) 형문(衡門) / 형문

  4) 동문지지(東門之池) / 동문의 연못

  5) 동문지양(東門之楊) / 동문의 버드나무

  6) 묘문(墓門) / 묘문

  7) 방유작소(防有鵲巢) / 둑에는 까치집이 있고

  8) 월출(月出) / 달이 뜨네

  9) 주림(株林) / 주읍의 숲

 10) 택파(澤陂) / 연못의 둑

13. 회(檜)나라의 시

  1) 고구(羔裘) / 염소가죽 옷

  2) 소관(素冠) / 흰 관

  3) 습유장초(隰有萇楚) / 습지에 보리수 있네

  4) 비풍(匪風) / 바람도 없고

14. 조(曹)나라의 시

  1) 부유(蜉蝣) / 하루살이

  2) 후인(候人) / 길라잡이

  3) 시구(鳲鳩) / 뻐꾸기

4) 하천(下泉) / 흐르는 샘물

15. 빈(豳)나라의 시
1) 칠월(七月) / 7월
2) 치효(鴟鴞) / 올빼미
3) 동산(東山) / 동산
4) 파부(破斧) / 부서진 도끼
5) 벌가(伐柯) / 도끼자루를 벰
6) 구역(九罭) / 아홉 구멍의 그물
7) 낭발(狼跋) / 이리가 밟네

중경(中經) II. 소아(小雅)

1. 녹명(鹿鳴)의 십(什)
1) 녹명(鹿鳴) / 사슴의 소리
2) 사모(四牡) / 네 마리 수말
3) 황황자화(皇皇者華) / 울긋불긋 핀 꽃이여
4) 상체(常棣) / 산사나무
5) 벌목(伐木) / 나무를 베네
6) 천보(天保) / 하느님이 보우하여
7) 채미(采薇) / 고비를 캐네
8) 출거(出車) / 수레를 출동하여
9) 체두(杕杜) / 우뚝한 아가위나무
10 남해(南陔) / 남쪽의 층뜰

2. 백화(白華)의 십(什)
1) 백화(白華) / 흰 꽃
2) 화서(華黍) / 이삭이 패는 기장
3) 어리(魚麗) / 고기가 걸렸네
4) 유경(由庚) / 길을 말미암아

◆ 발행일 2001년 3월 20일 면수 508 출판사 살림터

※ 목차는 살림터 출판사에서 간행한 새 시대를 위한 시경(詩經)을 참고하였음.

📖 卷 24 ▷經.

『새 시대를 위한 詩經』(下)

-하권-

4. 기보(祈父)의 십(什)

   1) 기보(祈父) / 수비대장이여

   2) 백구(白駒) / 흰 망아지

   3) 황조(黃鳥) / 꾀꼬리

   4) 아행기야(我行其野) / 내가 그 들에 가니

   5) 사간(斯干) / 이 물가에

   6) 무양(無羊) / 양이 없다고

   7) 절남산(節南山) / 우뚝 솟은 남산이여

   8) 정월(正月) / 정월에

   9) 십월지교(十月之交) / 시월이 되니

   10) 우무정(雨無正) / 비가 바르게 오지 않네

5. 소민(小旻)의 십(什)

   1) 소민(小旻) / 소아의 가을 하늘

   2) 소완(小宛) / 소아의 자잘한

   3) 소반(小弁) / 소아의 즐거운

   4) 교언(巧言) / 교묘한 말

   5) 하인사(何人斯) / 어떤 사람인가

   6) 항백(巷伯) / 내시

   7) 곡풍(谷風) / 봄바람

   8) 육아(蓼莪) / 다팔거리는 사재발쑥

   9) 대동(大東) / 큰 동쪽 나라

   10) 사월(四月) / 4월

6. 북산(北山)의 십(什)

1) 북산(北山) / 북산

2) 무장대군(無將大軍) / 큰 짐수레를 가지지 말게

3) 소명(小明) / 소아의 밝은

4) 고종(鼓鍾) / 종을 치네

5) 초자(楚茨) / **빽빽한 납가새**

6) 신남산(信南山) / 믿음직한 남산이여

7) 보전(甫田) / 큰 밭

8) 대전(大田) / 한 밭

9) 첨피락의(瞻彼洛矣) / 저 낙수를 바라보니

10) 상상자화(裳裳者華) / 너울너울한 꽃이여

7. 상호(桑扈)의 십(什)

1) 상호(桑扈) / 콩새

2) 원앙(鴛鴦) / 원앙새

3) 규변(頍弁) / 비녀가 달린 고깔

4) 거할(車舝) / 수레의 굴대걸쇠

5) 청승(靑蠅) / 쉬파리

6) 빈지초연(賓之初筵) / 손님이 맨 앞자리에 가니

7) 어조(魚藻) / 고기가 마름에

8) 채숙(采菽) / 콩을 따네

9) 각궁(角弓) / 뿔로 장식한 활

10) 울류(菀柳) / 우거진 버들

8. 도인사(都人士)의 십(什)

1) 도인사(都人士) / 도시의 고귀한 분이여

2) 채록(采綠) / 녹두를 거둠이

3) 서묘(黍苗) / 기장싹

4) 습상(隰桑) / 습지대의 뽕나무

5) 백화(白華) / 왕골

6) 면만(緜蠻) / 꾀꼴꾀꼴

7) 호엽(瓠葉) / 박 잎

8) 참참지석(漸漸之石) / 우뚝우뚝한 돌이여

9) 초지화(苕之華) / 능소화나무의 꽃이여

10) 하초불황(何草不黃) / 어찌 풀이 누르지 않으리

Ⅲ. 대아(大雅)

1. 문왕(文王)의 십(什)

1) 문왕(文王) / 문왕의 신령

2) 대명(大明) / 대아의 밝음

3) 면(緜) / 줄줄이

4) 역복(棫樸) / 무리참나무와 떡갈나무

5) 한록(旱麓) / 한산의 기슭

6) 사제(思齊) / 어진 이를 사모함

7) 황의(皇矣) / 거룩하신

8) 영대(靈臺) / 신령한 누대

9) 하무(下武) / 내림내림

10) 문왕유성(文王有聲) / 문왕은 명성을 얻었네

2. 생민(生民)의 십(什)

1) 생민(生民) / 사람을 낳았네

2) 행위(行葦) / 길에 갈대

3) 기취(旣醉) / 이미 취했도다

4) 부예(鳧鷖) / 오리와 갈매기

5) 가락(假樂) / 아름답고 즐거워라

6) 공류(公劉) / 임금 유

7) 형작(泂酌) / 멀리 떠다가

8) 권아(卷阿) / 굽은 언덕

9) 민로(民勞) / 민중이 수고했으므로

10) 판(板) / 엎치락덮치락

3. 탕(蕩)의 십(什)

   1) 탕(蕩) / 넓고 큰

   2) 억(抑) / 신중하고 주밀하여

   3) 유상(柔桑) / 어린 뽕잎

   4) 운한(雲漢) / 은하수

   5) 숭고(崧高) / 높고 웅장한

   6) 증민(烝民) / 서민대중

   7) 한혁(韓奕) / 한나라 임금은 위대하여라

   8) 강한(江漢) / 양자강과 한수

   9) 상무(常武) / 상비군

   10) 첨앙(瞻卬) / 우러러 바라보노니

   11) 소민(召旻) / 소공과 가을 하늘

하경(下經) IV. 송(頌)

1. 주송(周頌) 청묘(淸廟)의 십(什)

   1) 청묘(淸廟) / 깨끗한 사당

   2) 유천지명(維天之命) / 하늘의 도

   3) 유청(維淸) / 오직 깨끗이

   4) 열문(烈文) / 빛나는 문채

   5) 천작(天作) / 하늘이 만든

   6) 호천유성명(昊天有成命) / 넓은 하늘이 이미 결정하여 내린
      명령이 있거늘

   7) 아장(我將) / 우리가 받들며

   8) 시매(時邁) / 때로 가도다

   9) 집경(執競) / 굳센 마음을 가졌도다

   10) 사문(思文) / 문채

2. 주송(周頌) 신공(臣工)의 십(什)

   1) 신공(臣工) / 신하와 기능공

　　2) 희희(噫嘻) / 어희

　　3) 진로(振鷺) / 떼지어 노는 해오라기

　　4) 풍년(豐年) / 풍년

　　5) 유고(有瞽) / 악사가 있음이여

　　6) 잠(潛) / 너겁

　　7) 옹(雝) / 화합

　　8) 재현(載見) / 처음으로 알현하여

　　9) 유객(有客) / 친한 손님이여

　　10) 무(武) / 무왕

　3. 주송(周頌) 민여소자(閔予小子)의 십(什)

　　1) 민여소자(閔予小子) / 근심스러운 나 어린 아들

　　2) 방락(訪落) / 시작함에 묻건대

　　3) 경지(敬之) / 공경할지어다

　　4) 소비(小毖) / 작은 것을 삼가노라

　　5) 재삼(載芟) / 곧 풀 베고

　　6) 양사(良耜) / 좋은 보습

　　7) 사의(絲衣) / 제복

　　8) 작(酌) / 구기

　　9) 환(桓) / 굳세어라

　　10) 뇌(賚) / 내려주도다

　　11) 반(般) / 되돌아와서

　4. 노송(魯頌)

　　1) 경(駉) / 살찌고 큰 말

　　2) 유필(有駜) / 살찌고 튼튼한 말

　　3) 반수(泮水) / 대학교의 주변에 흐르는 개천

　　4) 비궁(閟宮) / 으슥한 사당

　5. 상송(商頌)

　　1) 나(那) / 다채로워라

◆ 발행일 2001년 3월 20일 면수 488 출판사 살림터

※ 목차는 살림터 출판사에서 간행한 새시대를 위한 시경(詩經)을 참고하였음.

📖 卷 25 ▷經.

『새 시대를 위한 書經』(上)

『서경(書經)』에는 여민(黎民), 하민(下民), 소민(小民)이란 말은 있어도 우민(愚民), 천민(賤民), 빈민(貧民)이라는 말은 없다. 이것은 대도정치(大道政治)가 사람은 모두 만물의 영장으로서 당당한 인격체임을 인정하여 비록 상하의 직분이나 대소의 역할 차이는 있지만 하층의 약소한 민중이라고 해서 금수같이 취급되거나 어리석고 천하고 가난한 집단으로 치부되는 일은 결코 있을 수 없는 일임을 웅변한즉 후세의 패도정치(覇道政治)로 인하여 민중이 금수처럼 학대받고 우민, 천민, 빈민으로 호칭당한 시대와는 아주 다른 것임을 밝혀 민중이 곧 천민(天民)이므로 모든 정부는 마땅히 경민(敬民)해야 함을 확실히 증거한 것이다.

상경(上經)

◆ 전자책 발행일 2003년 5월 3일   면수 435   출판사 한국학술정보㈜

📖 卷 26 ▷經.

『새 시대를 위한 書經』(下)

  2. 태서중(泰誓中) / 큰 맹세(盟誓) 중편(中篇)

  3. 태서하(泰誓下) / 큰 맹세(盟誓) 하편(下篇)

  4. 목서(牧誓) / 목(牧) 땅의 맹세(盟誓)

  5. 무성(武成) / 무공(武功)을 완성함

  6. 홍범(洪範) / 큰 규범(規範)

  7. 여오(旅獒) / 여(旅)나라의 개

  8. 금등(金縢) / 금실로 꿰맨 상자

  9. 대고(大誥) / 크게 훈고(訓告)함

 10. 미자지명(微子之命) / 미자(微子)에게 교명(敎命)함

 11. 강고(康誥) / 강숙(康叔)에게I 훈고(訓告)함

 12. 주고(酒誥) / 술에 대한 훈고(訓告)

 13. 재재(梓材) / 가래나무로 만든 인쇄(印刷) 판목

 14. 소고(召誥) / 소공(召公)의 혼고(訓誥)

 15. 낙고(洛誥) / 낙읍(洛邑)의 훈고(訓告)

 16. 다사(多士) / 많은 인재(人才)

 17. 무일(無逸) / 안일함이 없을진저

 18. 군석(君奭) / 그대 석(奭)이여

 19. 채중지명(蔡仲之命) / 채(蔡)나라 임금 중(仲)에게
     교명(敎命)함

 20. 다방(多方) / 여러 지방(地方)

 21. 입정(立政) / 정체(政體)를 확립함

 22. 주관(周官) / 주(周)나라의 관제(官制)

 23. 군진(君陳) / 그대 진(陳)이여

 24. 고명(顧命) / 돌아보고 교명(敎命)함

 25. 강왕지고(康王之誥) / 강왕(康王)의 훈고(訓誥)

 26. 필명(畢命) / 필공(畢公)에게 교명(敎命)함

 27. 군아(君牙) / 그대 아(牙)여

 28. 경명(冏命) / 백경(伯冏)에게 교명(敎命)함

 29. 여형(呂刑) / 여후(呂侯)의 형법(刑法)

 30. 문후지명(文侯之命) / 문후(文侯)에게 교명(敎命)함

 31. 비서(費誓) / 비(費)땅에서 맹세(盟誓)함

부록

◆ 전자책 발행일 2003년 5월 3일   면수 455   출판사 한국학술정보㈜

끝—

◎ 詩

서천(瑞天)

月仁 李 昌 煥

(前 成均館副館長·元老詩人)

하늘문 열리고
서광이 내리 쏟으니
천지 만물이 춤추며 반기네

4방 펼쳐진 암흑의 세계
구름은 끼어 분간하기 어려운데
성현의 거룩한 빛 우주에 펼치네

인륜의 스승 훈로 선생이시여
인성(仁聖)의 길 평생 고통 그 대가의 영광
하늘에선 꽃 비 내리시겠네

오호라 천하 만물이 기지게 펴고
인륜이 만연하니 서천향기(瑞天香氣) 진동하네
훈로 선생이시여 여생 영광 길이 누리소서

민중인견(民衆引牽)

晉州人 玄巖 蘇 秉 敦
(慶熙大 漢文學科敎授)

先生雄志受于天
吾國奎星迓慶年
種德世情開一路
尙文儒道出多篇
身由智滿遠程夢
心以仁端斯界緣
民衆引牽勞敎化
開來繼往稱名賢

선생 웅지를 하늘에서 받았으니
해동의 글별이 경사스러움 맞았다오
덕을 심어 세상에 한 길을 열으셨고
글을 숭상해 유교의 많은 책 펴내셨네
몸에 지혜가 가득해 먼 길을 꿈꾸었고
마음이 어짊은 학문으로 인연했네
민중을 이끌어 교화에 힘쓰기에
개래계왕의 명현이라 칭한다오

사문도덕(斯文道德)

翠松 鄭 鳳 愛

(三淸 漢詩會 會長)

道骨仙風七十春
儒門種德壽當人
搖壇勝景仁扶族
寶樹繁枝孝事親
老境開來承繼往
平生溫故又知新
深衣群舞連筵裏
禮樂兼全賀語眞

도골선풍의 모습으로 고희를 맞으니
유문에 덕을 심고 마땅한 수를 누리네
고매함에 좋은 사귐은 사랑으로 겨레를 일으키며
훌륭한 자손이 번창함은 효로써 어버이를 섬김이네
노년에도 성현의 뜻을 이어 전하니
평생동안 옛것을 통하여 또 새로움을 깨닫네
도포입고 모여 춤추며 즐거운 잔치 이어지니
예절과 음악을 온전히 겸했다고 축하 인사 드리네

평생온고(平生溫故)

兌河 金 永 振
(성균관 유도회 삼척지회장)

先生今迓古稀春
道骨仙風老益新
高弟滿堂稱頌席
麟兒盡力奉仕親
斯文振作常留士
儒敎宣揚實踐人
忠孝兼全無限裡
施仁積德本心眞

선생님이 이제 고희의 해를 맞이하니
도골 선풍이 늙을수록 새롭게 더 하시네
높은 제자가 만당하여 칭송하는 자리 되고
기린아가 힘을 다해 어버이를 봉양 하네
사문을 진작하여 평생토록 선비에 머물렀고
유교를 선양하여 실천하는 사람됐네
충효를 겸전하여 한없는 속에
인을 베풀고 덕을 쌓으니 참된 본심이시네

동양정학(東洋正學)

靈光人 長菴 丁 吉 泰

(前 成均館 典學)

東洋止學到稀年
仁得遐齡佑自天
詩禮淵源能繼述
箕裘遺業篤修全
到門軌轍轟轟裡
盈軸瓊章燦燦筵
高足嘉謨多善慶
文章事業萬邦傳

동방의 바른 학자가 희년에 이르렀으니
인으로 많은 나이를 얻었으니 하늘이 도왔네
시례의 연원을 능히 계술하였고
조상의 유업은 돈독히 온전함을 닦었네
문에 이른 수레바퀴는 굉굉한 소리요
두툼한 글월이 찬찬한 자리로다
높은 제자의 아름다운 계획은 착한 경사도 많으니
문장사업이 만방에 전하리로다

고족만무(高足萬舞)

昌原人 南樇 丁相豪

古今孰不願稀年
修德其人必受天
琴瑟偕鳴三世約
芝蘭並秀一家全
蟠桃火棗知仙味
賀軸詞章儘盛筵
高足碩儒能萬舞
斯文道德永留傳

고금에 누가 70년을 원치 않을 것인가
덕을 닦은 그 사람 반드시 하늘에서 받았네
금슬을 함께 울리니 3세를 약속하였고
지란이 어울려 빼어나니 한 집안이 온전하구나
3천년 만에 열린 복숭아 따먹으니 선미를 알겠고
축하한 글월로 성대한 자리를 알겠네
높은 제자 큰 선비가 일만 가지 춤을 잘 추니
사문의 도덕이 길이 머물러 전하리

훈로명전(勳老名傳)

安東后人 葛亭 權 宰 興

添籌占稀年　洪禧降自天
盡誠三樂事　養性一身全
廣韻稱仁德　舉杯頌壽筵
積功斯道學　勳老遠名傳

손가락 세어보니 고희년이라.
큰 복이 하늘로부터 내려 왔도다.
정성을 다하는 것은 세 가지 즐거운 일이요
성품을 기르니 한 몸이 온전하도다.
노래하는 시는 어진 덕을 일컫으고
잔을 들어 수명장수를 기리도다.
공을 쌓음은 우리 도학이니
훈로선생의 명성이 멀리 전하도다.

北岳선생 70從心에 생각하니

吳 文 福

(제주동양문화연구소 소장)

궁색하면 혼자서라도 그 몸을 착하게 하고 현달하련 온 천하 사람들과 힘께 착해져야 한다고 亞聖은 말씀하셨다. 그러나 요즘같이 물질을 중시하고 사람의 도리를 경시하는 세태에서는 그런 사람을 보기 힘들지만 그래도 간혹 그런 사람이 있어 綱常을 붙들고 있기 때문에 세상이 유지되고 있지 않나싶다. 북악선생 역시 그런 분 중의 한 사람이다.

내가 선생을 처음 만난 것은 28년 전인 戊午년(1978) 韓國靑年儒道會총회에 참석해서였다. 그때 만해도 내가 살고 있는 제주에서의 서울출입은 쉽지 않을 때여서 기왕 出陸한 김에 鄕校重修記를 받아올 요량이었다. 총회가 끝난 뒤 자연히 중수기가 언급되어 쉽게 선생에게 부탁하게 되었다. 일이 잘 풀려 오랜 시간 머물러 청년회사업에 관한 이야기를 나눈 뒤 후대를 받고 돌아왔다. 그 뒤 一旬이 지나지 않아 장문의 중수기를 받고 老儒와 執綱에게 회람시켰더니 모두들 만족해하였다. 나이 젊은 청년회장 所撰의 중수기는 斯道의 쇠퇴를 통탄하고 침울해하는 지방유림을 興起시키기에 충분하였다.

그 뒤 鄕飮酒禮를 복원하려고 전국 각 처에 소장된 笏記를 구함으로 鄒家의 홀기를 보냈다. 강원도 한 곳에서도 홀기를 보내 왔는데 두 곳 홀기가 한 글자도 틀리지 않아 기쁘다는 전화를 받았다. 그 당시는 집회가 자유롭지 못했던 시절인데도 명륜당에서 수많은 유림을 모아 향음주례를 복원해 전통예절 복원의 효시가 되었다. 요즘은 각 향교 서원은 물론 관광명소에서 까지 관례·혼례 등을 관광상품 비슷하게 재현하고 있지만 그 당시에는 제례 말고는 유교적 의례가 있는지조차 모르던 때라 언론에 크게 주목받아 잊혀지는 예절을 회복시키는데 일침이 되었다. 어찌 보면 작은 일이지만 미룰 수 없는 時務이었다.

그 뒤 자주 상면은 못했지만 나 같은 시골사람을 고루하다 버리지 않고 귀찮은 물음에도 부드럽게 답해주고 자주 寒暖을 물어 예의로 대해주었다. 그래서 수륙 이 천리의 먼 거리에 떨어져 살지만 마음은 통하여 서로가 하는 일을 알고 지내게 되었다.

1988년에 民衆儒教를 제창하여 체계를 세우고 책으로 펴내어 이로써 유림을 결속시키려 하였다. 尊聖衛道에 이보다 더 큰 공이 있을까?

辛未년(1991)에 이르러 斯文의 침체를 더 이상 앉아서 볼 수 없어 儒教振興對策委員會를 조직하여 10대 목적사업을 제시하였다. 정말 時宜適切한 조치였다. 경향의 유림이 박수 쳐 찬성하였고 성균관에서도 수긍하였는데 조직할 때에 정해진 기한이 되어 존속을 권유하는 이가 많았으나 해산하였기 때문에 추진은 미미하였다. 참으로 애석한 일이었다. 언제든지 그때 제시된 사업이 이루어질 때라야 斯道가 復興될 수 있을 것이다.

그 뒤 저술에 몰두하여 많은 책자를 출간하였다. 그 중 사서삼경의 국역은 유학을 고루한 노인들의 전유물로 오해하고 있는 젊은이와 학생들의 눈을 돌리게 하는 良藥이 되었다. 그래서 勳老의 표창이 있었으니 선생에게는 餘事라고 생각되겠지만 당연한 일이다. 이와 같이 하루도 쉬지 않고 심신을 혹사하면서 홀로 착한 일을 하였다.

어느 덧 稀慶을 맞게 되어 자질과 문도들이 獻壽의 잔치를 연다는 소식이 전해져 왔다. 비록 古稀라 하지만 안색은 십대의 홍안이며 근력이 익장하니 하늘이 더 큰 일을 맡기려 이와 같은 건강을 내리심이 아닌가.

그윽이 생각해 본다. 漢陽의 鎭山인 높은 北岳이 언제 솟아났으며 언제

닳아 없어질 것인가. 아마도 1만 8천년 이전에 솟았을 것이니 다시 1만 8천년이 지나도 닳아 없어지지는 않을 것이다. 이 산을 유독 좋아하여 자주 오르고 그 이름을 취하여 호로 삼은 이유가 무엇일까? 푸른 하늘에 우뚝 솟아 꺾이지 않는 의연한 자태가 이단 잡설의 濁流가 滔滔한데도 홀로 강상을 붙들고 흔들리지 않는 기상과 같아서일 것이다. 중국에서는 衡山, 우리나라에서는 한라산 남쪽에서 春秋兩分에만 잠깐 볼 수 있는 南星은 예부터 祥塵이라 전한다. 北岳선생이 하는 일은 博文約禮이며 근심하는 것은 斯道의 重興이니 선생의 健在가 우리의 道에 관계됨이 크다.

상서로운 南極의 별빛이 北岳에 두루 비쳐 천수를 누리고 아울러 憂道의 탄식이 사그라지기를 빌면서 옛날에 즐거웠던 생각이 떠올라 끝을 장식한다.

지난 2002년 7월 26일에 북악선생으로부터 다음과 같은 시를 받았다.

"제주선비 도통해서 혼자 즐거워
백록타고 시 지으니 찾을 길 없네
제비오고 기러기 가도 소식을 몰라
물결 같은 세월만 흘러가누나
서울 노인 책상 앞에 오똑 앉아서
그 옛날 놀던 곳 잊지를 못해
산 넘고 바다건너 길만 더듬다가
하염없이 별들만 세고 있다네"

너무도 반가워 즉각 붓을 들어 다음과 같이 답서를 써서 제주 소식을 전한 추억이 있었음을 공개한다.

京師와 濟州之間에 水陸路程이 雖曰各爲千里之遠이나 文明近世에 有電話焉하고 有電送焉하니 有意면 則可以卽刻對談일새 不可謂之遠이로되 積阻久矣어니 遐隅之人이 躬耕畬田하야 自給生計일새 近來에 鄕村은 離農이 太多하여 難求雇丁이라 故로 獨擔糞耘이 耘而致之也라. 然이나 先生의 儀容이 耿耿于

心目之間하야 地遠與積阻라도 不能間也니이다.

前月에 奉承惠詩하야高付壁上하고 晨夕三復爽하오며 先生追慕詩는 景仰之情이 油然而生이라. 使善者로 淨書之하야 高掛於追展場하리다. 竊聞하니 書經譯役畢이 在目前云하니 欣欣賀賀로이다. 既完譯四書及詩經春秋周易하야 而受成均勳勞大賞하시고 繼之而沒入此役하시니 寔使全邦士子로 易讀聖賢書하야 知所趨向而不迷하니 斯文之大幸也로이다.

今天下에 滔滔한 西潮가 如懷山襄陵일새 鴻儒碩士가 猶不能塞其源하고 顯達縉紳도 不能防其流어늘 此際에 北岳一峰이 屹然爲砥柱하신대 顧吾韓三百六十州컨대 熟能是哉리오 偉哉偉哉로다. 海島窮濱을 不鄙醜劣하시고 辱垂淸詩하시니 將仍濡染收其半分하야 而他日同歸一域하리다. 餘只 祝
文體一向康寧하시고 飜譯益臻하소서 不備謝狀하오니
勳老詞榻 下覽하소서 壬午 九月 十一日 吳文福 拜
將素菴先生行狀 及拙撝中國紀行詩 質正如何

북악 서정기 선생의 "壽域과 聖域"이란 글을 다시 읽고

申 龍 哲
(성균관유도회 감찰위원·수필가)

人生이란 아무리 개인적인 고통이 따르더라도 人間이란 공동체 생활을 기초로 하여 움직이는 것이 변할 수 없는 것이로되 幼年期, 靑年期, 長年期, 老年期를 누구든 꼭 보내야 되는 것이다.

그 시대적 사항, 문화적 가치 판단이 무척 바뀌고 어떠한 환경, 어떠한 지위에 있다손 치더라도 각 개인이 느끼는 六感과 형태는 자기만족이 퇴색되더라도 그에 順應하지만 事案에 따라서는 되풀이 되지 않도록 바로 잡으려고 노력하는 것이 우리 儒林들이 느끼고 생활하는 것이 아닌가하는 그런 생각이 든다.

勳老 徐正淇先生 從心壽筵준비위원회로부터 "민중유교논총"에 실릴 옥고 청탁을 받고 문득 2001년도 1월 1일자 새천년의 희망을 담고 발표된 유교신문 <時論>에 선생의 글 "壽域과 聖域"이 떠올랐다.

당시에 나는 유교신문 편집인으로 있었기에 선생의 글마다 매우 감동적이었지만 이 "壽域과 聖域"이라는 글은 나 뿐 만 아니라 많은 독자에게 잔잔

한 감동의 물결을 일으켰으리라 생각된다.

　해묵은 신문을 뒤적이며 서정기 선생의 "수역과 성역"이라는 시론을 다시 접하는 기쁨이란 마치 공자의 "學而時習之 不亦說乎아" 를 실감케 하는 순간이 아니던가. 精讀을 하고나니 6년 전 보다 더욱 진한 느낌이 전신을 감싸듯 과연 선생은 유교인으로써 한국 최고의 知性이 충분히 함유한 참 儒學者가 아닌가 감히 생각이 들었다.

　원래 성균관 유생들의 최고의 삶이란 남에게 자신을 나타내지 않고 그저 묵묵히 후생을 위해 교육하고 일깨워주는 것만이라도 자신을 달래는 유일한 방법이라고 현대에 있어서 일반인이 보는 공통된 시각이라고 하겠다.

　선생은 "壽域과 聖域" 글 서두에 "세상에 늙은이는 많은 데 어른이 없다고 한다. 석양의 붉은 노을 속에 찬연히 빛나는 落照의 아름다운 壯觀처럼 거룩하고 신성하게 인생을 마무리하는 늙은이가 없기 때문이란다." 로 화두를 꺼내며 "우리 聖學에 있어서는 壽域과 聖域이 본래 같은 경지에 있었다." 고 밝히고 잘못된 이 시대상황에 주눅 들지 않고 떳떳하게 삶을 영위하는 길을 제시하면서 전국 儒林에게 자긍심을 심어주고 실천궁행하는 길을 제시하였던 것이다.

　그리고 이어서 "오늘날 사람들은 스스로 聖域에 들어가는 聖學공부는 외면하고 壽域에 들어가는 養生에만 열중하니 노인답지 못한 늙은이가 될 뿐이다."라고 지적하며 "周公은 『周易』의 乾上九에서 亢龍有悔라고 하였고 孔子는 進退存亡에 그 正道를 잃지 않은 사람은 오직 聖人이라고 해설하여 老慾을 크게 警戒하였다."고 인용하여 老儒로서 갖추어야 할 바른 삶의 자세를 일깨웠다.

　"壽域과 聖域"은 쉬운 이야기처럼 들리는 말이기도 하지만 이토록 마음속을 읊조리는 문장을 발견하지 못하였던 나는 이 글을 읽고 지금의 성균관과 유림을 대비하여 생각해 보건데 답답하고 어눌했던 심정을 실타래 풀리듯 확연히 해주는 것이 아닌가. 人生의 참의미를 인지케 하는 이 글이야말로 이 세상 어디에서도 보지 못하였다고 생각이 들 정도로 名言의 말씀들로 이어졌다.

북악선생과 나는 특별한 관계가 있었다. 당시 김경수 성균관장 때 북악선생은 전국1500여명의 유교진흥대책위원회 발기인 대표인 유교진흥대책위원장을 맡아서 유교진흥과 후학을 위하여 진력한 끝에 10大事業計劃(기초조사 통계자료발표 및 토론, 유교의 현대화 대중화 과학화 연구방안, 성균관 유도회 법적 제도적 확대개편방안, 성균관 성역화 사업방안, 새 사람운동전개방안, 유교방송국설립추진방안, 공부자탄강일 공휴일 제정추진방안, 유교예술적 극개발방안)을 성안하여 약속대로 이관하였고, 이후 성균관 유교문화연구위원장을 맡으시고 『太學志』 번역에 앞장서시고, 성균관을 떠났다가 다시 내가 종사하던 유교신문 주간으로 부임해 오셨으며 사설과 유림춘추란에 春秋筆法의 正論을 펴면서 새 시대를 이끌 유교발전에 온 힘을 쏟았던 분이다.

또한 일찍이 유교의 현대화에 뜻을 두고 "유교"사이트와 "정통가정예절" 인터넷 사이트를 차례로 개설하여 2백만 이상의 방문기록을 내며 유교의 사회적 기능 확대는 물론 대중화하는데 앞장서 오셨다.

그리고 현재도 최근 2006년 봄부터 KBS라디오 사회교육방송 "종교와 인생"이라는 프로에 儒敎界를 대표하여 고정출연하여 이북과 해외동포들에게 유교의 핵심사상을 설파하고 유교진흥에 진력하고 계시다.

한편 10년의 세월이 흘러갔으나 지금도 마찬가지 상황이지만 성균관 내부의 요사스럽고 이상스런 현실 속에서 뒤범벅이 되어버린 유림의 현 주소는 소인배들의 손에 놀아나고 있으니 진정 유림은 죽었는가? 다시 한 번 외치고 싶은 심정이다.

소위 道德과 倫理를 본령으로 실천해가며 사회적 기능과 위상을 정립해가야 할 유림이 자체문제를 외부의 法廷에 호소하는 물심양면의 소모적 행태는 언제까지 지속해야 하는지 진실로 유림지도자라고 자인하면 이 萬古에 부끄러운 일을 하루 빨리 불식하고 본래의 양심을 회복하여 진정한 유림으로 거듭나야 할 것이 아닌가!

북악 선생은 이미 "壽域과 聖域"을 발표하면서 "동방사회에서는 隱逸老人을 지극히 존경하였으니 이미 거룩한 聖域에 들어가서 宇宙가 快活하고 萬物과 一體가 되어 만인이 우러러 보는 어른이 되었기 때문이다. 그러나 70에 致仕라는 禮文을 무시하고 노인의 권위를 앞세워 젊은 청년을 배척하고 기득권을 내세워 약자를 비웃으며 자존망대하여 야망을 불태우는 늙은이는 시대착오적인 추물로 천시하였으니 때에 따라 세대를 교체하여 순환 발전하는 역사의 법칙을 거역하였기 때문이다." 라고 지적하여 명쾌하게 자기 분수를 지키며 사는 어른다운 유림의 典範을 懇曲한 말씀으로 남겼다.

그리고 마지막에는 "辱되게 사는 長壽가 무슨 의미가 있겠는가? 이제 壽域을 聖域化하는 작업을 시급히 서둘러서 堯舜三代처럼 젊은이가 마음속으로 어른을 공경하여 줄줄이 따르며 배우는 老人世上을 건설하는 것이 이 시대 우리 老儒들의 급무라고 하겠다."라고 하여 지금부터 이미 6년 전인 2001년 1월에 성균관과 향교를 출입하는 儒林諸位의 아름다운 진로를 밝혔었다.

나는 '壽域을 聖域化한다'는 이 대목에서 壽域도 아니고 聖域도 아니지만 머나 먼 異域 하늘 어디에선가 숨을 거두신 나의 아버지의 아련한 초상이 문득 떠올랐다. 내가 1살 때 아버지 신경득은 강원도 철원일대에서 신탁통치 반대라는 민족의 사활이 걸린 운동에 앞장섰다는 이유로 1945년 12월 16일 소련군에 의하여 반탁운동인사로 규정되어 19인에 포함, 수갑을 채운 채로 유형지로 끌려가신 후 생사도 모르고 살았던 것이다. 그러다가 1989년도에 19인 중 한 분인 김효진(당년88세)옹이 극적으로 살아와 이 사실을 신문에 밝힘으로써 나는 모든 생업을 포기하다시피하고 아버지의 행방을 추적하여 기록을 모으고 얼굴도 못 본 아버지의 생환을 꿈꾸며 동분서주하였지만 끝내 소련의 한 감옥에서 숨졌다는 기록을 확인하고는 한 때 망연자실하기도 하였다.

이내 고단했던 나의 인생이 주마등처럼 스쳐갔다. 아버지가 갑작스레 변을 당하자 이에 충격 받은 어머니마저 행방불명이 되었고 우리 3남매는 고아원 신세를 지면서 불우한 삶을 살 수 밖에 없었다. 18살 때 죽을 각오를 하고 특수부대에 자원입대하였고 이후 월남전 맹호부대에 지원하여 부상을 입고 제대하였으나 별 대책 없이 살았다. 이를 악물고 일어선 형이 대기업에 취직되어 조금 숨통이 터지는가 싶었는데 무슨 기구한 운명의 장난인가, 강원지사장으로 촉망받던 형이 교통사고로 갑자기 故人(39세)이 되면서 남은 누이와 다시 헤어지게 되는 슬픔을 겪었고 이후 친척의 도움으로 政官界와 유교계에 종사하면서 오늘에 이른 것이다.

마침 2005년 12월에 "진실화해를 위한 과거사정리위원회"가 독립된 국가기관으로 정식 출범한 이래 민족독립규명위원회에서 금년 10월 "반탁 운동가들의 蘇聯流刑 진실규명"에 착수하였다는 소식에 한 가닥 희망을 걸고 있다.

이것은 아버지를 포함한 19인의 반탁운동인이 비록 육신은 말할 수 없는 학대와 고통을 받아 悲運에 돌아가셨지만 민족의 앞날을 염려했던 그 정신만은 유가족이나 후생들에게 고이 간직하도록 기념비를 세우고 그 곳을 聖域化해야겠다는 나의 작은 소망이기도 하다.

내가 알기로는 北岳선생도 여순반란사건 당시 경찰이던 父親을 잃음으로써 조실부모하고 祖父로부터 생육된 쓰라린 가정사가 있는 줄 알지만 남달리 학업에 열중하여 성균관 대학교를 우수한 실력으로 졸업하고 일찍이 東洋文化研究所에 참여하여 오늘에 이르기 까지 오로지 한길로 儒學에 전념하여 韓國靑年儒道會 창립에 앞장섰고, 冠禮, 士相見禮, 鄕飮酒禮 등을 70여년 만에 고증 재현하여 禮節復興運動에 선구적 역할을 해왔다고 생각한다.

그리고 평생 儒教振興의 결실인 26권의 "儒教大全"이 이미 간행되어 목마른 대지위에 청량제가 되어 民衆의 벗이 되고 길잡이로 살아 있음이여!

선생의 위대한 足跡과 道量이 이러한데 어찌 선생을 존경치 않을 수 있겠는가? 영원히 모시고자하는 나의 마음도 십 수 년이 지난 지금 손톱만치도 변함이 없다.

어느덧 세월은 가서 북악선생이 從心壽筵을 맞게 되셨다니 공자님 말씀인 七十에 從心所慾 不踰矩라, 마음이 하고자함에 따르니 법도에 어긋남이 없다는 말씀대로 뜻 깊은 壽筵이 될 것을 祝願해마지 않으면서 선생의 門下에서 不義에 굽히지 않는 어진 道學君子들이 대거 출현할 것을 大望합니다.

尊敬的 北岳 徐선생

─曹南冥과 李二曲선생을 聯想하면서─

鄭 鉉 澤

(成均館 儒道會員)

내가 突兀하게 아무런 束脩, 執贄도 없이 先生의 門下에 나아가 師事한 지가 어언 12~3년이나 흘렀다.

北岳先生의 門人으로 師弟의 緣을 맺은 것은 나에게는 참으로 큰 幸運이었다. 일찍이 내가 20세 전에 父祖의 德으로 庭訓의 過程을 거쳐 志于學하여, 家學으로 漢文의 基礎過程을 거쳐 通鑑, 論語, 孟子를 읽고 틈틈이 주제 넘게 古文眞寶를 넘나들다가, 軍務를 마치고 겨우 三十而立에 들어 生業으로 만부득이 朝夕으로 英美人과 英語로 생활을 하다 보니 언제나 마음속에는 동양고전에 대한 아직 깨우치지 못한 學的未治의 虛傳함과 深奧한 天理에 대한 知的 追求慾을 향한 아련한 鄕愁를 가슴속에 품어왔다.

마침 그럴 즈음 즉 1994년 甲戌年 여름 한더위 때에 成均館에 둘러 躍淵 (당시 先生의 雅號) 徐正淇先生의 周易講義가 매주 成均館에서 있다는 廣告와, 聽講을 勸誘하는 玉泉 최성종씨를 만나게 된 것이 나의 榮光스러운 佳緣이었다.

그리하여 그 週 8월13일(土)에 晩學으로 아무런 禮를 갖추지 못한 채 즉

束脩도 없이(선생역시 바라지도 아니하셨지만) 무엄하게 先生의 門下에 나아가, 삼가 深奧하고 難解한 周易의 理致를 배우게 된 것이다.

그때 내 나이가 53세 이었으니 修身齊家나 格物致知, 待人接物에 대하여는 蓋然的이나마 小學을 少時에 이미 읽어 體化되었기에 어느 정도 學的窮究와 處身을 해왔지만, 周易이나 春秋, 詩傳등의 深奧한 哲理는 사실 그 眞髓를 玩賞할수 없는 俗稱 半風水였던 셈이다.

그러기에 十年大旱逢甘雨 式으로 겨우 新入生주제에 제일 앞자리에 앉아 지독히도 질문하고 열심히 Memo하고는 그 날 저녁에는 별도의 Note에다가 Summerizing 혹은 Commenting on 하면서 외울 것은 빠지지 않고 暗記했다.

回憶컨대 그때 첫 강의시간의 제목은 北岳先生이 저술한 "새 時代를 위한 周易" 下卷 407쪽 "易學의 研究方法" 이었다. 그러니 벌써 周易의 64卦 본문강의는 이미 끝났고, 繫辭, 設卦傳, 序卦傳, 雜卦傳의 總論格인 부분을 배우게 된 것이다. 이것이 오히려 훗날 周易64卦를 이해하기에 용이하여, 내 자양분으로 흡수하는 데는 크게 도움이 되었다.

그로부터 햇수로 4年이 흘러 97년 11월16일(토)에 드디어 선생의 주역 책 하권 未濟卦를 끝으로 先生 親히 講義하시던 周易은 終講하고 그해 겨울의 冬寒期를 지나 98 戊寅年 春3월에 春秋를 배우기 시작했다.

先生의 滔滔한 講說과 生動力있는 學問的 要諦 및 泰山같은 不動의 東洋哲理를 들을 적마다 솔직히 말해 登錄金 한푼 안내고 적어도 碩士課程 이상 수준의 東洋經典을 受講하는 幸運을 즐겼으며, 그때마다 無限한 感謝를 마음속으로 드렸다. 매주 토요일 늦게 강의가 끝나면 선생과 수강자들 共히 成均館 앞 돼지 갈비집 酒肆에 오롯이 모여 간단한 酒肴를 나누는 것이 고작이었다.

특히나 나같이 智異山 아래 江右의 南冥 曺先生 學風을 이어받은 후손으로써 怪癖스러운 질문으로 선생님의 持論이나 主張, 註釋을 날카롭게 反駁 質問하기도 했다. 지금 와서 겨우 철이 들어 돌이켜 생각해보면 참으로 慙愧스럽고 낯 뜨거운 일이었다.

선생 같은 碩學 鴻儒의 案前에 나 같은 白面書生의 淺薄한 學的素養을 가지고 頭緖없는 質問이나 論駁을 했으니, 소위 九牛一毛로써 大鵬같은 先生에 대해 뱁새 같은 좁은 所見으로 당돌히 대했던 것이 나이 들수록 더욱 부끄럽다.

그 후 儒家經典에 대하여 수박 겉핥기식으로 약간씩 玩味(학문적 穿鑿은 사실상 生業關係로 不可하여)하거나 관련된 특정부분에 대하여만 공부를 하게 되면서, 모르는 부분은 時所에 관계없이 여쭈어 가르침을 받았으나, 節期가 변하여도 人事한번 변변히 못한 것이 마음에 걸린다.

선생의 Profile을 聯想할때마다(비록 片鱗일망정) 나는 언제나 南冥 曺植 先生(1501燕山君7년~1572宣祖5)과 二曲 李顒(이옹)先生(1627明 天啓7년~1705 淸 康熙44년)을 連繫하여 Overlapping하곤 한다.

선생을 從遊하거나 師事한 門人들이 普遍的으로 認知하는 先生의 모습은 "氣蓋千古, 壁立千刃, 獨鶴高飛"의 姿勢로 "現代를 살아가는 朝鮮朝의 道學선비"라고 감히 稱할수있다.

이 語彙는 南冥 曺植先生을 弔喪한 寒岡 鄭逑의 祭文에도 나온다.

元老學者 中天 金忠烈博士가 일찍이 찬하여 南冥의 참모습을 描寫한것은 寒岡의 祭文이라고 했다. 무엄하게 그 부분을 한번 引用해보자.

> "氣蓋千古, 智足以通, 通天下之變, 勇足以奪三軍之帥. 有泰山壁立之像. 有鳳凰高翔之趣. 璨璨如峯頭之玉, 灑灑如水面之月
>   ……(생략)……
> 懷德遁世, 高潔自守, 終世婆婆於窮山空谷之中, 而雲山是伴, 松月是玩, 湯聘勤於九重……(생략)……有如獨鶴高飛於冥冥之天, 浩然自樂於江湖萬里之外, 而終莫能馴則先生之於出處. 其獨見內斷之義 夫豈他人所可與知者. (번역생략)

장황히 先賢의 글을 引用한 것은 어쩌면 北岳先生의 斷像과 先生에 대한 나의 고마움을 표하는 衷情이다. 한갓 外延的으로만 甘美로운 致賀를 올리는 幼稚한 言辭의 羅列은 절대 아니다.

선생의 저술 "道學通論"(2005. 06 한국학술정보(주))을 머리맡에 두고 틈틈이 대할 때마다 南冥 曺先生의 秋霜같은 글 즉 丹城縣監辭職疏(1555乙卯10월), 丁卯辭職呈承政院狀(1567) 및 戊辰封事(1568)에 秋霜같이 휘두른 선생의 運筆 즉 千仞斷崖의 氣槪, 匹夫가 감히 犯接할수없는 節義를 느끼곤 하는 데, 其實 북악선생에게서도 이에 匹敵하는 기개를 동감한다.

이는 사사로이 내 혼자만의 감각이 아니고 오늘을 살아가는 주변의 올곧은 많은 선비들이 共感한다.

儒家思想의 最高境地 즉 理想은 仁民愛物, 天下太平이기에 孔夫子께서도 汎愛衆 而親仁 또 君子成人之美 등의 名句가 보인다. 이런 성숙한 경지에 도달키 위해서는 修己以敬을 先賢들은 强要하고 있다.

儒家에서 말하는 躬行實踐 經世致用 또는 主敬果義(致用), 明體適用등의 難澁한 語彙와 그 精緻한 理論體系를 우리는 先賢의 많은 書冊에서 배우고 이를 실천코자 노력한다. 이런 노력하는 선비 중에 우리는 北岳先生을 그 模範 즉 요새말로 Bench mark으로 삼는다.

한편 우리주변에는 聖學, 正學, 道學의 높은 價値觀과 普遍的 風範을 且置하고 曲學阿世, 外物에 惑하여 儒家의 참다운 出處大義를 저버리는 者가 많다. 일러서 汚染된 선비 즉 俗學俗儒의 무리가 판을 친다.

惡貨가 良貨를 驅逐하듯 오늘날 우리 儒林에서는 오히려 이런 자들이 闊步하여, 京鄕의 黎民에 대하여는 오히려 得意然한 것처럼 君臨하고 多衆의 喝采를 받고 있음 또한 사실이다. 그러나 沈潛하거나 無言의 참된 선비들은 그 是非曲直을 잘 알고 있다. 다만 들어내어 요란하게 행동으로 표하지 않을 뿐이다.

北岳선생께서 지난날 한때 우리 成均館 儒道會長 내지 成均館長으로 出馬하여 평생 동안 硏磨한 道學의 德業을 滿天下에 펴고자 했으나 불발에 그쳤으니 이것이 時運인가 天運인가? 東方斯文의 크나 큰 不幸이었다.

北岳先生의 貫鄕은 大丘 徐氏이고 1938 丁丑生이니 금년 丙戌年이 古稀

다. 삼가 門人으로 선생의 從心古稀를 맞이하여 健康과 學的成就(모든 유
가경전의 國譯을 완수)를 다시 한 번 祈願드리며 특히 鶴壽龜齡을 누리시
고 子孫繁榮하시기를 또 한 번 祝願드린다.

　부디 선생께서는 이 混濁한 儒林界에 卓彼砥柱로 孤節을 嚴存하시고 끝
으로 膾炙하는 다음 詩句를 선생님에게 올린다.

　　鶴壽千年不食死魚,
　　鳳飛萬里不休非梧.

徐夫子 儒教大全 頌

李 昌 信

（동양문화연구소 연구원）

維淸緝熙大東也라 須在於降生하시여 上則擎天하고 下則維地하나니 巍巍乎인져 盖政治理念에는 有是四者이니 一曰 大同世界요 二曰 小康世界요 三曰 覇道政治요 四曰 獨裁政治者也라 惟 朝鮮에는 開文治時代하여 興仁昭義하고 崇禮弘智하여 普信禮治하야 民本主義로서 小康世界建設하고 大同世界指向하는 天下第一가는 文化上國也라 夫自王以民이 知崇禮卑하고 忠孝之本으로 政淸於上하고 風化於下하여 而復天民也하나니 故大東之士에는 聖王聖人과 大人哲人과 賢人君子와 亦淸白吏와 將軍義兵과 忠臣學者와 才士烈士와 孝子孝婦와 烈女處士가 坊坊曲曲에 綽楔之典하나니 於斯盛也이로다 天縱은 朝鮮王朝實錄이요 萬邦之中에 最勝名作이니 我民族의 先祖先烈이 而不亦高邁乎아 近世에 大韓帝國은 天造草昧로 運會인즉 則天地否卦이며 萬物而不通이라 此祭西風은 下流文化와 與適者生存으로 急轉直下하고 又於是倭者는 流賊而歪曲하여 乃紛亂인즉 則走坂之聲하나니 上下인즉 則岡知所措요 遭遇인즉 則天崩地壞이니 全百姓과 與禽獸草木이 放聲痛哭하여 而血淚至海矣로다 是以로 全土에는 獨立萬歲運動이 而自當振起也하니 噫라 大低世人이 衆愚政治로 皆受抑壓也라 遂逢東西異質로서 中原之鹿하니 土無二君이요 天無二日이라 亦理念則反目하고 冷戰不絶하여

尤是武斷政治가 而爲盛也라 然而 孔子之道는 則道大莫容하여 況中原之國
에서는 諸以爲魔鬼經하고 而棄之也니 不亦悲哉인가 唯人也者는 非君不食
하고 非師不學하며 非父不生이니 亦非禮不動이라 非孝不立하고 非德不治
하며 非士不淸하나니 聖人之言也라 蒙者洋人이 何能知之乎인져 目下沒西
潮하여 亦有追從者하니 而不亦愚昧乎아 夫易曰艮方에는 所謂終萬物하고
始萬物者也라 我土가 艮方也라 乃自古以來로 堯舜禹湯文武周公과 孔子孟
子와 程子朱子와 宋子 徐夫子가 道統을 繼天立極也라 何故爲徐夫子乎인
가 東方禮義에는 唯有徐夫子시니 天降寶命하여 收拾殘經하고 講章對問하
시여 岩岩淸峙가 壁立萬丈이라 恢恢哉인져 遂終始循環하사 皇天上帝께서
在於大宅하시고 天宗下動하고 小皥帝께서 經天緯地하나니 旻帝訓曰全宇宙
가 則風地觀卦하야 下觀而化하고 偃武修文하니 世人效則也라 乃蓐收曰其
中行之道는 利義西白이요 庚辛酉金이요 亦兌陰秋穫이요 尖毛四九이요 圓
商南呂이니 萬殊止於豊沛이자 恒世之濫하나니 是故로 人尊時代로서 人者
隨孰選擇하야 吉凶禍福이 而爲決定하고 以告之行也라 乃天統은 太皥帝이
요 句芒曰成德在東이요 大東降下하여 萬緖文化를 而復興也라 時也에 檀紀
는 四三三九年也요 孔紀는 二五五七年也요 佛紀는 二五五0年也요 耶蘇는
二零零六年也요 萬曆丙戌年也라 大韓民國은 五十九年也요 大統領盧武鉉
也라 然則肇文明開化하면 必也에 原始反終이라 天下道統回還하니 大東之
壹是 森羅萬象이 亦爲喜樂也니라 天運之復하여 道統東來는 而不亦千五百
年而後乎인가 必也我國이 出賢人하고 出聖人이라 於戱라 自倭以下로 悼斯
文湮晦하고 不達時變하여 自賊拜他하니 去古雖不遠이나 風俗頹敗하고 萬
古綱常과 與大我之人은 漸有閉塞이니 何爲言哉리요 如近禽獸者也라 然故
로 徐夫子之道는 道德倫理禮義也니 譬如日星之明이요 白頭大竿이라 晝夜
之鑽하여 一以貫之한 天下大道也라 何爲大乎인가 夫積累蘊奧하야 深諒不
測이라 內外無間하시고 文質彬彬하시니 勿照之明하여 曠世之典하시니 近
則景仰하고 遠則老師之也하시니라 盖於緝熙敬止로 東方大聖이 所以道統東
來하고 宋子大全을 而述也하니 允日月照臨하여 光于四方하야 卓然哉인져

於是徐夫子는 儒教大全과 道學十圖로 而著也하시니 顯萬世道統하여 天下
昭回하니 庶幾稀어늘 非竹帛之功歟인가 世上이 溺資本主義思潮하여 一有
經濟强兵하니 況凡人은 唯一味向財하고 與享樂放縱하니 乃爲政者는 不亦
劃一乎인져 檀君以來로 又更天運東來하니 我進之道는 水風井卦로 養而不
窮하고 飲水思源也니 亦是時難은 南北不信이요 東西葛藤이요 理念不脫이
요 派閥主義者가 各有別也하고 亦四力者不知深計하여 有以爭民施奪하야
亦邦無道로 以爲見也라 乃旣倒廻於狂瀾이라 然而將謂以東風爲天下하면
萬邦解凍하니 我道人은 以爲東風和氣이요 異教人은 以爲韓流熱風이라 若
東風萬化하고 以日新又日新也라 卽西土西風은 如西山落霞하니 而不亦莊
嚴乎인져 乃東土東風은 旭日昇天하니 而不亦燦爛乎인져 我邦은 則國運隆
盛하여 百年大計로는 先進文化大國也라 是以大順主義하고 將禮運大治하며
亦益就하여 新東洋文化가 斯土而興起也하리라 頌曰

詠歌一曲하여 慶祝從心하나니 間氣豪傑로 英姿颯爽하사 穆穆北岳이여
斯文顯彰하시니 下筆成章으로 二十六冊이 道配天地하시고 學偶四時하시며
教伴至德하시니 業匹日月하시다 古今貫之로 功成名遂일새 萬邦民衆이 念
念不忘이로다

成均館과 勳老先生과 나의 길

金 承 善

(동양문화연구소 부소장)

1. 성균관과 훈로선생과 나의 길

① 成均館

우리나라의 역사 속에서 최초로 나타난 교육기관은 서기372년에 세워진 고구려의 太學이다. 이곳에서 경전 읽기를 비롯하여 활쏘기 등의 교육이 이루어졌다는 것을 볼 때 전통적인 교육기관이 진행되었음을 짐작 할 수 있다.

백제에서도 五經博士를 두어 학생들에게 유교 經典을 가르쳤으며 신라에서도 역시 682년에 國學을세워 論語와 孝經을 필수과목으로 하는 유교교육을 실시하였다.

특히 이 무렵 백제의 유학자들은 일본으로 건너가 유교를 전파하였다.

고려시대에는 992년에 국립대학인 國子監을 설립하여 유교경전을 단계별로 교육 하였다. 국자감에서는 경전교육과 더불어 孔子廟가 세워져 유교의 창시자인 공부자를 추모하고, 그 위대한 업적을 기리기 위한 여러 가지 의식이 행해 졌다.

국자감은 이후 國學 또는 成均監 등으로 그 명칭이 여러 차례 바뀌어 오다가 恭愍王 11년 (1356)에 이르러 成均館으로 정해진 이후 오늘까지 변함 없이 이어지고 있다.

고려 때까지 개성에 있던 성균관은 조선이 건국된 후 태조가 수도를 한양으로 옮김에 따라 1398년 지금의 자리로 옮겨 세워졌다. 세계에서 가장 오래된 국립대학으로서 유교뿐만 아니라 국가의 장래를 이끌어갈 인재의 양성, 풍속의 교화 등으로 유교 이념에 입각한 이상사회 건설에 굳건한 토대가 되었던 성균관은 일제의 침략으로 엄청난 탄압을 받았다.

1910년 武力으로 우리나라를 합병한 일제는 國家理念을 부정하고, 民族性을 말살하기 위하여 합병직후 成均館을 폐지하고 최고교육기관으로서의 자격을 박탈하였다.

성균관을 폐지한 일제는 경성제국대학을 國立大學으로 설치하고 성균관을 사설 전문 학원으로 전락시키고 말았다. 이에 따라 유교역시 크게 침체되었다.

그러나 해방과 더불어 성균관을 재건하고 유교를 부흥시키기 위한 움직임이 전국 유림들 중심으로 활발히 전개되어 1946년에 유림의 뜻을 모아 성균관 대학을 설립하였다.

② 文廟 (史籍 第143號)

현 위치에 문묘가 건립된 것은 서기1398년(태조)이다. 그러나 1400년 (정종2년)에 화재를 입어 1407년 (태종7년)에 재건되었으며, 그 후에도 여러 번 보수 하였다.

임진왜란 때 소실되었던 것을 1601년 (선조 34년)부터 5년간에 거쳐 원형대로 중건 하였고, 영조 때에 완비 되었으며 1896년에 (고종6년) 수리가 크게 이루어졌다.

문묘에는 주 건물로서 孔夫子를 비롯한 성현들의 위패를 모신 大成殿 및 東.西廡가 있으며 儒生들의 학업장소였던 明倫堂이 있고 부속건물로서 기숙사였던 東齊西齊와 도서관의 역할을 하던 尊經閣, 식당인 進士食堂이 포함되어 있다.

문묘 일원의 면적은 12.261평에 이른다.

③ 釋奠

석전은 전통적으로 나라에서 주관하던 五禮중 하나로 옛날부터 학교의 선성과 선사들께 드리던 享祀 의식이며, 유교의 창시자이자 온 누리의 큰 스승이신 공부자를 비롯한 유교의 聖人과 賢人들을 추모하고 그 분들의 위대한 덕을 기리기 위한 행사이다.

지금부터 2557년 전에 탄생하신 공부자께서는 인간 사랑의 정신인 仁의 실천을 통해 인격을 완성 하셨고, 인간의 고귀함을 일깨우셨으며, 예의의 회복을 통한 도덕적 이상세계의 건설을 위해 헌신하셨다.

공부자와 유교정신을 계승, 발전시킨 공부자의 제자 및 우리나라의 선현과 중국의 선현들의 은덕에 감사하고 경모하며 그 가르침을 잊지 않고, 유교와 유교 사상의 발전을 위하여 더욱 헌신 하겠다는 다짐으로 매년 봄, 가을로 성균관을 비롯한 전국 234개 鄕校에서 동시에 釋奠이 봉행된다.

현재 석전을 봉행하는 성균관에는 공부자를 비롯한 다섯 분의 聖人과 우리나라 현인 열여덟 분, 그리고 중국의 현인 열여섯 분등 모두 39위의 위패가 모셔져 있다.

우리나라의 석전의 역사는 1600년 전인 삼국시대로 거슬러 올라가 고구려 소수림왕 2년 (372) 에 최초의 국립대학인 太學이 설립 될 때 석전도 함께 봉행되었다고 하며, 고려시대에는 國學에 문묘를 모셔놓고 석전을 봉행 하였다는 기록이 있다.

조선시대에도 역시 국립대학이던 成均館에 문묘를 모시고, 더욱 큰 규모로 확대하여 국가적인 행사로 석전을 봉행, 현재까지 이어져 오고 있다.

역사적으로 뿌리를 같이 하는 태학이나 국학, 성균관은 전 세계적으로도 가장 오래된 민족의 정통 대학으로 유교를 교육이념으로 하여 인재를 양성하여 온 최고의 교육기관이다.

특히 우리나라의 석전은 유교의 발생지인 중국에서도 이미 그 원형을 상실하여 세계적으로 유일하게 그 원형을 완벽하게 보존하고 있는 것으로 1986년 국가 중요 무형 문화재 제 85호로 지정되었다.

④ 文廟奉享諸位 - 五聖

1. 孔子 : 名은 丘요, 字는 仲尼이며 魯나라 사람으로 叔梁紇의 子요, 母는 顔氏이다. 노나라 大司寇를 지냈으며 大成至聖文宣王으로 追尊되었다.

2. 顔子 : 名은 回요, 字는 子淵 이며 노나라 사람으로 無繇의 子요, 母는 姜氏이다. 兗國復聖公으로 追封되었다.

3. 曾子 : 名은 參이요, 字는 子輿이며 魯나라 사람으로 點의 子요, 郕國宗聖公으로 追封되었다.

4. 子思子 : 名은 伋이요, 字는 子思이며 鯉의 子요 공자님의 孫子이다. 沂國述聖公으로 追封되었다.

5. 孟子 : 名은 軻요, 字는 子車이며 鄒나라 사람으로 激公宜의 子요, 母는 仉氏이다. 鄒國亞聖公으로 추봉되었다.

⑤ 孔門十哲

1. 閔損 : 字는 子騫이요, 노나라 사람이며 費公으로 추봉되었다.

2. 冉耕 : 字는 伯牛요, 노나라 사람이며 鄆公으로 추봉되었다.

3. 冉雍 : 字는 仲弓이요, 노나라 사람이며 薛公으로 추봉되었다.

4. 宰予 : 字는 子我요, 노나라 사람이며 齊公으로 추봉되었다.

5. 端木賜 : 字는 子貢이요, 위나라 사람이며 黎公으로 추봉되었다.

6. 冉求 : 字는 子有요, 노나라 사람이며 徐公으로 추봉되었다.

7. 仲由 : 字는 子路요, 노나라 사람이며 衛公으로 추봉되었다.

8. 言偃 : 字는 子遊요, 오나라 사람이며 吳公으로 추봉되었다.

9. 卜商 : 字는 子夏요, 위나라 사람이며 魏公으로 추봉되었다.

10. 顓孫師 : 字는 子張이요, 진나라 사람이며 陳公으로 추봉되었다.

⑥ 宋朝 六賢

1. 周敦頤 : 字는 茂叔이요, 號는 濂溪이며 宋나라 道州사람이다.
　　　　　官이 南康郡事요, 汝南伯이며 道國公으로 追封되었다.

2. 程顥 : 字는 伯淳이요, 號는 明道이며 송나라 河南사람이다.
　　　　官이 宗正侍丞이요, 河南伯이며 豫國公으로 추봉되었다.

3. 程頤 : 字는 正叔이요, 號는 伊川이며 明道의 아우이다.
　　　　官이 宣義郎이요, 伊川伯이며 洛國公으로 추봉되었다.

4. 邵雍 : 字는 堯夫요, 號는 安樂이며 송나라 河南사람이다.
　　　　官이 영주단련추관이며 諡는 康節이다. 新安伯으로 주봉되었다.

5. 張載 : 號는 子厚요, 號는 橫渠이며 송나라 鳳翔郿縣 사람이다.
　　　　官이 同知太常禮院이며 郿伯으로 추봉되었다.

6. 朱熹 : 字는 元晦요, 號는 晦菴이며 송나라 務源사람이다.
　　　　官이 司勳吏部郎이며 微國公으로 추봉되었다.

⑦ 東國十八賢

1. 薛聰 : 字는 聰智요 號는 雨堂이며 慶州사람이다. 僧元曉의 子로 신라
　　　　神文王때 官이 翰林이며 弘儒侯로 追僧되었다.

2. 崔致遠 : 자는 海夫요, 號는 孤雲이며 慶州사람이다.
　　　　　신라 때 官이 翰林學士였으며 諡號는 文昌侯이다.

3. 安裕 : 初名은 珦이요, 字는 士蘊이다. 號는 晦軒, 順興사람이다.

4. 鄭夢周 : 字는 達可요, 號는 圃隱이며 延日 사람이다.
　　　　　고려 恭愍王때 官이 門下侍中이었으며 시호는 文忠公이다.

5. 金宏弼 : 字는 大猷요, 號는 寒喧堂이며 瑞興사람이다. 官이 刑曹佐郎이
　　　　　며 中宗때 右議政을 贈職받았다. 시호는 文敬公이다.

6. 鄭汝昌 : 字는 伯勖이요, 號는 一蠹이며 河東사람이다.
　　　　官이 縣監이며 右議政을 贈職 받았고 시호는 文獻公이다.

7. 趙光祖 : 字는 孝直이요, 號는 靜菴이며 漢陽사람이다.
　　　　官이 大司憲이며 領議政을 贈職 받았고 시호는 文正公이다.

8. 李彦迪 : 字는 復古요, 號는 晦齊이며 驪州사람이다.
　　　　官이 左贊成이며 영의정을 증직받았고 시호는 文元公이다.

9. 李滉 : 字는 景浩요, 號는 退溪이며 鎭寶사람이다. 官이 大提學이며 領
　　　　議政을 증직 받았고 文純公이다.

10. 金麟厚 : 字는 厚之요, 號는 河西이며 蔚山사람이다. 官이 弘文館 郊理
　　　　이며 영의정을 증직 받았고 시호는 文正公이다.

11. 李珥 : 字는 叔獻이요, 號는 栗谷이며 德水사람이다. 官이 吏曹判書이
　　　　며 영의정을 증직 받았고 시호는 文成公이다.

12. 成渾 : 字는 浩源이요 ,號는 牛溪이며 昌寧사람이다.
　　　　官이 左參贊이며 좌의정을 증직받았고 시호는 文簡公이다.

13. 金長生 : 字는 希元이요, 號는 沙溪이며 光山사람이다. 官이 刑曹參判
　　　　이며 영의정을 증직 받았고 시호는 文元公이다.

14. 趙憲 : 字는 汝式이요, 號는 重峰이며 白川사람이다. 官이 僉正이며 영
　　　　의정을 증직 받았고 시호는 文烈公이다.

15. 金集 : 字는 士剛이요, 號는 愼獨齋이며 長生의 子이다. 官이 判中樞府
　　　　事이며 영의정을 증직 받았고 시호는 文敬公이다.

16. 宋時烈 : 字는 英甫요, 號는 尤菴이며 恩律사람이다. 官이 左議政이며
　　　　영의정을 증직 받았고 시호는 文正公이다.

17. 宋浚吉 : 字는 明甫요, 號는 同春堂이며 恩律사람이다. 官이 吏曹判書
　　　　이며 영의정을 증직 받았고 시호는 文正公이다.

18. 朴世采 : 字는 和叔이요, 號는 玄石이며 潘南사람이다. 官이좌의정이며
　　　　시호는 文純公이다.

우리나라 문묘 제도는 중앙에 성균관과 각 고을에 향교가 있고 대성전에 공부자 이하 성, 현의 위패를 봉안하고 향배를 드리고 있다. 중앙 성균관에 는 오성 공문십철 송조육현 동국십팔현등 도합 39위를 봉향하고 있다.

2. 勳老先生과의 인연

北岳 徐正淇 先生은 三經譯註로 成均館 勳老賞을 타서 弟子들이 勳老 先生님이라 부른다. 故鄕은 南原이며 本貫은 大丘이다.

내가 처음 훈로선생을 본 것은 1990년 가을 成均館에 儒敎振興對策委員 會를 만들 때이다. 88올림픽 때 금천구 시흥5동 올림픽 위원으로 이력서를 쓸 때 종교란에 儒敎라고 썼는데 그게 인연이 되어서 초청장이 왔었다. 유 교진흥대책위원회에 참여 하면서 오늘에 이르렀다. 내가 처음 본 선생은 범 상한 인물이 아니었다. 文, 史, 哲을 비롯해서 뛰어난 문장력과 풍부한 지식 은 존경할 만했다. 우선 선생의 履歷을 소개하면 다음과 같다.

- ◉ 4.19 혁명 선봉 및 민족통일 전국학생연맹 성대 조직위원장
- ◉ 한국 유학 연구회 유교사상 편집인
- ◉ 동양문화 연구소 연구실장, 성균관 전학
- ◉ 한국 청년 유도회 회장, 예법 (관례향음주례사상견례)부흥운동 전개
- ◉ 동양문화 연구소 부소장 및 소장, 세계 속의 한국학 운동 전개
- ◉ 건국대학교 대학원, 철학과 박사학위 심사위원
- ◉ 민중유교 연합의장, 한글제사 축문 보급운동 전개
- ◉ 성균관 유교대책 위원회, 도덕성 회복과 새사람 운동 전개
- ◉ 성균관 유교문화연구위원회 위원장
- ◉ 태학지 번역분과위원장, 민주평화통일자문위원회 상임위원

- 성균관 유교신보 편집인겸 주간 역임
- 삼경역주 성균관 훈로상 수상, 성균관 태학지 번역공로상 수상
- 동양 문화 연구소 소장
- (사)한국예절 교육협회 상임 고문
- 김 동식 장군기념사업회 상임 고문

儒教大全 26卷의 內容 槪觀

通學古今하고 廣致東西하야 以期施於世用을 학문의 목표로 삼고 理氣妙合하여 壁立萬丈하며 천덕왕도를 밝혀 萬世道統을 바로 세운 훈로 선생은 세계 속의 한국을 최초로 역설하시며 도덕, 윤리, 예절을 아는 새 시대를 건설하기 위하여 평생 진력 하셨기에 선생의 從心에 즈음하여 주옥같은 力作을 묶어 현대 한국 사상의 징표로 삼고자 하는 바 그 전집과 전자책의 목록을 다음과 같이 소개한다.

卷 1 詩 : 아침햇살 영롱한 대나무 열매

선생이 청년시대에 지은 시를 묶은 것으로 본디 대나무란 온 세상이 태평성대가 되어 자유롭고 안락한 사회가 이루어지면 그 열매를 맺는 것으로 이에 봉황이 나와서 춤을 추고 그것을 먹고 산다고 하였으니 나는 그 대나무에서 싱싱한 열매가 열리기를 바라면서 살아왔다고 술회하셨듯이 매우 고결하고 기백이 넘치는 <朝光竹實> 시집이다.

卷 2 詩 : 하늘로 날아라 못으로 뛰어라

그동안 훈로선생은 우리말 2행시, 4행시와 8행시 및 장시를 개척하여 줄곧 써 왔는데 기승전결의 문맥에 대구를 맞추는 율동이 아름다워 노래하기 좋고 또한 누구나 쉽게 지어서 그 뜻을 간단하게 표현할 수 있는 시를 엮어서 펴낸 것이다.

1.급류비상 2.벽립만장 3.만세심학 4. 우주쾌활 5.온고지신
6.숭덕광업 7.물아일체

卷3 禮 : 정통 가정의례

우리 家庭 文化가 심각한 위기에 봉착하였기로 가정의 소중함을 새삼 역설하지 않으면 안 되겠기에 가족 사랑과 가정의 행복 그리고 천륜의 도리와 人倫의 義理를 자세히 논술 한다.

卷4 禮 : 成 婚 錄

결혼은 누구에게나 아름다운 因緣이요, 성스러운 과정이다. 신랑과 신부는 끝없는 행복감을 느끼면서, 앞으로 이룩할 한없는 理想을 의논할 것이요, 이버이와 그 주변 사람들은 격려와 축복을 아끼지 않고, 힘써 도우려 하나니, 사람의 따뜻한 사랑이 이때 나타나고 사회의 두터운 풍속이 이 자리에서 이루어지므로 예로부터 우리민족은 婚姻을 매우 중대하게 여겼음을 간추려 기술하였다.

卷5 史 : 世界 속의 韓國文化

최근 400년의 한국학은 국학을 뛰어넘은 天下學임을 선포한 이 책은 이후로 우리나라는 각 방면에서 유교가 견인하는 아시아적 가치를 재발견해서, 새 시대를 건설하여 한류의 물결을 일으키며 세계 문화의 중심에 서는 단계에 이르게 한 큰 영향을 끼쳤다.

卷6 史 : 世界 속의 韓國精神

전통한국 정신은 天下學의 정신, 미래 한국정신은 天下一家 정신, 단군의 건국 정신은 훌륭한 사람이 되어 함께 모여 살면서 아름다운 이상세계를 세우자 이었으니, 곧 弘益人間 接化群生, 理化世界의 이념을 설파하였다.

卷 7 哲 : 道學統論

　道學은 사람의 완전한 모습을 찾아서 밝히는 正統儒學이다. 도학으로 몸과 마음을 닦는 사람은 날이 밝기 전에 일어나 맑은 정신을 기르며 의관과 신발을 갖추어 사당에 절하고, 책상 앞에 나가 하루를 시작 한다. 서적과 용기를 정리하며 정중하고 장경하며 행동은 자연스러우며 공손하고 단정하게 한다. 한순간도 흐트러짐이 없음을 논술하였는데 1.性理 2.倫理 3.道理 편이 있다.

卷 8 哲 : 周易象數體系와 義理思想

　주역의 진리는 인간의 고유한 선덕의 실체를 지각하여 천지의 보편적인 공리의 구조에 완전히 합일하는 도를 밝힌다. 形而下의 현상세계는 상대적인 조화의 관계를 유지하며 자연적인 질서 속에서 체계적으로 발전한다. 이러한 자연의 현상은 곧 형이상의 본체계에 절대불변의 정리가 있음을 證明한 책이다.

卷 9 論 : 韓國 心學의 根源探索

　우리나라 心學의 발전단계를 시대적 주제별로 정리하여 알기 쉽게 정리한 책이다.

卷 10 記 : 世界 속의 한국 流風

　세계 속의 한국流風은 우리의 선인이 道心으로 모든 것을 감화시켜 길이 남기고 간 세계에서 제일 좋은 습성을 되찾아 인간성을 회복하고, 가정 윤리를 복원하며, 사회 정의를 구현하고, 나라의 기강을 세워서 유구한 전통에 빛나는 역사를 계승발전하기 위하여 실증적 사례를 모아 편집한 책이다.

卷 11 文 : 새 시대를 여는 길

忠孝節義는 만고에 빛나는 道德倫理의 기본강령이고 인간 본성의 보편적 상식이다. 나라에 충성하고 집에서 효도하며 자기의 절개를 지키고 사회 정의를 구현하는 것은 언제 어디서 누가 하던지 바람직한 일로 어려운 역경 속에서 간고하게 하면 할수록 더욱 흠모스러운 것이다. 충효 절의 정신을 일으키기 위하여, 선생이 걸어온 자취를 간추려 엮은 내용이다.

卷 12 哲 : 世界 속의 한국儒教

최근 300여년의 우리나라 유교는 일찍이 유래가 없는 인본주의와 인도주의, 그리고 인문주의에 빛나는 찬란한 道統을 계승하여 東道를 자부하는 小中華思想이 충만하였으니, 東方禮義의 나라를 건설하여 곧 천하의 중심으로 우뚝 섰던 것이다. 이 책의 출간으로 구시대에 굴절 왜곡되었던 유교에 대한 부정적 시각을 깨끗이 청산하고, 유교 본연의 참모습을 되찾아 약동하는 면모를 갖추어 시대 변화를 선도하는 세력으로 부활하길 바라는 책이다.

卷 13 禮 : 世界 속의 한국禮節

예절은 인간을 기르고 사회성을 개발하여 사랑하고 공경하는 마음으로 두루 분수를 살피고, 위 아래를 분별해서 서로 편안한 관계를 설정하는 준칙이다.

그동안 성균관과 유도회 예절학교, 지방향교의 명륜대학, 동양문화연구소, 한국예절교육대학원, 교원일반연수, 공무원교육연수, 회사원연수의 원고를 모아 펴낸 책이다.

卷 14 哲 : 民衆儒教思想

20세기 혼란을 극복하고 2천년대 화해와 협력의 평화 세계를 열기 위하여 나온 새로운 유교의 학문 사상이다. 유학사상은 仁義禮智를 바탕으로 한 인격교육을 가장 중시하여, 諸 學問 思想을 고도로 발달시키는 인문주의적 지성개발의 촉매제가 되기를 바라고 또한 세계만방에 어둠이 걷히고 밝은 세상이 돌아와서 획기적인 발전이 있기를 간절히 기대하며 쓴 책이다.

卷 15 傳記 : 實錄小說 孔子

2500년간 공자는 동양 정신의 표상이었다. 맹목적인 추존과 의도적인 탄압도 있었지만 공자의 위대한 인간상은 영원한 흠모의 대상이었다. 대망의 21세기에 공자가 새로 태어났다.

공자는 BC551년 9월 28일 魯나라 창평향 추읍에서 태어나시어 성은 孔씨요, 이름은 丘이며 자는 仲尼라고 하였다. 공자 제자는 3000명이나 된다고 한다. 그 중 72명의 賢人과 10명의 哲人이 나왔다. 실록에 근거하여 공자의 일생을 알기 쉽게 구성했다.

卷 16 傳記 : 항일 독립전쟁의 영웅 김 동식 장군

일본의 한국 침략은 우리의 고급문화를 말살하고 우민화 하는 작업으로 시작하였다. 그리하여 1907년 음력2월 이등박문은 도덕학으로 박사를 뽑는 經義科를 설치하지 못하게 하며 道學을 舊學으로 지목 書堂 폐쇄령을 내려서 강제 퇴출시켰다.

勳老선생은 이에 근세 100년의 학문 타락을 애도하며 분연히 春秋의 직필을 들어 항일 독립전쟁의 영웅 金 東植 장군의 전기를 씀에 먼저 의병전쟁의 전모를 파악하기 위하여 통시적으로 조망할 수 있는 편연체 역사 서술법을 도입하였다.

卷 17 經書 : 새 시대를 위한 大學, 中庸, 禮運

大學, 中庸, 禮運은 모두 至治(완벽한 정치)를 이룩하는 정치 강령으로, 대학은 國體의 大統을 밝혔고 중용은 政體의 道統을 밝혔으며 禮運은 事體의 正統을 밝혔으니, 이 세상을 건설하는 국가 체제와 정치도덕과 정책 사업이 여기에 모두 갖추어져 있다.

卷 18 經 : 새 시대를 위한 周易 (上)-하늘이 무슨 말을 하는가

周易은 동양철학의 始原으로 수천 년에 걸쳐 여러 聖人에 의하여 완성된 책이다. 그러므로 주역은 문자의 시조이며 학문사상의 근원이다. 그 내용은 천하의 보편적 진리를 밝히고 인간 자체의 착한 덕성을 이룩하는 길이다. 위로는 太極이 있어 하나의 원리로 萬象의 대우주를 통일하고, 아래로는 음양이 있어 신묘한 조화로 만물을 생성 변화하여 무궁한 발전을 기약 한다. 이에 한 몸이 곧 소우주이므로 안으로 타고난 본성의 근원에 깊이 통하고, 밖으로 자연의 창조와 변화 속에 함께 들어 진리를 밝히며, 인간의 심성을 바로 잡아 아름다운 세계를 건설하는 그림과 글이다.

이 <새 시대를 위한 주역>은 이러한 성인의 깊은 뜻을 밝혀서 오늘날 사람의 이성을 계발하고, 인생의 경험을 두루 배합통일하여 자연의 진리와 인간의 도를 속속들이 탐색하여 인류의 뜻을 널리 헤아리며, 천하의 사업을 다양한 시각으로 살펴 세상의 의혹을 샅샅이 풀어 주고자 하였다. 따라서 하늘과 땅을 현실의 터전으로 하였으며, 사철을 변화의 표준으로 하였으며, 해와 달을 밝음의 기준으로 하였으며, 鬼神을 신비의 표본으로 하였으므로 부귀와 행복과 도덕을 추구하며, 편리함과 실용성과 안전을 도모하며, 문화를 창조하여 안녕한 사회를 만들고 大同太平世界를 건설하는 길이 이보다 정확한 것이 없을 것이다. 이 책의 출현으로 유교에 대한 부정적 시각을 깨끗이 청산하는 계기가 되었다.

卷 19 經 : 새 시대를 위한 周易 (下)-길을 두고 어디로 가는가

周易은 본래 상황의 논리요, 변화의 철학이기 때문에 어떠한 세상 어떠한 경우에서도, 사람으로 하여금 희망과 용기를 가지고 삶을 경영하는 길을 밝혀 주므로, 새 시대를 여는데 밝은 길잡이가 되고도 남을 것이다. 이 새 시대를 위한 주역은 사물에 대한 다양한 시각을 통해 사물의 운동 법칙을 논리적으로 해명해 들어가는 훈련과 시험의 방법을 제시하고, 이를 통해 미시적 개체뿐만 아니라 전체적 조화의 거시적 안목을 열어주는 책이다. 이

<새 시대를 위한 주역>의 특징은 기존의 독단적인 논리를 멀리 뛰어넘어 합리적이고 과학적인 시각으로 천고의 비밀을 밝혀내서 <주역>에 대한 왜곡된 논리의 오류를 바로 잡은 데 있다. 신비주의적 관념의 유희를 지양하고 학문적 체계와 사상적 논리에 철저하여 전통적 주역학을 재정립하였다. 이러한 지표는 당연히 현대화. 대중화. 과학화로 귀결하였고, 따라서 기존의 <주역>의 봉건적 시각을 탈피하여 민주공화적인 시각으로 전환하였으며, 계급적 불평등 요소를 제거하고 자유롭고 평등한 본질을 되찾으며, 불가지론적인 맹목적인 믿음에서 음양의 본질적인 가치와 괘효의 구조적인 관계를 해명하여 과학적 검증으로 복귀하였다.

卷 20 經 : 새 시대를 위한 春秋 (上)

春秋는 문자의 발명으로 선사시대를 마감하고 有史時代로 진입한지 근 2000년이 지나 정치도덕이 타락했던 춘추시대에 공자가 隱公 원년 (기원전 722년)에서부터 애공 14년 (기원전481년)에 이르기 까지 242년의 노나라 사료를 정리해서 편년체로 엮은 역사학의 경전이다.

춘추는 동양 역사학의 고전이 되었고, 春秋大義는 역사철학일 뿐만 아니라 정치 사회의 철학이 되고, 군사 외교의 철학이 되고, 언론문학의 철학이 되었음을 밝혔는데 이 책의 간행으로 역사 서술의 표현법과 방송신문의 인명, 지명 표현법이 바뀌는 계기가 되었다.

卷 21 經 : 새 시대를 위한 春秋 (中)

中經은 宣公 원년으로부터 襄公 31년까지 3세(世) 67년의 역사로 대개 공자가 당시 사람들로부터 직접 들은 시기에 해당하는데, 그 내용은 추악한 정권의 재난 초래로 인한 불행한 시대상을 밝히려고 노력했다.

인간의 죄악 가운데 가장 큰 죄악은 역사를 왜곡하는 것이다. 다른 죄악은 그 피해가 한정이 있는 것이고 비록 한 시대의 죄악일지라도 그 피해는 한정된 시대의 사람에게 미치는 것이지만 역사 왜곡은 그 피해가 무한하여 이미 죽은 지하의 귀신과 현세의 사람들 그리고 후세의 사람들까지 속이는 엄청난 피해를 끼치는 것이다.

공자는 이것을 두려워하여 <춘추>를 집필해서 천하의 空理로 사리사욕을 질타하고 인류의 善德으로 술수와 폭력을 추방하여 역사는 결코 진리와 허위, 선과 악의 투쟁에서 절대로 물러서서는 안 되며 끝까지 허위와 악을 폭로하여 진리와 선 앞에 굴복시키는 도덕의 힘을 천하에 과시했다.

卷 22 經 : 새 시대를 위한 春秋 (下)

공자는 만세공론으로 춘추시대의 정치, 경제, 외교, 군사, 교육, 문화 등의 활동에 대하여 시비와 선악을 엄격히 분별하여 왕도를 높이고 覇道를 천시하며, 문화국을 중심으로 하고 야만국을 종속으로 하며, 충신효자를 표창하고 亂臣賊子를 폄하하여 만세에 바꿀 수 없는 定論을 내렸으니 정치사업의 모범이고 인간활동의 사표이다.

춘추의 역사 심판기준이 이와 같이 높고 넓은 도덕철학에 기초했기 때문에 춘추는 일찍이 인류역사상 가장 공명정대한 사관이고, 가장 정직명확한 역사 편년체이며, 가장 정밀우아한 기사문체인 까닭에 經으로 높였으니 이후 동양역사학의 기본적 좌표가 되었다.

下經은 昭公 원년으로부터 哀公 14년 까지 3세(世) 61년의 역사로 공자가 襄公 22년에 탄생하여 애공 16년에 졸하였기 때문에 직접 보고 쓴 당시의 현대사이며 공자가 絶筆한 글이다. 따라서 이 새 시대를 위한 춘추 하경은 가장 정확한 춘추 말기사로서 타락한 정권의 말로가 얼마나 무기력하고, 쇠퇴한 국가의 불행이 얼마나 엄청난 것인가를 여실히 밝히려고 노력 했다. <새 시대를 위한 춘추>는 문화관광부선정 우량 학술도서로 선정된 명작이다.

卷 23 經 : 새 시대를 위한 詩經 (上)

詩經은 周나라 시대의 風과 雅와 頌을 공자가 편집한 문학경전으로 詩歌 문장의 전범이고 시 세계의 大觀이다. 사람은 만물의 영장으로 감수성이 예민하기 때문에 사물에 대하여 느낌이 많은 바 그 느낌이 간절하면 말과 글로 표현하지 않을 수 없고 말과 글로 다하지 못하는데 이르면 저절로 노래를 부르고 춤을 추지 않을 수 없게 되는 것이다.

<시경>의 가치는 1차적인 원작자의 뜻보다도 2차적인 공자가 <시경>을 편집한 의도에 있는 것이다. 원작자가 지은 시는 한편의 시나 노래에 지나지 않지만 공자가 편집한 <시경>은 305편의 노래로 조립한 웅장한 화음을 이루어 영원한 문학의 성경으로 부활하여 시간과 공간을 뛰어넘어 전체 인류에게 지혜로 빛나는 광명세계를 활짝 열어준다.

이<새 시대를 위한 詩經>은 우리의 전통문화를 새롭게 해석하여 천하문명의 정통성과 주체성을 재정립해서 새 천년의 인류문화를 창조하는 지표를 세우려고 노력했다. 특히 공자가 <시경>을 편집한 이유와 민중의 문화의식을 새롭게 조명해서 國風에서는 세속적 인간을 탈피하여 신성한 인간이 되는 길을 열었고, 小雅와 大雅에서는 분열과 경재의 사회를 지양하고 화합과 통일의 세계를 열었으며, 周頌과 魯頌과 商頌에서는 순간적인 삶에서 벗어나 영원한 행복을 추구한 법을 밝혔다.

卷 24 經 : 새 시대를 위한 詩經 (下)

<시경>을 譯註함에 있어서 先儒들의 家學이나 國學의 수준을 높이 뛰어넘어 天下學의 논리로 연구함으로써 많은 시편에서 새로운 의미와 가치를 발견하고 또한 쉽게 直譯하며 상세하게 해결을 해서 한글세대도 부담없이 읽도록 하였으니 인간미를 북돋고 고상한 인품을 길러 민첩하게 일하는 방법을 터득할 수 있는 가장 친근한 경전으로 다시 태어나게 되었다.

인생의 굽이굽이마다 뚜렷한 이정표를 세웠으므로 즐겁고 행복한 사람은 더욱 분발하여 萬福을 타게 하였으며 외롭고 괴로운 사람은 悅樂의 세계가 눈앞에 있음을 깨우쳤으며, 부질없고 허무한 사람은 만물이 모두 자기에게 갖추어 있음을 가르쳐 주었으니 위로 정치의 지도자로부터 아래로 서민대중에 이르기까지 <시경>의 노래로 감동시키지 못할 것이 없으므로 비록 각박

하고 인색하여 정서가 메말랐더라도 가슴에 뜨거운 피가 뛰는 사람은 모두
떨쳐 일어나서 함께 춤추고 노래할 수 있을 것이다.

卷 25 經 : 새 시대를 위한 書經 (上)

이 책은 정부조직은 인민의 자율자치를 숭상하여 洪範의 대원칙에 따라
민권을 신장하고 王權과 官權을 최소화하여 중앙의 王과 公은 정치를 주재
하고 卿과 大夫는 행정을 분담 주관하며 지방의 諸侯國은 정치, 교육, 경제,
외교, 국방 등의 모든 분야에 있어서 지방자치를 존중하였음을 확실히 논증
하였다.

또한 중앙과 지방의 정부는 민중의 생활을 융성하게 보장하고 그 복지 향
상에 주력해야 하며 민중의 문화밀진과 교육을 평등하게 보장하고 국토를
방위하며 국제평화의 도덕질서를 길이 보장해서 安民, 養民, 護民의 책임을
성공적으로 완수해야 됨을 검증하였다.

이로써 天德王道의 大統과 道統을 찾아 인문주의적 정치문화의 정통성을
계승하는 길을 활짝 열고 德治仁政의 민주국체와 공화정체를 확인하여 예법
풍속을 일으켜 自立自治하여 주체성을 확립하는 방법을 제시하였으니 장차
시대와 국경을 초월하여 至治를 다시 볼 수 있게 했다.

卷 26 經 : 새 시대를 위한 書經 (下)

이 <새 시대를 위한 서경>의 특징은 자연과학적 합리주의와 인문과학적
합리주의 그리고 사회과학적 합리주의를 새로 밝히고 중용사상을 바탕으로
민중주체 민주주의를 지향하여 公民權의 신장을 통해 大同共和政治를 구현
하고 兩主雙全主義의 인간관계로 공동분수사회를 건설해서 인류에게 복지
낙원을 길이 보장한 것이다.

<서경>에는 黎民, 下民, 小民이란 말은 있어도 愚民, 賤民, 貧民이라는
말은 없다. 이것은 大道政治가 사람은 모두 만물의 영장으로서 당당한 인격
체임을 인정하여 비록 上下의 직분이나 大小의 역할 차이는 있지만 하층의

약소한 민중이라고 해서 禽獸같이 취급되거나 어리석고 천하고 가난한 집단으로 치부되는 일은 결코 있을 수 없는 것임을 웅변한즉 후세의 패도정치로 인하여 민중이 금수처럼 학대받고 우민, 천민 빈민으로 호칭당한 시대와는 아주 다른 것임을 밝혀 민중이 곧 천민이므로 모든 정부는 마땅히 敬民해야 함을 확실히 증거하였다.

따라서 약소한 하층민중이 <새 시대를 위한 서경>을 통하여 文明한 정치의식을 함양하고 예악풍속을 일으켜서 修身, 齊家, 治國, 平天下의 도덕을 일으켜 스스로 현명하고 고귀하고 부유한 삶을 누리도록 한글로 쉽게 번역하고 간결하게 註解를 달았으니 모든 사람이 사람답게 살 수 있는 새 시대가 멀지 아니하리라.

훈로 선생은 화려한 업적과 수많은 저서가 말해 주듯이 뛰어난 문장력과 풍부한 지식으로 많은 책을 쓰고 또는 역주하여 후세에 길이 빛날 업적을 남겼다. 그래서 내가 文聖이라 부른다. 4.19 세대에 5.16 군사 혁명을 거치며 어려운 시대를 살면서 儒道復興에 뜻을 두고, 文, 史, 哲과 五經을 역주하여 후학들을 위하여 많은 책들을 남겼다.

孔孟의 道統을 이으며 民衆儒敎를 주장하고 불철주야 발분망식하면서 四經을 역주하시고 지금은 禮記를 譯註중에 있다.

兩主雙全主義와 共同分數主義와 合理主義를 펴고, 中庸思想과 大同精神을 강조한다. 이미 한글 祝文과 예절 운동을 편 儒道에 선지 선각자이다. 옆에서 보면 6척 장신에 우렁찬 목소리와 근엄한 모습은 옛날 孔子님을 연상케 한다. 공자님께서도 體格이 크시다고 하는데 勳老선생이 많이 닮은 것 것 같다.

강의할 때 보면 文學이면 문학 歷史면 역사 哲學이면 철학 四書五經이無 不通이니 공자님 같이 無 不通하여 공자님을 연상케 한다.

성균관이나 성균관대학교 유학대학원에서 강의를 들어봐도 선생보다 나은 분이 없다. 내가 勳老 先生을 존경하고 따르는 이유가 여기에 있다.

너무 강하고 엄하다고 불평하는 弟子도 있지만 알고 보면 자상한 아버지
요, 훌륭한 선생님이다. 앞으로 선생의 실력과 업적이 전국 儒林들에게 인정
을 받고 전 국민들에게 존경을 받아 전 세계 학자들로부터 思想과 哲學을
높이 평가 받아 존경하는 文聖으로서 길이 빛나기를 바란다.

3. 나의 갈 길

나는 本貫은 淸道이고 고향은 전북 고창이다.
고향에서 방장산과 선운사, 동백꽃, 복분자, 풍천장어, 모양성과 고인돌, 육
자배기 여섯 마당, 수박등이 유명하고 산 좋고 물 맑은 고장 인심도 좋다.
지금은 서울특별시 금천구 시흥동에 살고 있다. 癸未生으로 同甲인 아내와
子女는 2男 1女를 두었는데, 큰 아들은 경희대학교 체육학 석사이고 가운데
딸은 한양대학교 학사요, 막내아들은 외국어 대학교 경제학 석사다. 모두 婚
姻해서 잘 살고 있다.
나는 스포츠를 좋아해서 지금도 조기축구를 즐기고 33년 운영해온 태권도
체육관은 큰 아들한테 물려주고 2002년 태권도 9단 승단증만 남아 있다. 3
년전 근재 서예한자한문학원을 개원해서 운영 중이다. 19년전 여의도 송석
선생님께 매일 오전으로 15년간 서예를 공부했고, 토요 강좌로 勳老 선생께
四書 三經을 지금도 공부하며, 禮記를 매주 월요일저녁 8시부터 9시 반까지
공부한다. 나는 고려 원종때 平章事를 지낸 始祖 英憲公 할아버지를 존경
한다. 고려 때 10대 文章家 이셨던 할아버지는 족보에 한시 몇수 시집도 있
다. 조충 장군의 휘하에서 전쟁에 선봉으로 나갈 때 楯頭時는 유명하다. 소
개하면 다음과 같다.

國患臣之患이요   親憂子所憂라
代親如報國이면   忠孝可雙修라

(나라에 근심은 신하의 근심이요, 어버이의 근심은 자식의 근심이라
어버이를 대신해 나라에 충성하면 충효를 가히 둘 다 수행한다)

　　그리고 從祖父께서 서당훈장을 하셨다고 하는데, 나의 동생 培善이도 전
주에서 서예학원을 운영하고 나도 서예와 한자 한문 학원을 운영하는걸 보
면 先祖들의 내력과 훈로 선생의 덕 인것 같다.
　　나는 체육인으로 서예와 儒學에 뜻을 두고 禮學과 漢詩 공부도 열심히
하고 있다. 한국서가협회 초대작가도 됐고 東洋文化研究所에 부소장직을 맡
고 있다. 1급 예절사로서 한국예절교육협회 서울특별시 지회장이 되어서 방
학 때면 교사들 연수교육과 학생들 충효교육도 하며 사회교육에도 힘쓰고
있다.
　　태권도 고단자가 되어서 한국태권도 협회 금천구지회에 고문겸 감독관이
되었고, 성균관 유도회 금천지회 회장을 6년 하고 지금은 명예회장이다. 성
균관에 관심을 두고 출입하다보니 성균관 유도회총본부 감찰위원이 되었다.
　　성균관이 질서가 잡히고 원래 모습으로 돌아가기를 고민도 해본다. 한국
主禮협회 회원이어서 가끔 주례 활동도 하고 평일 에는 금천구 사회복지센
타 강사로 시흥 3동, 5동 서예와 한자, 한문 강의를 맡고 있다.
　　지난여름에는 勳老 先生의 주선으로 kbs사회교육방송 종교와 인생에 믿음
으로 사는 삶이라는 프로에 일주일간 출연해서 김 선동 아나운서와 유교,
서예, 태권도, 삶에 대해 대담한 일도 있다. 이 나라에 儒道가 부흥이 돼서
道德社會가 되고 문화 선진국이 되어서 太平聖代가 되도록 勳老 先生께 열
심히 배워서 선생님처럼 계왕성 개래학하도록 최선을 다할 것이다.
　　勳老 선생님의 從心을 맞이하여 만수무강을 빌며 역주한 책들이 이 세상
에 밝은 빛이 되어 유도부흥에 밑거름이 되어서 온 세계에 孔孟의道가 가득
하기 바라며 선생을 모시고 세계 각국에 유교를 전파하며 세계화하기 위해
연구소 理事들 및 뜻있는 분들과 世界一周 기회가 있어야겠다.

• 저 자 약 력 •

서정기(徐正淇)

4.19혁명 선봉 및 민족통일전국학생 성대조직위원장

한국유학연구회 유교사상 편집인, 동양문화연구소 연구실장, 성균관 전학(典學)

한국청년유도회 회장 - 예법(관례, 향음주례, 사상견례)부흥운동 전개

동양문화연구소 부소장 및 소장 - 세계 속의 한국학운동 전개

건국대학교 대학원 철학과 박사학위 심사위원

민중유교연합 의장 - 한글제사축문 보급운동 전개

성균관유교진흥대책위원회 위원장 - 도덕성 회복과 새사람운동 전개

성균관유교문화연구위원회 위원장, 태학지 번역분과 위원장, 민주평화통일 자문위원회 상임위원, 성균관 유교신보 편집인 겸 주간 역임, 삼경역주 성균훈로상 수상, 성균관 태학지 번역공로상 수상

현 (사)현정회 이사, 동양문화연구소 소장, (사)한국예절교육협회 상임고문, 김동식 장군 기념사업회 상임고문

• 주요 저서 •

『세계 속의 韓國文化』, 『세계 속의 韓國精神』, 『세계 속의 韓國儒敎』,

『세계 속의 韓國禮節』, 『세계 속의 韓國流風』『정통가정의례』, 『민중유교사상』,

『실록소설 공자』, 『새시대를 위한 대학·중용』, 『새시대를 위한 춘추』(상·중·하),

『새시대를 위한 시경』(상·하), 『새시대를 위한 서경』(상·하),

『새시대를 위한 주역』(상·하), 『韓國心學의 根源探索』, 『도학통론』,

『새시대를 위한 성혼록』, 『항일독립전쟁의 영웅 김동식 장군』,

『아침 햇살 영롱한 대나무 열매』, 『하늘로 날아라, 못으로 뛰어라』,

『周易象數體系와 義理思想』 외 다수.

● **民衆儒教論叢(上)**

• 초판 인쇄	2007년 4월 2일
• 초판 발행	2007년 4월 2일
• 지 은 이	서정기
• 펴 낸 이	채종준
• 펴 낸 곳	한국학술정보㈜
	경기도 파주시 교하읍 문발리 526-2
	파주출판문화정보산업단지
	전화 031) 908-3181(대표) · 팩스 031) 908-3189
	홈페이지 http://www.kstudy.com
	e-mail(e-Book사업부) ebook@kstudy.com
• 등 록	제일산-115호(2000. 6. 19)
• 가 격	27,000원

ISBN   978-89-534-6414-8 94150 (Paper Book)
        89-534-2428-3 94150 (Paper Book set)
        978-89-534-6415-5 98150 (e-Book)
        89-534-2459-3 98150 (e-Book set)